季愚文库

朱威烈著作集 Ⅱ
站在远东看中东

朱威烈 著

商务印书馆
创于1897 The Commercial Press

2019年·北京

目　录

自　序　/ 1

师门忆旧

教然后知困
　　——写在教师节前夕　/ 7

小议"功名"　/ 9

马坚先生的治学道路　/ 12

师恩重如山
　　——痛悼刘麟瑞教授　/ 15

青山晚晴霞满天
　　——敬贺季老八五华诞　/ 21

学海探贝

漫话埃及现代小说　/ 27

试探阿拉伯人名、地名的译法　/ 40

"阿凡提"一名琐谈　/ 48

纪伯伦和他的《折断的翅膀》　/ 51

"圣"字译法商榷　/ 55

我国的阿拉伯文学翻译　/ 58

埃及比较文学的兴起和发展　/ 65

十年辛劳，一园硕果 / 76

阿拉伯语专业教学改革构想 / 82

利比亚及其文学 / 86

为建设我国的中东学而奋斗 / 90

文化墙刍议 / 94

沙漠拾零

法属索马里（吉布提） / 105

约旦 / 109

阿拉伯联合酋长国 / 114

红海在扩张 / 120

西奈风物 / 121

千塔之城
——开罗 / 124

埃及的蛇村 / 132

一次博士论文答辩会 / 134

锡瓦绿洲见闻 / 137

开罗大学 / 139

埃及知识界浮光掠影 / 148

1980 年费萨尔国王文学奖的获得者 / 152

安达卢西亚的几位文化人 / 156

两伊青年盼和平 / 160

中国在伊拉克的劳务合作前景如何？ / 162

巴格达市掠影 / 164

《当代阿拉伯文学词典》前言 / 167

约旦
　　——金子，靠自己挖掘 / 169
约旦印象 / 172
沙特的杰纳迪里亚文化遗产节 / 179
初访利比亚 / 182
约旦纪行 / 191
访问伊本·白图泰的故乡 / 201

政局纵横

海湾危机管窥 / 211
从埃以和谈到阿以和谈 / 221
中东初显和平曙光　只待叙以谈出名堂 / 229
海湾战争后中东形势的变化 / 231
中东的经济合作与和平进程 / 264
正确理解伊斯兰　不同文明应对话 / 271
试论叙以谈判 / 273
谋杀不能阻止和平 / 281
中东和平大势所趋　负面变数尚难消除 / 284
中东和平大势不变 / 287
拉选票压倒一切　佩雷斯外用铁血 / 290
中东和平进程进入调整时期 / 292
和平发展还是动荡冲突 / 296
继续和平进程　唯有务实谈判 / 300
希市协议待问世　和平进程迈小步 / 303
加强中阿学术交流　谱写中阿关系新篇章 / 306

以叙以黎谈判　难迈出第一步　/ 311

阿以和谈难有起色　中东力量正在重组　/ 314

和平进程受挫　海湾波涛汹涌　/ 317

制裁应有底　动武不足取　/ 320

世界呈多极化格局　美国已难独霸中东　/ 322

对抗必然动荡　和谈才有稳定　/ 326

中东地区动荡加剧　美国寄望巴以和谈　/ 328

试论中埃（及）关系　/ 331

埃及学者看美国的中东政策　/ 348

阿拉伯世界的杰出政治家
　　　——谈已故侯赛因国王　/ 355

盛大葬礼　外交舞台　/ 358

世纪之交迎旧雨　中埃关系奠新基　/ 361

自 序

　　光阴荏苒,转瞬间到了世纪交替之际。自投师北大、执教上外至今,匆匆也近40载。人到了望六之年,抚今追昔,常多感慨。前期,是定性为"革命与战争的时代",个人虽无意怠惰自馁,但政治运动频仍,所立规矩多含乖戾之气,到后来,"读书越多越反动"之说竟也甚嚣尘上。知识分子人人自危,何谈"乐业"? 我更命蹇,夫妻两地十余年,折腾疲惫之余还多烦恼,"安居"也属奢望。及至粉碎"四人帮",迎来改革开放,进入以和平与发展为主潮流的时代,才有拨云见日之感,终于能站直身子,直抒胸臆,也才终于能执我教书业,有我教师房。

　　这后20年,来之不易,更令人难忘。1978年,我由教育部派往埃及开罗大学进修,第一次有机会走出国门去学习,开拓视野;临行前,妻也历尽坎坷调入上海大学任教,家庭从此得以团圆。1980年秋回国,有幸被上外老院长王季愚同志不拘一格任命为刚创办的《阿拉伯世界》期刊主编。自此,教书、翻译、编辑、研究诸事系于一身,1984年起,又加上系行政,忙碌劬劳自不必言,但心系专业,毋须旁骛,躬耕自得,甘之如饴,也是实情。

　　韩愈在《师说》中说:"闻道有先后,术业有专攻。"我于1960年进北大东语系读阿拉伯语专业,"闻道"不算太晚,但"术业"属东方学范畴,要"专攻"却不易。语言既是专业技能,又是工具。治东方学的人,专攻语言,终生教词汇、语法、修辞、篇章的毕竟有限,绝大多数毕业生是以语言为工具,在外交、经济、新闻、军事、文化等各部门,从事与语言对象国相关的工作。而且,即便是当教师,通常也是一面教语言、文学,一面又得应社会各方面的需要,去当翻译,写文章,发表评论。

我经常额手称庆的,是进了北大,得遇名师。季羡林教授是开创我国东方学的先驱,早在50年代他即发表了《中印文化关系史论丛》《印度简史》《五卷书》《安娜·西格斯短篇小说集》等论著、译著;我在学期间,他为梵文巴利文班开课,又出版了《优哩婆湿》,写出了《春满燕园》那样师生交口称誉的优美散文。阿拉伯语教研室主任马坚教授,是位负笈尼罗河畔八九年的穆斯林学者,他在教我们语法、阿拉伯文学史之余,也不辍笔耕,当时堆在他案头上的,一部是《阿拉伯通史》译稿,一部是《阿汉词典》校样。前不久,接马坚夫人马存真女士信,说她在整理马坚先生文集时,发现马先生还写有伊斯兰天文学、医学、数学、物理学等学科的单行本文稿。北大那时的阿语青年教师,也都各有所长,不仅书教得好,而且常外借去为文化、教育、新闻等团组当翻译,有的还擅长编剧、表演。北大5年,给我留下一个深刻印象:从事东方学,应以语言为基础,知识面一定要开阔,要努力追求一专多能。

我30多年的教师生涯,也是这样走过来的。教书是本行,是立身处世之大端,自不容轻忽,但又不时会面对挑战:为影片翻译、配音,为总统、国王、首相、议长……乃至贸易、工会、文化等各类访华团翻译,涉及政治、外交、军事、经济、市政、文艺等各个领域,有时要译历史、地理、文学、艺术著作,有时要编集子、编词典、审订教材专著,还有时要赶写评论、发言稿……虽谈不上是戎马倥偬,但总是马不停蹄,结合自己的语言专业知识在讲,在译,在写,在编;总想追随前辈季老,会同同行师友,一起经营一块阿拉伯学——或扩而大之,称为中东学——的园地,以增进我国与该地区的交往,深化国人对那里的了解与认识。

我是"文革"结束后才敢写文章的。当时,涉外刊物寥若晨星,正巧北京的《地理知识》编辑来组稿,我就从译编着手,撰写了一些小文,主要介绍阿拉伯世界的国情、风情。不久,随着改革开放的推进,资料增多,接触渐广,终于可以发议论,写见闻,对有关学科的一些方面展开论述,以后是结合形势需要对中东问题做一些探索。这样,拙文就划分成了四块:"师门忆旧"反映我对教师职业、对前辈老师和东方学的认识;"学海探贝"是关于文学、文化、翻译等专题的体会心得;"沙漠拾零"多为知识小品和见闻实录,阿拉伯国家地域辽阔,文化沉积深厚,这里记录下来的只能是管窥蠡测;"政局纵横"是我自海湾危机起,对复杂动荡的中东局势所做的分析尝试。

柳宗元在《答韦中立论师道书》中说:"故吾每为文章,未尝敢以轻心掉之,惧其剽而不留也;未尝敢以怠心易之,惧其弛而不严也;未尝敢以昏气出之,惧其昧没而杂也;未尝敢以矜气作之,惧其偃蹇而骄也。"我的文字,虽远还达不到讲究"心""气"的境界,不过为文时态度应属认真,也尽力想做到求实、求真,即便被笑为"敝帚自珍",只望此"帚"尚堪观赏,多少有点裨益,也就于愿足矣。

最后,我要由衷地向汪道涵先生致谢,他俯允为这本集子题签,无疑是一种提携。80年代初,汪老为上海市市长,我曾多次为他担任翻译。近年,又有幸参加他作为上海国际问题研究中心总干事主持召开的研讨会,聆听他对国际形势的精辟分析。我敬仰汪老,因为他是一位众望所归的学界长者,一位耿介敦厚、虚怀若谷的仁者,在他礼贤下士的风度之中,蕴含着催人奋进的诚意和爱心;他更是一位智者,剖析问题既能洞见症结,又善统筹兼顾,令人获得启迪,受益良多。汪老的题签,是对我的勉励和鞭策,也体现了他对我国中东学工作者的重视和期许。瞻望新世纪,任重而道远。我虽已步入桑榆之境,但仍当继续多学、多思、多努力,为事业的成功,再尽涓埃之力。是为序。

于 1999 年

师门忆旧

教然后知困
——写在教师节前夕[①]

时值初秋,我们高兴地迎来了第三届教师节。作为教师,在尊师重教的社会舆论声中,想的更多的是自己的职责。

我国自古以来,教师之责在于"传道、授业、解惑"。只是随着时代的进步,这"道、业、惑"的内涵,一直在变化、发展。我是很喜欢教师职业的。大学毕业后,本应认真投入角色,当个好教师。然而恰遇十年浩劫,不要说我这样初出茅庐的新手,即使那些造诣很高、声名卓著的老教授、老专家,也被迫投(粉)笔从(苦、杂)役,难以展其骥足。直到粉碎"四人帮"、实行改革开放政策以后,广大教师才终于洗清了那些乱臣贼子硬泼在身上的污泥浊水,恢复了自己的尊严,社会地位明显提高。

然而,近年来,我却总有一种紧迫感。在改革开放的形势下,不仅有新的科学技术被引进,在社会科学领域也有国外的学术思潮、研究方法大量涌入。我感到,经过去芜取菁的梳理、扬弃,沐浴在新鲜学术空气中的神州大地,正在孕育着我国的新文化。对教育战线,我们必须培养有理

[①] 载于《上海外国语学院院刊》,1987 年 9 月 11 日。

想、有道德、有文化、有纪律的四有人才；我们的教育对象，则具有新的特点，是 80 年代的大学生；为适应祖国四化建设的需要，各学科都在迅速地发展。这一切，都明白无误地告诉我们，当前的"传道、授业、解惑"已赋有新的含义，要克尽教师职守，学习的任务无疑是很严峻的。

我国阿拉伯语言文学和文化的教学、科研，与对欧美、苏联、日本等国的语言文学和文化的教学科研相比，起步迟，进展慢，差距不小。我原来以为，我们这一代人的使命，重点是做好译介工作。现在看，开拓学科领域，深入进行研究等更高层次的任务，已放在我们面前。我们无法囿于自我设计，而只能竭尽全力鞭策自己赶上去。我的惶遽不安，正是生怕自己落后于改革的步伐，怕漏掉或不及阅读有关的好书，怕因循守旧阻碍学科的发展。因此，一方面要坚持教书育人，争取成为学生们的良师益友，另一方面则更要不断磨砺，孜孜于学，以不负时代所托。

我喜欢教学，因为常与青年人在一起，自己似乎也会年轻些，慢慢在变得迟钝的思想机器，仿佛会注入新的润滑剂。年轻人的敏思、好学，总是能给人以启迪。

学然后知不足，教然后知困。教育人者，必先受教育。于我，此话就更有警诫作用了。

小议"功名"[1]

记得 60 年代大学毕业时,鉴定中有一句分量很重的结论,叫做"有成名成家思想"。事情的缘起,是大三时译了一本书,请教授审校后,听到过几句鼓励的话,漏入同学中传开,当时就成了大问题,至少有这样思想的人,不能忝列"正册"。以后,在高校工作,火烛小心,凡有著译,均不署名,或以单位、集体名代之,以求平安。直到 80 年代,此禁才解。

一晃,20 多年过去了。关于"成名成家"是否可取的讨论,也已成明日黄花。然而,私心中对"功名心"的考虑,却始终盘踞不去,总想一吐为快。

汉唐开科取士,求俊贤于科场,是让读书人仕进有途,似并无不当。因为既以儒家学说为装饰的多欲政治为一统,理应招贤纳士,兴利除弊,力求创建,造成繁荣。只是科举制度千百年无大变,积重弊生,阴暗面蔓延扩展,为高雅之士所不齿。到宋明清,骚人墨客以鄙薄功名为标榜,已不鲜见。久之,功名终于渐成贬词。在世人眼中,似乎求取功名,即是争名于朝,争利于市,必然不择手段追逐富贵,必然堕为陈世美、范进之辈。

---

[1] 载于《文汇报》笔会,1995 年 9 月 5 日。

其实,功名者,功绩、名声之谓也。知识分子心向往之,应属寻常。刘备三顾茅庐,诸葛孔明草堂中悬有一联:"宁静以致远,淡泊以明志。"能说这位"每晨夜从容抱膝长啸,以管仲乐毅自比"的卧龙先生无意建功立业,一展胸中所学吗?只是高明豁达之士,耻于蝇营狗苟,投机钻营,而取宁静、淡泊的态度,顺乎自然,以待天命罢了。学,总盼有成,自想施展,只要堂堂正正,无愧于心,何罪之有?!

我想,在当代,功名心应解作事业心才对。钻研科学有成就,荣膺诺贝尔奖,自然可谓功成名就;三百六十行都可出状元,有成就,事业发达,都应视作有功于社会,在传播媒介发达的今天,声名远播乃至传及后世,均有可能。

在一个刚摆脱长期封闭、自给自足状态,开始走向开放的中国社会,要想腾飞,跻身于世界民族之林,看来提倡一下功名心,激起各行各业的角逐竞争意识,应是大有裨益的。

为功名心正名,一方面固然要洗濯蒙在它身上的污浊尘埃,另一方面,切切要划清是非善恶界限。世上各种信仰,劝善诫恶,皆出一源。为人立身处世,即使无心求闻达于诸侯,也当独善其身,修行向善,无憾于心。贩毒事业越是轰轰烈烈,祸国殃民越是严重,自然与功名了无干涉。刘备临终,遗诏子禅曰:"勿以小恶而为之,勿以小善而勿为。"此千古名言,今习之,仍富教益。

功名之心,又不可太浓烈。以出世、入世的视角看,不妨折乎其中,即以出世的精神,办入世的事业。尽己所能,造福社会,不负所学,足矣。世事多变幻,顺逆境常交替。即便是才学过人的人,欲成其事,还得仰仗时运。所谓万事如意,只是美好的祝愿,当不得真的。竟日劳心的知识分子,尤应淡泊,对待功名,宜在有意无意之间。能有建树,自应欣然,力有不逮,也不强求,不然徒添烦恼。唯可为而不为,或对他人业绩嗤以鼻,斥之为功名心重,甚至公开或暗中下石,乃实在不足取。相反,自己虽然碌碌而能为他人成就由衷高兴,倒是一种值得嘉许、值得赞美的情感。

大学五载春秋,正值困难时期,虽有坎坷,毕竟师门厚谊,温馨多于艰辛,回首往事,早无郁悒。多少年来,虽不敢偷懒稍懈,但既未成名,也未成家,想到当初的鉴定,只感到无限的愧怍。

马坚先生的治学道路[①]

马坚先生是一位我始终十分敬仰的老师。他教授过的学生,分布在教育、科研、外事、文化、经贸等各条战线,其中年纪最轻的,恐怕也已年届半百,他们大都身负重任,为祖国现代化建设和发展中阿间的友好交往做出杰出成绩的佼佼者,为数甚多。我作为同一师门中的小师弟,能在母校召开纪念马坚先生90诞辰的学术会议上发言,深感荣幸,但又不无惶恐,生怕表达不全弟子们对马坚先生的钦佩、怀念之情,怕阐述不清马坚先生在学术上的成就与建树。这里,只能结合自己离开母校以来,在自己的教学、科研实践中逐步积累起来的一些感受,描绘一下对马坚先生治学道路的认识。请各位师长、同行指正。

马坚先生的一生,都献给了中国的阿拉伯语教学、科研事业,他的学习道路,比我们坎坷,他的教师生涯,比我们艰难。他当过小学、中学老师。抗战胜利后才到北大执教。他终其一生,不改书生本色,目不窥园,矢志不移,潜心钻研学习,不断地教书、翻译、写作,乐于把所学所得奉献给祖国人民,乐于对同行学生给予帮助提携。就中国的阿拉伯语教学界

[①] 这是在1995年6月北京大学召开"马坚教授90诞辰纪念会"上的发言,后载于《阿拉伯世界》1995年第3期。

而言,他无疑是本世纪的一代师表。他这种忠于人民教育事业的精神,直至今日仍值得我们学习。

马坚先生治学,严谨踏实,一丝不苟。我曾在大学三年级时请他审校过一部译稿,也曾亲眼看见他的《阿拉伯通史》译稿和对《阿汉词典》校样的审订,对他那种字斟句酌、严格查核的工作作风和态度,留有极深的印象。马坚先生成果累累,且均具学术价值。他留埃期间译成《论语》,介绍弘扬了中华文化,《回教真相》《伊斯兰哲学史》等,填补了我国伊斯兰哲学研究的空白。马坚先生成名早,约稿多且分量重,他从不急功近利,敷衍交差,而是呕心沥血,精益求精,一定做到对读者负责。他翻译的《古兰经》和《阿拉伯通史》,从开笔到竣工,都是几度寒暑,倾注了大量的精力,反复修润审改而成。他还有一些出于教学需要完成的译著,如《阿拉伯语简明语法》和《阿拉伯文学史》,篇幅均很可观,惜因各种原因而未能正式出版。马坚先生对此,处之淡泊,不怨不悔。这种以学术、教学为重的风度,无论在当时或现在,均属难能可贵。

马坚先生是我国阿语界的鸿儒,也是在中国穆斯林中声望素著的优秀学者。他从爱国、爱教的立场出发,只要是有利于促进中阿友好交往、增进中阿人民相互了解的,他便努力去做。他早年在《月华》、1949年后在《人民日报》《光明日报》等报刊上撰写的文章,都是为了让人民大众正确地了解伊斯兰教,为了增进我国的民族团结。他的作品,涉及的学科领域,十分广阔,包括语言、文学、宗教、历史、地理、哲学、天文历法等,都是与阿拉伯语言文化紧密相连的。我强烈地感到,马坚先生是一位通才,他发挥了我们东方学者擅长综合的优势,用一篇篇学术文章、一本本著作,为建设我国的阿拉伯学作了重要的铺垫,打下了厚实的基础。马坚先生走过的学术道路,具有划时代的意义,是他与他的同学、同事们,把阿拉伯语教学从单纯的民族宗教教学引入了最高学府的殿堂,是他通过辛勤耕耘,较早地用明白晓畅的现代汉语,让人们了解地处西亚北非的阿拉伯世界及其光辉灿烂的文化。

在缅怀马坚先生学术成就的盛会上,我特别想指出的是,马坚先生之所以能披荆斩棘,屡有建树,凭借的是他深厚的语言和文化功底。就是今天,我们翻阅他30年代译成的《论语》,仍会感到其选词组句行文,恰当而又流畅,对比他坚实的国学基础,我们许多后辈都要自叹弗如。此外,他还具有成本翻译英语专著的功力,也是十分令人敬佩的。马坚先生学贯中阿,一生重教育、重研究,成绩斐然,是一位名副其实的教育家,一位杰出的有卓越贡献的学者。我忝列北大门墙,多少年来也一直在教书、爬格子,马坚先生和北大阿语老师们留在我脑海中的,是他们的道德文章,是他们的深情厚谊。我常常以自己是北大毕业生而欣慰,也为自己与马坚先生这样的先师在学问、敬业精神等方面存在的差距而愧疚。我总想为纪念马坚先生略尽绵薄,曾经在《新民晚报》上写过文章,想不到马师母还保存着,也在马坚先生逝世五周年时,组织过稿件,刊登在我主编的《阿拉伯世界》上,近年我们还在连载反映马坚先生生平事迹的《学者的追求》。今天,当我来参加这个学术讨论会时,我的眼前一直浮现出两幅告别的情景:1965年我从留在北大改派为赴上海任教去燕东园向马坚先生告别,和1978年我考上了赴埃及进修到燕南园去向马坚先生辞行,马坚先生那种发自肺腑的勉励和叮咛,概括起来,就是"勤奋学习,努力超越"。我知道,他对每一个学生,都是劝勉有加,都是希望他们成长成才,青出于蓝而胜于蓝的。时至今日,我们对比马坚先生,还有许多东西要学要做,我想,我们会努力,会持之以恒,也会用马坚先生语重心长的告诫和鼓励,去对待我们的学生,会借鉴马坚先生的治学道路,去教书育人,以对得起人民教师的称号,对得起北大及其老师们的培养。

师恩重如山

——痛悼刘麟瑞教授[1]

1995年8月22日下午1时半，突然接到北京大学谢秩荣老师的长途电话，称"刘麟瑞先生已不幸病故"，乍一听到，如遭雷击，简直不敢相信。前些时候，即6月上旬我应北大之邀，去参加"马坚教授90诞辰纪念会"。刘先生因为腿脚不便，没有到会发言。会议结束后的下午，我便去他家拜访，他的独生女儿小慧也在，大家一起畅谈了约三个小时，他的音容笑貌，都还历历在目。刘先生比我早受聘为约旦皇家伊斯兰文明研究院的通讯院士，当他知道我7月初要去开会，便叮嘱我一定要代他向院长纳西尔丁·阿萨德博士致意，并请假。在约期间，我照办了，并带回了阿萨德博士对他的问候，一到上海就给刘先生去了信。7月23日，小慧给我来信说刘先生因病于6月25日住进了医院，身体比较弱，经过她与连元同志的昼夜护理，病情已趋于稳定，云云。按照现代医疗条件，我没有想得太严重，只感到刘先生这次住院时间可能会长一些，却万万没有料到刘先生竟这样去了，6月9日下午的见面，竟是我们师生最后的诀别！

---

[1] 载于《阿拉伯世界》1995年第4期。

收到小谢电话后,我含泪拟了一份唁文,通过传真发给了北大东方学系的主任、副主任。唁文中做了这样的表述:

> 刘先生的去世,是我国阿拉伯语教学和阿拉伯-伊斯兰文化研究事业的重大损失。我们阿语师生失去了一位年高德劭的老前辈,我们所有的受业弟子失去了一位由衷敬爱的老师。大家的这种悲戚之情,实难言描。
>
> 刘先生一生勤奋,勤于教学,勤于笔耕;一生正派,严肃处世,清白做人。刘先生学问好,口笔语双修,译作教材词典硕果累累;为人更好,淡泊而明志,传道授业解惑朴实感人。刘先生为我们树立了一个榜样:认真治学,一丝不苟,永远进取;刘先生为我们留下了一种风格:踏实谦逊,精益求精,不断探索。刘先生的一生,他的贡献和他的道德文章,都将永远活在我们心中!

时值暑假,要赶上值班人员下班前把传真发掉,措辞上来不及细想,只能反映此时此刻我内心深切的悲痛,表达对刘先生归真的无限惋惜!

1960年,我刚进北大阿语专业,就听说了马坚、刘麟瑞先生的名字,他们不仅是北大阿语专业的名牌,而且是全国阿拉伯语翻译界的权威。陈毅副总理兼外交部长60年代初有一次对外语院校师生讲话,在强调刻苦学习外语,加快培养外语翻译接班人时,就专门提到了这两位老师的大名。学生们中间谈论老师的水平和业绩,是一个永恒的话题。刘麟瑞先生的教学、翻译,则是北大阿语学生常谈常新的内容。刘先生是五六十年代国家领导人的主要阿语翻译。万隆会议期间,周恩来总理和埃及纳赛尔总统谈判中埃建交,就是刘先生担任翻译。以后,有阿拉伯国家的元首或政府高级代表团访华,也均由刘先生任首席翻译,直到60年代初杨福昌、李留根等一批青年留学生学成归来,刘先生才逐渐退居二线。因此,几乎每一班的同学都盼望他执教,以接受他的指导,聆听他的教诲。到四年级,刘先生来给我们上课了,连续两年。我尤其幸运,大四的学年论文和大五的毕业论文都是刘先生担任指导教师。刘先生除了课堂上与学生们接触,课余在走廊、在校园见到了,也要谈上几句,还常到我们40斋宿舍来,谈学习,答问题,有时也聊家常。刘先生的朴实、平易近人,是发自内心的。他那么好的学问,碰到学生告诉他从外报上摘下来的新词汇、新句型,他会满面含笑地说:"嘿,没见过,我也抄一下。"所以,同学们对他总是既尊敬又亲近。这种感情,不论是哪一届学生,也不论成绩如何,都一样。他作为北大阿语教研室的资深教授,有一种表率作用。在那些年代,学生们经历了大大小小的运动,有各种各样的遭遇,但对于刘先生的印象,都始终是那么一致,那么深刻而且美好。

大学毕业后到了上海,又碰上了"文革",与北大老师来往少了。我碰到疑难问题,常写信去向刘先生请教,有学生出国去学习或工作,也让他们去拜访刘先生,听取他的指点。因为刘先生做学问,极其踏实,教导学生,也从不保守。我在走上讲台之前,刘先生曾将他多年摘录、整理的词汇本借给我抄,作为参考。向刘先生请教,总会感到受益匪浅。

1978年,是"文革"后第一次通过考试选派教师出国进修,我有幸考上,到北京语言学院集训期间,去向马坚先生、刘麟瑞先生辞行。他们知道我的境况,为我终于能出国而欣慰。刘先生一定要请我吃饭以示庆贺,师母骑上车出门去采购,忙了一个上午,足足整了一桌子的菜,师生间的那份欢快之情,至今记忆犹新。

我于1980年秋回国后,正是学校大力抓专业建设的阶段,上外与北大、北外这样的重点大学比,师资队伍相对年轻,缺少"菩萨"——有名望的学科带头人。我曾向学校建议,并赴京联系,想请刘先生南下坐镇。刘先生考虑再三,还是舍不得北京,离不开他工作了几十年的燕园。他勉励说:"缺'菩萨',还是自己培养吧。现在条件较好,语言提高主要靠实践。好好抓几年,会起来的。"

刘先生的语言功力,精湛而深厚。他出身伊斯兰世家,是一位十分虔诚的穆斯林,他对阿拉伯语的热爱,可以说是与生俱来,每天不看阿文的书刊就受不了。我在最近的十几年里,只要到北京,都去看他。他简朴的书桌上永远放着阿文的书、词典、文稿,谈话总离不开他对阿语的思考和心得,每次都让我感佩不已。刘先生领衔编写了我国第一部《汉阿词典》,独立翻译了《子夜》、《家·春·秋》缩写本等许多中国作品,受到国内同行和阿拉伯友人的交口称赞。他审校的阿拉伯语教材数量极多,实用性强,社会效益也很显著。

记得是80年代后半期,刘先生对我说:"岁数大了,总想给穆斯林尽点心,做些事。"我问他是否想译《古兰经》?刘先生说,《古兰经》确实也想译,但现在译本已不算少,再译恐怕出版会比较难。我想了一下,建议他编一本《穆斯林会话》,汉阿文对照,结合外事翻译,介绍中国伊斯兰教的概况,由我设法联系落实出版。刘先生高兴地答应了。不到一年,他与杨有漪教授、杨捷生老师合作编写的教材就交稿了。我们从使用这本教材的师生和社会上自学阿语的读者反馈的信息看,一直很受欢迎。这本《穆斯林会话》,不仅语言地道,内容丰富,注释要言不烦,有鲜明的中国特色,而且政策性强,颇具说服力,反映了刘先生极高的政治和业务素质。

为了尽可能发掘和保存我国阿语教学史的资料,我多次向纳忠教授、刘麟瑞教授等前辈老师约稿,希望他们能写点回忆文章,在《阿拉伯世界》上刊载。刘先生一直觉得这样的文章没写过,有些顾虑。及至纳先生的回忆文章连载发表后,他感到不好推辞,对我说:"只能说试试,不一定行,你给把把关。"他的回忆录写出刊登后,他还几次来信问:"这样写行吗?"

其实,刘先生的文笔,苍劲而凝练,极具功力,是很难得的佳文,社会反响是很热烈的。

刘先生为人正派、真诚,始终保持着一个优秀穆斯林学者的本色:生性和平,待人宽厚,好学不倦;他又是我国传统道德意义上的君子:处世,恪守忠孝仁义;治学,一箪食,一瓢饮,清寒自守,不改其志,把毕生都献给了教学,献给了学生,献给了事业。

刘先生心地非常善良。他讲话不多,往往言简而意赅,有时还挺幽默。他很少谈不如意的事,相反,倒是常常会念叨别人的好处。我多次听他提及:"老孙(北大孙承熙教授)是个好人,常来看我"、"北外老马(马忠厚教授)对我挺关照的",北大东语系主任陈嘉厚教授,"也快60岁的人了,我开刀那阵,他来通宵陪夜……"。他是老师,学生待他好,他便铭记在心,总觉得过意不去。外交部的李留根大使,当年出国留学时送给他一本埃及著名作家阿卜杜·拉赫曼·谢尔卡维的书,他一直保留着,指着赠言的签名告诉后面的学生:"这个'艾绥勒',就是外交部的李留根。"

刘先生退休后,宁夏、山西的阿拉伯语学校曾想请他去上课。但要长期客居在外,像五六十年代那样严格地从事课堂教学,他感到力不从心,只能尽可能在口头上或通信中给予指导。外文出版社的李宏燊教授请他翻译书,尽管稿酬限于规定并不算高,他都乐意地接受下来,每天认认真真地伏案工作。前些年发现有病,开刀后把抽了几十年的烟戒了。他对我说:"现在脑子转得慢了,在《阿拉伯世界》上写的回忆录,是不是停一停,以后再说。"我自然尊重他的意愿,因为连载文章要赶时间,比较紧张,是太累了,但是又怕他不搞阿语会感到无聊,就问他愿不愿意编词典,不限量不限时,编多少算多少。他高兴地答应了。事实上,刘先生编得很认真,逐词逐例都细细推敲,还时常来信做释义上的探讨。孙承熙教授多次告诉我:"刘先生每天摸摸阿语,心情就愉快,让他编词典是办了件好事。"

我今年6月见他时,主要谈健康,关于词典只字未提。7月23日小慧的信上却转来了刘先生的意思,对他因为健康没有把某个字母编完表示歉意,说我写的前言,已经提到他的名字,编者栏就不要再署他的名字……刘先生实际已经病重,却还心系工作,心系别人之托,这是何等令人心折的责任心,是何等真挚的情怀啊!

刘先生其实还有些打算。他几次对我说,想编本阿拉伯语语法。我知道他执教几十年,对语法研究得甚深,已做了不少资料的积累工作,能出版他的语法专著,肯定对阿语教学大有裨益,曾一口答应负责联系出版。但这是项大工程,这些年特别是他的夫人去世后,刘先生一直郁郁寡欢,精力也大不如前。他说一天只能坐上一两个小时,要待身体好些再说。6月,孙承熙教授告诉我,刘先生希望到80岁的时候,阿语的同行能到他家里去聚一聚,我当即表示一定来。谁料想,天不假年,刘先生的心愿未了就撒手尘寰,离我们而去了!

刘先生从不喜欢宣传自己,但却享有极高的知名度,国内的外交界、新闻界、教育界、经贸界、文化界、宗教界……只要有用阿拉伯专业的领域,都知道他,也都尊敬他。在香港的沙义坤先生看到刘先生的回忆录后,多次来信要我转达对刘先生的问候;台湾的海维谅先生,近年曾特地来《阿拉伯世界》编辑部访问,也询及刘先生的近况。刘先生一生的贡献,他留下的那么多译作、文章、词典、教科书,是无声的丰碑,肯定将载入中国阿语教学史的史册;他高尚的道德情操,他朴实真诚的作风,是不逝的典范,必然会铭刻在所有学生的心扉之上。对刘先生的哀思,真是如丝如缕,绵绵不尽,对刘先生的怀念,也将是天长地久,永不消泯。

青山晚晴霞满天
——敬贺季老八五华诞[①]

在我国"九五"规划的开局之年,我们迎来了我国东方学的一代宗师季羡林教授的八五华诞。伴随春风传来的这个喜讯,令人欢欣鼓舞,在脑际频频追忆起季老教诲和《春归燕园》等嘉言华文的同时,更情不自禁地要在这里献上自己的一份庆贺和祝颂!

季老的道德文章,广受世人景仰;季老的恩惠德泽,遍及门生弟子。我自北大东语系毕业以来,虽一直在上海工作,与季老相距何止千里,然而,回顾30多年的历程,受季老的引导、指教和提携,又岂是一篇短文所能道尽。无论在国内还是国外,也无论是讲课、行文还是评述、谈论,我总不敢忘自己是北大出身,是季老的学生。这虽不无自诩之嫌,但实际上却是一种戒心和自律,生怕有什么舛误,影响了师门和老师的清誉。

我读阿拉伯语专业,可以说是受季老的指引。我于1960年考入北大东语系,那一届新生多达150人,要分11个专业。当时,我对东语各科,懵然无知,申报什么专业,心中完全无数。幸好,在新生入学阶段,安排了

[①] 载于《人格的魅力——名人学者谈季羡林》,延边大学出版社1996年版。

系主任做报告。我们坐在外文楼的梯形教室里聆听季老讲话。他对日语、朝语、蒙语、印尼语、泰语……一直到阿拉伯语、梵文、巴利文各个专业都做了介绍。我记得,季老在讲到阿语时说:阿语他年轻时也学过,比较难,后来因为不用,都忘了,但是国家对外交往很需要这个专业的毕业生……我一边听,一边脑海里就浮现出《一千零一夜》里那些光怪陆离的故事,国家需要与个人兴趣一下子奇妙地结合在一起,使我很是投入,回到40斋报志愿,毫不迟疑地把阿语填了第一。那时,有点年少气盛,心想季主任号召我们攻读国家需要的难学语种,我自然应当去攻难关。可是后来一打听,填报阿语的同学为数极多,可见与我持同样想法的,大有人在。直到几天后公布名单,15名阿语本科生中有两名上海生源,我是其中之一,忐忑心情始归平静,从此开始了我与阿语的交往史。

听季老的那次报告,是我平生第一次见到著名学者,印象之深,毕生难忘。他一身布衣,朴素大方,神情和蔼温厚,声调不疾不徐,言词真诚恳切。以后,我又多次听过季老讲话,还上过季老开设的东方文学史课程中的印度文学部分。他在我的心中,是中国教授的代表,季老的形象、学问、风范,常常是我判断、衡量专家学者的标准,更是我心向往之的楷模。从季老身上,我开始逐步领略到宁静才能致远,绚烂寓于平凡的道理。

1980年,我从埃及进修两年回国,正值学校倾力抓专业建设阶段。阿拉伯语的主力军在北京,我去北京联系工作或开会就较多。大概是1981年,我在北大校园里邂逅季老。他当时已担任中国外语教学研究会会长,对上外很关心,问了我一些学校情况。我说,上外缺"菩萨",很想到北京来搬几尊。季老知道我说的"菩萨"指的是学科带头人,便笑着回答:"菩萨还是要靠自己培养,没有大菩萨,培养几个小菩萨也一样啊。"我回沪后,把季老的话告诉了上外胡孟浩院长。胡院长深以为然。以后,学校多次研究从中青年教师中培养学科带头人的工作,率先组建起了学术梯队，受到了国家教委的肯定。季老的睿智明见，真可谓一语破的，极富教益。

从80年代中期起，季老担任我校的名誉教授，我校的外国语言文学研究所和《中国比较文学》刊物多年来都一直得到他的帮助和扶持。我自己也曾在校内外的各种场合见到季老，屡受他的鼓励和提携。季老待人特别是晚辈后学，总是语重心长，循循善诱。凡上外与他接触、交往过的教师，无不钦佩感念。可以说，季老有一种胸怀，一种气魄，就参悟师道而言，他已入化境，尚非吾侪能望其项背。

季老领导的北大东语系，几十年来为祖国培养了大量杰出的人才，这已是毋庸赘言的事实。更应当提及的，也是我感受最深的，是季老倡导并身体力行所开创的我国东方学研究的学术道路，这就是从学习当地语言着手，然后伸及文学、社会、宗教、民族乃至政治、经济等学科，由约而博，既是专门家，又不断地向通才发展。季老在《我和外国语言》一文中，曾详细描述了他的求学过程，从山东省立济南高中到清华西洋文学系，再到德国哥廷根大学，掌握了多门西方语言和东方语言，并钻研文学和宗教等相关学科。他的学问根底，打得极为雄厚扎实。季老自1946年回国执教北大，迄今已半个世纪，他凭仗自己在国学和东西方文化的底蕴和造诣，一直在我国东方学的苗圃里耕耘、浇灌，既造就了一批又一批擅长经营专门花木的能工巧匠，也形成了一个姹紫嫣红的大花园。季老是一位杰出的学术领袖，他数十载的教育成就和他蔚为大观的著述、译作、文章构筑成的丰碑，巍峨高大，内容包含众多的学科门类，博大精深，丰富多彩，令人由衷地歆羡佩服。即使是对当代国际问题，我在倾听季老1990年担任中国亚非学会会长时做的报告时，也深感他对形势的分析，是那样剀切详明，鞭辟入里。他通过实例讲述的研究方法和资料工作的重要性，更令与会者获益匪浅。我坐在下面听，心里在想，季老谈论各种学术问题，是如此的得心应手，挥洒自如，真已到了炉火纯青、从心所欲不逾矩的境界，实在是难以企及。

事实上，我们东方学科的工作者，绝对数量上还不很多，平时往往会身不由己地去接受工作的挑战，一专多能乃是客观的需要。就像我这样的教师，毕业以来，除了语言教学，也承担过文学、艺术、史地、宗教、政治、军事等各种翻译任务，知识面要求很宽，常感力有不逮。要适应时势的发展，做好工作，惟有时刻注意学习，不断有所积累。这条做学问的道路，虽然艰辛坎坷，但已有季老为我们指明了方向，树立了表率，他的学术成就和皇皇巨著，证明披荆斩棘的阶段已过，我们应当做的，是结合自己的专业，踏踏实实去实践，也争取有进展，有收获。只要持之以恒，那么，随着时间的推移，通过几代人锲而不舍的奋斗，我国的东方学是一定会有新建树，有新贡献的。

季老近年来，一方面，用他自己的话来说，"我总是想方设法，为年轻的学者鸣锣开道"；另一方面，他还继续在研究、躬耕，不停地呼吁振兴优秀的中华民族文化和东方文化，迎接新世纪的到来。我强烈地感到，身为我国学术界的泰山北斗，季老的思辨和文笔，仍充满着青春的活力，闪耀出智慧的光华。他已经取得并还在增加的业绩，是我们弥足珍贵的财富；他已经开辟并还在拓展的道路，是我们迈步向前的凭借。在我的心目中，季老是一座不老的青山，他的治学精神如同终年翠绿的松柏，不畏岁月的风霜，傲视世事沧桑，永远值得我们学习。今天，在向季老贺寿之际，我谨想表达一个学生诚挚的心声：愿我们敬爱的季老，寿比南山，继续率领我们去开拓进取；愿燕园朗润园的灯光，依然明亮，在"九五"和新的世纪里再展辉煌！

学海探贝

漫话埃及现代小说[①]

在这本阿拉伯文学专辑中，埃及小说的篇幅比较突出。专辑之所以这样安排，是鉴于埃及现代小说在阿拉伯文坛上的地位，正犹如英国小说之对于欧洲文坛。从阿拉伯现代小说的产生、发展，小说的质量、数量，以及比较阿拉伯各国作家的水平和影响等方面来看，埃及的现代小说和作家，无疑都占有不容争辩的地位。为了给我国广大读者打开一个了解阿拉伯现代文学的窗户，本文谨就埃及现代小说这个题目，做一些粗浅的介绍。

埃及现代小说的产生

从本世纪初兴起发展起来的埃及和阿拉伯现代小说，都受到过两个方面的深刻影响，一是阿拉伯古典文学的影响，二是欧洲文学特别是英、法文学的影响。

7世纪以后，随着阿拉伯民族的崛起，阿拉伯地区经济和社会生活的发展，在阿拉伯文苑里，曾开放出许多瑰丽多姿的花卉。其中通过各种文学体裁所记述下来的传闻、轶事和历史人物故事，如伊本·穆卡发（卒于

[①] 载于《走向深渊——阿拉伯文学专辑》，江苏人民出版社1981年版。

757年)的《卡里莱和迪木乃》、伊本·阿卜德·拉比希(860～940)的《希世璎珞》、阿布·法拉杰·伊斯法哈尼(卒于967年)的《乐府诗集》、塔努希(940～994)的《苦尽甘来》、努韦里(卒于1333年)的《文艺菁华》、伊本·阿尔巴沙(1388～1450)的《哈里发们的珍闻》,以及《安塔拉·伊本·沙达德传》和已为我国读者所熟悉的《一千零一夜》等等,都像璀璨的明珠,一直放射出熠熠的光华。当时,人们阅读这些作品,或从中汲取殷鉴教训,或借以消遣解闷。这些古典故事,曾经对欧洲文学产生过影响,同时也是埃及和其他阿拉伯国家的小说家常资借镜的宝库。

即以埃及的穆罕默德·穆维利希(1858～1930)而论,他于1898～1900年期间,在《东方明灯报》上发表长篇连载的文学作品,题为《伊萨·伊本·希沙姆对话录》,这部作品一般被认为是开创了阿拉伯现代小说的先河。它的行文风格,讲究修辞、押韵,堆砌大量的谚语、格言,这与哈麦达尼(969～1008)和哈里里(1054～1122)创作的麦嘎马特(韵文故事集)有许多相似之处,连穆维利希挑选的主角——一位从坟墓里复生的土耳其帕夏,也可以说是出现在麦嘎马特文体中的流浪艺人阿布·法斯或阿布·载德的翻版。不过,穆维利希通过他的《对话录》揭露和抨击了当时的司法制度和陈规陋习,把此后出现的现代小说,引到现实主义的创作道路上去,起了较好的作用。

至于欧洲文学对阿拉伯现代小说的影响,则要往前追溯到19世纪。自拿破仑远征埃及以后,西方殖民主义势力向西亚、北非地区大肆渗透,教会学校在埃及、黎巴嫩、叙利亚等国创办起来,通过欧洲东方学者的教学活动和一批通晓英、法语言的阿拉伯知识分子的出现,西方的物质文明和精神价值观念被大量地介绍到阿拉伯各国来。里法阿·伊本·拉菲厄·塔哈塔维(1801～1873)是埃及近代复兴的先驱者,他所创办的语言学院,曾翻译了2000多种文艺、学术著作和论文。此外,埃及也有一个像中国近代文学家林琴南式的人物,名叫穆斯塔法·鲁特菲·曼法鲁推(1876~1924),他不懂外文,依靠别人的讲述,翻译了不少法国浪漫主义的文学作品。他并不重视翻译的准备,但由于他的阿拉伯文学根基扎实,善于把欧洲的文学作品埃及化,所以对阿拉伯文坛颇具影响。到了第一次世界大战前后,埃及和阿拉伯各国都掀起了程度不同的争取祖国独立、要求改革社会的运动,文学作品的翻译工作,开始注重介绍欧洲现实主义作家如狄更斯、巴尔扎克、莫泊桑、契诃夫等人的作品。这对于埃及和阿拉伯小说家们在翻译、模仿的基础上,创作出带有本民族特色的长、短篇小说具有无可置疑的指导作用。

反映本国现实生活的埃及现代小说开始应运而生了。1903年10月27日,一伙英国士兵到埃及丹沙洼村子去打鸽子,子弹击中粮垛,引起火灾。埃及农民出来追赶这些为非作歹的殖民者。一个英国兵在仓皇逃窜时中暑身亡。消息传到当时英国驻埃及高级专员克罗默耳中,他即下令在该村召开特别法庭,处死了一批村民,对另外一些村民处以监禁或鞭笞。英国殖民当局的暴行,使埃及人民怒不可遏,大大提高了他们的民族意识。马哈茂德·塔希尔·哈基和阿卜杜·哈米德·哈达尔·布盖尔高西两位作家,隔了不多久都以这次事件为素材,分别发表了小说《丹沙洼的少女》和《惩罚即生活》。这两部小说都穿插有爱情故事,注意时间、空间和情节的一致,文笔自然,不追求华丽的辞藻和押韵,就小说艺术而言,比起《伊萨·伊本·希沙姆对话录》那种情节互不连贯,人物性格没有发展的水平来,是前进了一大步,特别是这些爱国主义的小说细致入微地反映了农民们困苦的生活,努力刻画人物的性格特征和心理状态,说明了现实主义的创作手法,正在逐步地为埃及迅速成长起来的小说家所掌握,成为埃及乃至阿拉伯各国现代优秀小说的一个鲜明特色。

阿拉伯的文学史专家和文学批评家几乎都认为,本世纪初最优秀的阿拉伯长篇小说,当推埃及穆罕默德·侯赛因·海卡尔(1888～1956)的《泽娜白》。海卡尔出身于一个比较富有的农村家庭,在开罗的法律学校毕业后,曾赴法国留学,回国后从事律师工作,并在埃及大学(开罗大学前身)兼课。1922年,他在加入自由立宪党后,担任该党《政治报》的主编,成为该党的发言人,后历任埃及参议院议长和教育部部长之职。他一生的著作,涉及的体裁很多,有政论、通讯报道、历史人物分析、传记和小说等,其中以他的第一部小说《泽娜白》最经受得起时间的考验。

长篇小说《泽娜白》是海卡尔1912年在法国攻读博士学位期间完成的,1914年在埃及出版。它是一部描写埃及农村生活的作品,讲述一个地主的少爷哈米德,钟情于姿容秀美的女雇农泽娜白,却不敢逾越阶级的鸿沟。他进城去想跟堂妹结婚,堂妹已嫁给别人;及至回到家乡,正好碰上泽娜白与她并不喜欢的哈桑成婚。泽娜白知道哈米德倾心于她,但对此不抱幻想;她悄悄地与家境清寒的易卜拉欣相爱着,可是又囿于农村习俗,不能向家人表白。易卜拉欣远去苏丹当兵,哈米德也离乡进城,泽娜白思念心切,郁郁成疾,终于凄然死去。这部小说正如作者自己所说,一方面是表达他"对祖国和祖国人民的怀念",另一方面"也表示他对巴黎和法国文学的敬佩"。它确实受到法国文学的深刻影响,哈米德罗曼蒂克的幻想和对大自然美的向往,跟法国浪漫主义文学作品的情调十分相似;泽娜白情感细腻、温柔美丽,与其说她是个埃及的农村姑娘,毋宁说是小仲马笔下的茶花女埃及化了的形象。尽管如此,《泽娜白》仍然是一部成功之作。海卡尔通过错综复杂的故事情节,向读者展现了一幅充满乡土气息的埃及农村画面,反映了村民们的生活和思想感情。他用泽娜白的爱情悲剧,揭露了在那个社会里,由于社会地位悬殊、穷困、传统习惯势力等因素的束缚,青年人不可能获得幸福爱情的事实,从而有力地支持了当时埃及的改革家们提出的"解放妇女"的主张,使这部作品具有比较广泛的社会意义。海卡尔熟悉农村，他描绘农村的田野、河流、清晨、黄昏的景致，颇为生动，并且努力以景衬情，刻画人物的心理。海卡尔是第一个尝试把埃及方言运用到叙述和对话里去的埃及作家，《泽娜白》的语言彻底摆脱了旧文体那种内容空泛、文字佶屈聱牙的弊病，这些特色受到了阿拉伯文学界普遍的好评。该书在1925年再版，以后又多次重印，为埃及和阿拉伯现代小说的产生和发展，奠定了一个良好的基础。

1952年革命前的埃及小说

埃及现代小说从产生到1952年7月23日革命前这个阶段，经历了两次世界大战的动荡年月，有了迅速的发展。在反对外国占领和封建王室统治的民族民主运动不断高涨的情况下，受过西方思想、文化熏陶并怀有强烈民族意识的知识分子队伍逐渐壮大，从中涌现出不少出类拔萃的文学人才，他们敢于正视现实，大胆利用小说这种形式，批判因殖民制度和封建统治所造成的社会阴暗面，竭力要求改革伊斯兰教、振兴阿拉伯民族。在他们的倡导和推动下，各种文学刊物和出版事业也随之发展起来，现代小说出现了逐渐繁荣的时期。

在这些出色的作家中间，有一位阿拉伯世界遐迩闻名的大文豪，这就是最近放映的埃及电影《征服黑暗的人》中的主人公——塔哈·侯赛因博士(1889～1973)。

塔哈的一生，对阿拉伯语言、文学做出了多方面的重大贡献，他的作品有翻译，有对阿拉伯古典文学和法国文学的研究、评论，也有小说。他著名的自传体小说《日子》以极为优美的语言和真实的笔调，记述了一个从小双目失明的农村孩子，怎样在那艰难的时世中，克服恶劣的条件，从农村来到开罗，又赴法国留学深造的经过。在《日子》的三卷集中，埃及农村家庭的生活，传统的私塾教学，开罗老市区狭窄的胡同，墨守成规的爱资哈尔清真寺柱廊旁的学习圈，清贫的学生生活，埃及大学课程新颖多样的新天地,留法学习期间的生活和爱情……都——展现在读者的眼前。故事平凡但是十分真实,它对 20 世纪初的埃及社会,做了极其出色的描绘,在反映埃及知识分子的成长过程方面,具有显而易见的典型意义。同时,它的阿拉伯语文字非常优美,音调和谐,对仗工整,读来朗朗上口。《日子》是塔哈·侯赛因最成功的作品之一,已译成英、法、俄等文字,我国在"文化大革命"前也已将第一卷译成了汉语。除了这部自传体小说之外,他还创作了《鹧鸟声声》《苦难树》,短篇小说集《地球上的受苦人》等,通过普通的农村姑娘、中下层的家庭生活,来反映新与旧、革新与保守的斗争,让人们正视在封建制度枷锁下生活的苦难的埃及人民。塔哈·侯赛因的小说总是提倡正直、善良、求知、上进,反对暴虐、腐败、愚昧、保守,具有鲜明的思想倾向,加上他极高的语言造诣,至今受到埃及和阿拉伯文坛的推崇。他是一位享有世界声誉的埃及文学家。

比塔哈·侯赛因稍晚些时候才崭露头角的另一位著名小说家是陶菲克·哈基姆(生于 1898 年)①。他是迄今依然健在的埃及作家协会主席。他的著作,数量众多,特别是已创作了 60 余部剧作,是一位执埃及和阿拉伯剧坛牛耳的人物。到目前为止,他的中、长篇小说和短篇小说集,累计也有十余部之多。1933 年,他发表的长篇小说《灵魂归来》,是一部东、西方闻名的反映埃及社会变动时期的名著,主角穆哈松爱情的破灭,埃及 1919 年革命的爆发,象征着埃及的复兴,古老的法老时代光荣和独立的精神又在埃及获得了新生。我国近年翻译出版了陶菲克的《乡村检察官手记》,那是作者从法国学习回来以后,曾在检察部门工作,耳闻目睹,在积累了大量暴露当时司法制度弊端的事例基础上,于 30 年代所写的一部辛辣的讽刺小说。陶菲克另一部著名小说《来自东方的小鸟》,目的在于

---

① 陶菲克·哈基姆于 1988 年去世。

肯定一种见解,即在西方的物质和东方的精神之间,更值得坚持的乃是东方的精神价值。陶菲克早年曾在法国比较深刻地研究过希腊文化,本人则是穆斯林,很熟悉伊斯兰教的哲学思想,他的小说跟他的著名剧作一样,往往带有比较明显的哲理色彩。

这个时期出名的埃及小说家,还有易卜拉欣·马齐尼、伊萨·奥贝德、马哈茂德·阿巴斯·阿嘎德、穆罕默德·法里德·阿布·哈迪德、穆罕默德·伊瓦德·穆罕默德等许多人,但最有盛名的却要数台木尔兄弟。

台木尔兄弟出身书香门第,从小受到良好的文学气氛的熏陶。哥哥穆罕默德·台木尔(1892～1921)跟许多埃及作家一样,早年也是学法律的。如果我们接受阿拉伯人把短篇小说与长篇小说分开,当作两种文学体裁的话,那么,穆·台木尔乃是埃及和阿拉伯短篇小说的奠基人。他的短篇小说涉及的社会题材较为广泛,文风明显地受到阿拉伯古典的麦嘎马特和西方小说的影响。他在1917年发表的《在火车上》,被认为是阿拉伯第一篇短篇小说,也是他短篇小说的一篇代表作。故事采用第一人称,先渲染自己的心情和周围的景色,然后记述了在火车上听到的一席谈话:以村长、教长为代表的守旧人物反对普及教育,坚持主张用鞭子来对待农民;而青年学生则大声抗议这种把农民当做奴隶的旧传统,要求革新、改良。故事情节很简单,但已带有后来发展起来的阿拉伯短篇小说初期的一个共同特点,那就是故事一般发生在本乡本土,人物大都是本乡本土的人。穆·台木尔去世过早,对现代小说的发展做出卓越贡献的是他的弟弟迈哈穆德·台木尔(1894～1973)。

迈·台木尔被誉为"尼罗河的莫泊桑"。他从小多病,身体孱弱,然而却比他哥哥长寿,一生创作了20多部短篇小说集,几部长篇和一些剧本。他的文学生涯初期,曾热衷于阅读埃及的曼法鲁推和黎巴嫩杰出的侨民文学家纪伯伦·哈利勒·纪伯伦(1883~1931)的作品,这培养起了他追求象征主义和浪漫主义的倾向。后来,在他哥哥的指导下,他转而关心与埃及现实生活紧密相连的作品,大量阅读并研究了欧洲作家如莫泊桑、契诃夫和屠格涅夫等人的小说,他的短篇受到过这种或那种流派的影响,但从它们的总的倾向来看,他是位严肃的埃及批判现实主义的作家。他杰出的短篇小说集有《朱玛教长》《阿法拉教长》《小法老》《须眉丈夫》《魔鬼的女儿》《恭贺新禧》《写在额头上》《伊赫桑拉》《我是凶手》等。他的作品对于平民阶层给予了巨大的重视,他作品里的人物,都是些普普通通的职员、学徒、小贩、医生、教长、记者……迈·台木尔的成功之处,在于他生动地反映了埃及的现实生活,揭示出人物的内心世界,正如塔哈·侯赛因博士所评介的:"他(迈·台木尔)文字形象、生动、典雅、讲究,他用最简捷的方式,毫不矫揉造作、转弯抹角就熟练地打动了人们的心弦。"迈·台木尔用他犀利的笔,一方面刻画了骗子、窃贼、冒险家、剥削者的丑恶嘴脸和卑劣心灵;另一方面也歌颂那些穷苦人如乞丐、售票员、劳动妇女的高尚品德和朴实感情。他的短篇小说集,是埃及现代小说史上的骄傲,他被称为短篇小说艺术大师,确实是当之无愧的。法国、意大利、德国、英国、苏联都翻译了他的作品。我国解放后也曾零星发表过一些他的短篇,1978年出版了一本《台木尔短篇小说集》,我们希望这仅仅是第一册,今后还能继续把他的优秀作品陆续介绍给我国读者。

1952年革命后的埃及小说

埃及文学艺术最高理事会文学部主任优素福·沙鲁尼博士在他的一篇评论中指出:"如果说塔哈·侯赛因、阿嘎德、萨拉马·穆萨等人在直到第二次世界大战前,始终是阿拉伯文坛的领袖的话,那么,战后的著名小说家,如纳吉布·马哈福兹、优素福·西巴伊、伊赫桑·阿卜杜·库杜斯、穆罕默德·阿卜德·哈利姆、阿卜杜拉·阿里·巴克西尔和阿卜杜·哈米德·乔达·萨哈尔等人就可以称之为第二代文学家，1952年7月23日的革命也并没有使这种状况骤然改变。"其实，即便是前面提到的塔哈·侯赛因、陶菲克·哈基姆、迈哈穆德·台木尔等作家，他们在革命后仍然有作品问世，不过他们的主要代表作大多在革命前就已经发表罢了。纳吉布·马哈福兹生于1911年，也是一位跨时代的优秀作家。他在革命前就先后出版了历史小说《命运的嘲弄》《拉杜比斯》《底比斯之战》，社会小说《新开罗》《哈努哈利利》《米达克胡同》《始与末》等作品，但是使他赢得阿拉伯现代小说旗手称号的，则是他在1956～1957年期间发表的有名的三部曲：《宫间街》《思宫街》和《甘露街》。

宫间街是老开罗区的一条街。这条街上住着一个中等商人的家庭：父亲艾哈迈德·阿卜德·贾瓦德、母亲、三个儿子和两个女儿，在一种传统的守旧气氛中生活。艾哈迈德自私、严厉，家里的一切都由他说了算，他只关心自己的舒适和满足自己的私欲；母亲心地善良，永远服从她丈夫的威权，又满脑子的迷信和幻想。三个儿子各有特性，但都沿着父亲为他们安排的道路生活着，直到1919年埃及大革命爆发，二儿子法赫米反叛了父亲的意志，毅然投身于革命，在游行中牺牲。

"思宫"也是一条路名，艾哈迈德的长子亚辛就住在这条路上。故事发生在1924～1927年期间，父亲的专制略有收敛，全家稍稍松了一口气，享受到了一点自由。三儿子卡马勒高中毕业，成长为一个具有一定思想政治觉悟的人，他和他的同学们代表着受过教育的新一代人正在觉醒，开始摆脱传统的束缚，朝着民族主义和新的精神世界跑去。

三部曲的第三部《甘露街》，反映的是1935～1944年埃及中等阶层所发生的社会变化、思想变化的最后一个阶段。艾哈迈德·阿卜德·贾瓦德的女儿哈蒂婕和她的丈夫、孩子们居住在甘露街里，第三代长大了，新事物到处都在出现。他们不满足祖辈和父辈的那种生活,因为他们已经大学毕业,懂得什么叫时代的文明,但是,他们的思想倾向却各不相同,有的信仰马克思主义,有的则参加了当时被认为是反动组织的穆斯林兄弟会。

纳吉布·马哈福兹虽然不是历史学家,然而他却把握住了社会变化和时代前进的脉搏,三部曲写了三代人,反映了从1917~1944年近30年间的埃及社会生活。他刻画的不是一个人,而是一批人,描写他们之间的关系、相互作用,环境对他们的影响,通过日常生活、思想矛盾和重大事件来烘托人物的性格。这表现出作者创作长篇小说的纯熟技巧和独到的功力。

纳吉布·马哈福兹继三部曲以后,又创作了不少从埃及现实中汲取题材、提炼出思想的小说,如《我们巷子里的孩子们》《小偷与狗》《道路》《乞丐》《尼罗河上的唠叨》《米拉马尔寄宿公寓》《无始无终的故事》《镜子》《雨下的爱情》《卡尔纳克咖啡馆》《尊敬的先生》等。作者所采用的艺术手段,通常总是与他作品的主题相吻合的,这也是读者欢迎他的小说的奥秘之一。近年来,纳吉布·马哈福兹虽然年近古稀,耳沉体衰,但仍在孜孜不倦地写作。许多阿拉伯的文学评论家,都一致公认,纳吉布·马哈福兹是当代阿拉伯最优秀的小说家。事实上,对他的创作艺术的研究著作已经出现,并在不断增加。

除纳吉布·马哈福兹外,在第二次世界大战前后已经初露锋芒,到1952年革命以后开始在埃及和阿拉伯文坛声名大噪的小说家,还有穆罕默德·阿卜德·哈利姆·阿卜杜拉、优素福·西巴伊和阿卜杜·哈米德·乔达·萨哈尔等人。

穆·阿卜杜拉(1913~1970)出生于农村,他的作品特别是早期作品带有明显的农村烙印。1937年,他从开罗的阿拉伯语文学院毕业后,曾任阿拉伯语言学会的编辑。1947年,他发表第一部中篇小说《弃婴》,那委婉动人的情节，强烈的理想主义色彩，受到阿拉伯文坛的好评，后来被改编成电影，影片名叫《爱情之夜》。在 1950～1952 年期间，他又连续发表了小说《常青藤树》《白色绶带》《秋阳》，革命后，他又有《为了我的孩子》《风暴的平静》《处女乐园》《岁月之余》等作品。他一生共创作了 12 部中、长篇，9 部短篇小说集。他小说的主人公多半是从农村来到城市，与城里的姑娘相爱。恋爱的人充满感情，然而恋爱的过程却又被命运牢牢地驾驭着，结局常常是失恋或突如其来的死亡。穆•阿卜杜拉被称为是埃及杰出的浪漫主义作家，他喜欢描述正直、善良、纯洁的姑娘，善于刻画人物的内心活动，因此对青年学生和追求高尚理想的人具有很大的吸引力，他的书籍一度十分畅销。他后期逐渐尝试创作新的小说形式，然而未能完成，他最后一部小说没有写完就去世了，那小说就叫做《未写完的故事》。

革命对优素福•西巴伊的创作活动影响十分显著。他在早期的小说中，竭力创造一个乌托邦的世界，理想主义色彩突出，如《死神的代表》《伪善的大地》《我去了》。革命以后，他的小说有了急剧的变化，他的《送水人之死》描写的是开罗的一个区，比较深刻地反映了劳苦人民的生活。他以后创作的《回来吧，我的心》《归途》《纳迪娅姑娘》《长夜漫漫，总有尽头》等小说，都是以重大历史事件为题材的。《回来吧，我的心》把一个花匠儿子阿里与王爷小姐英琪的恋爱故事，同 1952 年革命紧密联系在一起。阿里为了能配得上英琪，进了军事学院，成为一名军官，然而漂亮的军服并不能填平阶级的鸿沟，直到他参加了革命，打倒了封建贵族阶级，经过殊死的搏斗，才终于回到英琪的身边。这个故事是很有代表性的，它说明，优素福•西巴伊已经认识到，个人的命运总是与政治事件相关联的。西巴伊创作的这些爱国主义题材的小说，是他数量众多的作品中的精品，受到了埃及国内外的重视和赞赏。

萨哈尔早年写了不少历史小说、宗教人物传记，如《科尔多瓦的公主》

《萨德·本·阿比·瓦高斯》《英雄堡垒》等。他的社会题材的小说中,以《收获》最能代表他自然主义的创作手法。《收获》反映的是一个在革命前已经拥有几千费丹土地的地主,他的年华在他与他自己、他与他的家庭、他与社会之间的斗争中耗尽了,直至革命发生,颁布了土地改革法,他才遭到他必然的下场。萨哈尔始终在客观地叙述故事,毫不夸张,也不添枝加叶,他成功地通过事件来捕捉戏剧镜头,形象地刻画出农民与地主、土地之间的社会关系,从而出色地反映了埃及历史的一个阶段。

1952年革命为一批文学新秀脱颖而出创造了条件,埃及现代小说无论在内容上还是形式上,都取得了长足的进步。被人称为无产阶级作家的穆罕默德·薛德基和阿卜杜·拉赫曼·哈米斯所创作的短篇小说,尖锐地抨击资产阶级的世界观、道德观,描写贫苦人民的生活,具有较强的思想性和战斗性。阿卜杜·拉赫曼·谢尔卡维于1954年将他连载发表的《土地》(我国已于1980年翻译出版)集合成书以后,又写出了《空虚的心灵》《农民》等小说。他比较能体会农民的情感,了解他们的问题,故被誉为"农民艺术家"。优素福·伊德里斯是一位优秀的中、短篇小说家,他的《罪孽》《耻辱》《最廉价的夜晚》等作品曾蜚声阿拉伯文坛,并为他赢得国际声誉。他的作品不仅被译成英、法、俄等文字,而且北欧的一些大学还设有研究他创作艺术的学位。伊赫桑·阿卜杜·库杜斯是一位多产的作家,迄今大约已有30余部小说问世,其中《我家有个男人》《罪恶的心》比较突出。他的文笔流畅,注意吸收埃及方言语汇,故作品很通俗易懂。他又是一个素称大胆的作家,因为他敢于涉及埃及国内比较"犯忌"的题材,如宗教、女性、埃及社会中的犹太人等问题,他最近出版的《不要抛弃我》,描写了一个犹太妇女在埃及生活数十年间的遭遇,就是一部比较有争议的作品。但是,他辛辣的笔调,大胆的构思却很受青年人的欢迎,再加上他与萨达特总统的私交不错,因此已经成为一个引人注目的埃及作家。

  埃及在1952年革命后,又经历了三次中东战争,国内曾出现过"权力中心"那样戕害人民的法西斯统治集团。现代小说家们都比较注意抓住这些事件,通过小说来进行分析、探索,如穆罕默德·优素福·卡伊德的《一周有七天》,哈桑·穆哈西卜的《在太阳后面》《干渴》,女作家拉蒂发·泽亚特的《敞开的大门》等,这里就不一一赘述了。

  总之,埃及的现代小说艺术已经成熟,国内业已成名的小说家人数众多,上面提到的只不过是其中的一部分,此外还有萨尔瓦特·阿巴查、阿里·巴克西尔、法特希·加尼姆、萨纳阿拉·易卜拉欣、瓦利丁·伊斯梅尔等……埃及现代小说不仅对埃及的文化、艺术、思想有影响,而且流行于整个阿拉伯世界,是世界文学中一株色彩鲜艳、独具一格的美丽花朵。我国对埃及和阿拉伯文学的介绍、研究工作,过去由于条件的限制尚未很好地开展。我们衷心希望,大型外国文学期刊《译林》为广大读者打开的这扇介绍阿拉伯现代文学的窗口,能够继续敞开着,并且开得更大些。

试探阿拉伯人名、地名的译法[①]

几十年来,随着我国与阿拉伯各国的交往日益增多,介绍阿拉伯国家政治、经济、文化、历史、地理、人物、宗教、风土人情和文学艺术的书籍不断问世。这对促进我国对阿拉伯各国状况的研究和了解,无疑是十分重要的。可是,迄今为止,我们还没有力量组织编写出一本比较权威的阿拉伯人名、地名译名手册以供查找,怎样处理阿拉伯人名、地名的译法,就成了阿拉伯语工作者和其他外语工作者翻译时必须解决的一个问题。本文在归纳《辞海》、历年出版的《世界知识年鉴》、有关史地书籍和地图册等资料的基础上,试对阿拉伯人名、地名的译法做些初步的探讨,就教于各位专家、同行。

一

阿拉伯语是一种拼音文字,撇开连读的因素,词中的每个字母几乎都发音。我国各种外语的工作者在翻译阿拉伯人名时,一向采取音译的办法,这样做,排除了汉译名有意义可寻,是可取的。可是,由于缺乏一个统一的办法,阿拉伯的人名译法存在着严重的混乱情况,长期以来,不仅阿

[①] 载于《外国语》1982年第6期。

语工作者与英、法语工作者之间的译法大相径庭，而且就是阿语工作者也往往各行其是，颇不一致。下面试举数端。

首先是一名多译。有些十分普遍的阿拉伯人名，如同中国人名中的"福""祥"，英美人名中的"约翰""乔治"那样司空见惯的名字，却有着各式各样的译法。如 Abdullah 多数译成"阿卜杜拉"，但也有译为"阿布达拉""阿卜杜勒""阿布杜拉""阿布达拉赫"的；Ahmad 或写成 Ahmed，通常译作"艾哈迈德"，但稍一查，发现还有"阿哈默德""阿赫默德""艾哈默德"等译法，甚至将 h 简略掉，译成"阿墨特"的；Ibrahim，大多译为"易卜拉欣"或"伊卜拉欣"，但"伊布拉欣"和"伊布拉希姆"的译法也不鲜见；阿拉伯人名中的 Abu，意为某某之父，目前有"艾布""艾卜""阿布"这样三种译法。

其次是如何加中圆点。在阿拉伯语的标点符号中，并没有中圆点，为了方便阅读，译名中加上中圆点已是一种习惯用法。但中圆点的使用却往往因译者而异。如在人名中，Abd er Rahman 有的译成"阿卜德·拉赫曼""阿卜杜勒·拉赫曼"，也有的译者不加中圆点，译作"阿卜杜拉赫曼""阿卜杜拉芒"。这跟原来的拉丁字母拼写方法有直接的关系，这个名字的写法有：Abdel Rahman、Abdul Rahman、Abdur-Rahman、Abderahman 等，真可谓五花八门。地名中，虽系组合名词，一般也不加中圆点。但在 1978 年出版的《埃及地图》中，又有加中圆点的译名出现，如"阿布·泰尔图尔""奥拉德·哈姆宰"等。

地名的译法，除音译外，对有的地理名词是可以意译的。开罗市的"解放广场"，如译作"阿尔—塔赫里尔广场"就既累赘又不好记了。阿拉伯地名中 Ras 意为"角"，而 Ras Ghalib 在同一张地图上，一译"阿里卜角"、一译"拉斯阿里卜"，让人莫衷一是。Tell 一词，是"山""山冈""丘陵"的意思，过去把横亘在摩洛哥、阿尔及利亚境内的主要山脉 Tell Atlas 译作"特尔阿特拉斯"，现在改为"阿特拉斯山脉"，就很贴切；但是地图上仍不乏把 Tell 译作"特勒"的例子,如伊拉克北部的"特勒阿法尔",叙利亚北部的"特勒阿卜亚德"等;再有,如 Ain 一词,有的译"泉",有的译"艾因";Bir 一词,有的译"井",有的译"比尔"。Mina 的阿语意思是港口,把科威特沿海的 Mina el Ahmadi 译为"米纳艾哈迈迪",当然不如译成"艾哈迈迪港"妥当。因此,地名的译法,如果以音译为主,对本身具有意义的采取音、义结合的办法,是否更合适些呢?

再有让人感到不好办的,是在对待一些业已约定俗成的历史名词上,近年来出版的一些书籍中,很有些标新立异的译法出现。例如,把阿拉伯的"倭马亚王朝"改为"伍麦叶王朝","法蒂玛王朝"改译为"法帖梅王朝";1250～1517 年的埃及 Mamluk 王朝,《辞海》上是"马穆鲁克",史书中是"马木路克""马末娄克"等。大家知道,沙特阿拉伯一名中的沙特(Saud),按规范的读音应译为"苏欧德",现人们用惯了"沙特"这一译名,至今没有人试图去改正,那么为什么一定要舍弃沿用了几十年的"倭马亚"、"法蒂玛",而改用读音大致相近的"伍麦叶"、"法帖梅"呢?

上述这些例子,应该说还只是阿拉伯人名、地名译法混乱情况中的一鳞半爪。为了尽可能做到统一,新华社曾在 1956 年 9 月编印过《阿(拉伯)汉译音表》,奠定了一个很好的基础,可是不少从事翻译阿拉伯书籍、资料的同志都没见过或听说过这张表,因此未能起到它应有的作用。1961 年,有关单位在北京举行过为期两天的"阿拉伯译音问题讨论会",一些专家、教授经过反复的酝酿、协商、研究,拟订了一套《阿拉伯名词音译条例》提交讨论。由于与会者意见不一,结果并未得到重视,以后仍然是各行其是。从历年出版的地图来看,倒是中国地图委员会对统一译名的问题比较重视,不仅地图上的译名不断改进,越来越准确、统一,而且还于 1979 年 10 月编印了《阿(拉伯)汉语译音表》(试行)。这份译音表比 1956 年的译音表要详细、全面,译阿拉伯人名时也可以借用。

二

阿拉伯人名、地名的译法虽然还不够统一，但在多年来的翻译实践中，已逐渐形成了一些约定俗成的处理方法，这里试略做介绍。

阿拉伯的名词，分确指与泛指。确指名词指除专有名词外，通常带冠词 Al（在英、法文拼音中，也写成 el）。这个冠词在翻译时往往省略，如人名：Abdullah Al-Mubarak——阿卜杜拉·穆巴拉克，Ismail el-Bustani——伊斯梅尔·布斯塔尼，Ihsan el Gabri——伊赫桑·贾卜里；地名：Alkuwait——科威特，Es-Sudan——苏丹。当然也有将冠词译出来的，如 Algeria——阿尔及利亚，但这是少数，而且开始冠词译出的名字，后来也省去了。例如，摩洛哥境内的 Oum er Rebia 河，1961 年的年鉴上是"乌姆·爱尔腊比阿河"，1972 年的《各国概况》中删去了中圆点和冠词，改为"乌姆赖比亚河"，同年的《世界地图册》中则译作"乌姆雷卜亚河"。此外，Al 这个冠词，加在太阳字母（阿语 28 个字母中，太阳字母、月亮字母各 14 个。按拉丁字转写的太阳字母，是 t, th, d, dh, r, z, s, sh, d, t, z, l, n）开始的名词前，其中的 l 因为连读的关系要起变化。如 Abd er Rahman 中的 er, As-Salim as-Sabah 中的 As、as，都是 Al 变化而来的。目前多数人也是将其省去不译的。

前面谈到阿拉伯名词中的每个字母几乎都发音，词尾在句子中又有语法格位的变化，分为主格、宾格、属格，但在译名中，一般都把词尾按静符（即排除格位变化）来处理的。如 Muhammad——穆罕默德，Al Husein——侯赛因。比较不统一的是 Abd 一词。Abd 的释义是"奴隶"，可以单用，如有的人名字叫 Alabd；更多的是连用，如 Abd el Krim，在英、法文中，多把主格读法拼写了进去，成为 Abdul Krim，汉译者就往往译成"阿卜杜勒·克里姆"。这样一来，Al Krim 的冠词就成了 Abd 的后缀，显然不妥。上海在 70 年代初组织翻译非洲国别史时，我曾建议说，除了历史上已有约定俗成译法的名人（如阿卜杜勒·纳赛尔）外，新译的 Abd 包括单用的组合名字，也沿用省略冠词、词尾处理为静符的习惯做法，统一译为"阿卜德"或"阿卜杜"。近年来，各地出版的书刊中，也有"阿布德"的译法，这容易跟另一个人名 Aboud 相混；另外还有人根据后一个词的词首来区别处理，词首是太阳字母的，译为"阿卜杜"，如 Abd er Rahman——阿卜杜·拉赫曼；如是月亮字母（a，e，b，j，gh，g，h，kh，f，k，m，q，w，y）的，译为"阿卜杜勒"，如 Abd el Krim——阿卜杜勒·克里姆。就目前而言，阿拉伯的许多书籍是从英、法等文字译过来的，直接从阿文译出的毕竟有限，上述的处理方法比较复杂，要其他语种的工作者也能掌握阿语字母的太阳、月亮之别，恐有难处，何况英、法文的原作者在拼写阿拉伯名字时也未必规范，把 Abd er Rahman 写成 Abdul Rahman 的，并非少数。现在要求我国的译者先改正冠词拼写中的错误，再区别译出，实在是有点苛求了。这里提出将 Abd 译为"阿卜德"或"阿卜杜"，是从简便易行角度考虑的，无意强求一致。我只是希望将来对这个名字的译法能渐趋一致，慢慢地形成一个固定译法罢了。

Abu（或 Abou）和 Ibn 是两个词义相对的词，前者意为"父亲"，马格里布地区常用它的简化形式 Bou；后者是"儿子"的意思，简略形式是 Ben 或 Bin。这两个词要跟别的词搭配才构成名字，汉译名一般加上中圆点。Abou Hasan——阿布·哈桑，Ibn Khaldoun——伊本·赫勒敦，Bou Hamara——布·哈马拉，Ben Bella——本·贝拉。引用时不可将这样的组合名字随意省略，既不能只引"伊本"而舍去"赫勒敦"，也不可只引"布"而省掉"哈马拉"。突尼斯、阿尔及利亚、摩洛哥等马格里布国家，Bou 跟它后面的词已合写，如 Bourguiba——布尔吉巴，Boumedienne——布迈丁，Bouabid——布阿比德等，中间就不必加中圆点。此外，阿拉伯名字中的 Al Din，也不单独用，它的意思是"宗教"，Nur El Din（意为"宗教之光"）或写成 Nour ed Din，Nureddin，译成"努尔丁"，Seif El Din（意为"宗教的宝剑"）译成"赛夫丁"，中间都不必加中圆点。

有人提出，由 Abou、Ibn、Umm（母亲）、Bint（女儿）、Abd 等跟在后面的词搭配组成的组合名字，中间都不加中圆点，即把 Abu es Said 译为"艾布赛义德"，Ibn Sina 译为"伊本西拿"，Umm Kulsum 译为"乌姆库勒苏姆"……这从阿拉伯名字分为本人名、父名、祖父名……家族名（地名或部落后）来看，也有道理。但是，一般译者已有见到名字中的间隔（如大写字母）即用中圆点分开的习惯，而且艾布、伊本、乌姆、宾特、阿卜德后面加中圆点的做法已经形成，是否改得过来，大有疑问，只能将此看法罗列在此，供大家研究。

英语、法语的姓氏中，有的字母不发音，翻译时就不译出来。阿语不同，词中的每个字母都发音，不能想当然地用英语、法语的规律去套。用拉丁字母拼写的阿拉伯名字中的 h，就不应随意省略，否则难以还原。如把 Ahmadi 译为"阿马蒂"，"Al Azhari"译为"阿扎里"，读者无论如何也想不到它们是从"艾哈迈德""爱资哈尔"两词演变过来的。至于 Abdullah——阿卜杜拉一名的词尾 h 被略去不译，那应该说是"约定俗成"，并不能依此为据而类推的。

在翻译拉丁字母拼写的阿拉伯名字时，希望能注意字母 e 的读音。有许多人把 Ahmad 写成 Ahmed，字母。e 应读为国际音标[e]，而 Taleb 中 e，则应读为[i]。把 Khaled 译为"哈莱德""哈勒德"就是搞错了 e 的读音。这名字中的 e 应读为[i]，译作"哈立德"。常见的阿拉伯人汉译名中有"卡迈勒"一名，查下来是从拉丁字母拼写的 Kamel 译出的。实际上，阿拉伯原名有可能是 Kamal——卡马勒，也有可能是 Kamil——卡米勒。现在国内重要的科研单位和外语院校，多半有阿语工作者，碰到这类问题，如能查找一下阿语原文就不致有误了。

另外，关于阿拉伯专有名词和职称的译法，也是很需要进行探讨的。

例如 Al Hadj 或写成 Al Hajj，是指到麦加天房朝觐过的人，曾有"哈志""哈季""哈只""海吉""哈治""哈吉"等译法，现似乎逐渐趋于译为"哈吉"了。Al Khalifa 用于伊斯兰国家政教合一的领袖，译为"哈里发"，用于一般人名译为"哈利法"。这些，都是很可取的。这里想提一下 As Sudan 和 As Sultan 的译法。这是两个不同的词，前者是地名，后者是某伊斯兰国家最高统治者的称号或普通人名，现在都译为"苏丹"，容易混淆。近年来，从阿拉伯文译出的书籍中，已注意借用我国《元史》中的旧译，把伊斯兰国家领袖的 Sultan 译为"素丹"，以区别于东北非的苏丹国。至于一般人名中的 Sultan，则不妨译作"苏尔坦"。这样做，并不意味我们倾向于"复古"，中国古书上把埃及称为"勿斯里""密昔尔""迷思耳"等，把 Emir（埃米尔）译为"敝密"，今天是不值得师法的。当然，"素丹"的译法牵涉面较广，是否能为各部门所接受，也尚有待于实践。

三

我国老一辈的阿语专家，一直很关心阿语的译名问题。已故世的北大阿语教授马坚先生，生前曾对我们说："现在汉译阿拉伯人名中，'姆'字用得太多，为什么不能用'木'字来取代呢？"阿拉伯的男人名，以 m 结尾的确实不少。目前译为"姆"字虽然有些别扭，但译名中用"姆"实在是太广泛、太普遍了。马坚先生曾在他译的《阿拉伯通史》中贯彻他的主张，把原来词尾译作"姆"的统改为"木"，如"台马木""赛里木"等。可是这部译作对许多历史人名、朝代名改得太多，很难为人们所接受，这个以"木"代"姆"的做法也就未能引起注意。我国另一位著名的阿语老前辈、史学家纳忠先生对译名问题是非常重视的。他在去年的一封来信中专门谈到了阿拉伯译名问题。他主张，重要的历史人名、职名应当沿用《辞海》的译法，不必另译一词，免得不懂阿语和西方语言的读者徒劳琢磨；一般的译名，尽量按通行的译法，不要强求一致。他建议在今后适当的时候召开一次阿拉伯译名讨论会,请有关的学校、科研单位、出版社、报刊派代表参加。纳忠先生的意见显然是稳健而积极的。我写这篇文章,实际上是抛砖引玉,做个初探。然而,阿拉伯的译名问题是个大题目,内容十分丰富,决非一篇小文所能备记。我谨希望大家对本文所述不吝指正。

"阿凡提"一名琐谈[①]

阿凡提的故事，自改编成电影后，已经家喻户晓，尽人皆知。其实，阿凡提其人是一位"国际人物"，他不仅在我国出名，而且在中亚的伊朗、阿塞拜疆、土耳其乃至广大的阿拉伯世界，数百年来也一直流传着他的轶事趣闻。他的全名叫朱哈·纳斯尔丁·阿凡提，只是在我国，人们称他为阿凡提，而阿拉伯人则叫他朱哈，伊朗、阿塞拜疆一带又多以纳斯尔丁名之。以前，我国曾放过一部苏联影片，名叫《游侠纳斯列金》，纳斯列金是 Nasr el-Din 的当时译法，主人公就是我们熟悉的阿凡提。

朱哈·纳斯尔丁·阿凡提是哪国人？生活在什么时代？说法不一，很难考证。从阿拉伯国家出版的《朱哈轶事》来看，他的家乡在土耳其的苏尤里谢希尔，活动地点多在土耳其西部的阿克萨尔，但在著名的阿拉伯文辞典《蒙吉德》的人地名编内，又说他是伊拉克的库法人。在我国，几乎大家都已认定他是新疆的维吾尔族人。阿拉伯文版的《朱哈轶事》中，有不少故事提到了他与帖木儿之间的交往。这位在撒马尔罕崛起的帖木儿（Timur-i-Lang，1336～1405），是帖木儿帝国的创建者，不是我国有些书所

---

① 载于《世界图书》，1983 年 5 月。

译的元太祖铁木真,两者相距约200年,实在不应混淆。那么,是否可以认为朱哈·纳斯尔丁·阿凡提是14世纪前后产生的一个文学形象,随着奥斯曼土耳其帝国的对外扩张而流传开去,被中亚各民族所接受,成为本民族的一个趣人或传奇人物呢?从现有资料看,要下结论为时尚早,应有待于进一步的考证。各地流传的朱哈·纳斯尔丁·阿凡提的故事,有相同的,如请袍子吃饭、戏弄酗酒的法官等,也有很不一样的。我国文艺作品中的阿凡提,是善良、正直、机智、勇敢、不畏权势、扶贫济弱……等各种优秀品质的化身,而在阿拉伯文的故事里,却有不少反映了他的贪婪和笨拙。这说明,同一个文学形象,移植到其他的民族文学中去之后,由于社会、环境等条件的影响,有的数百年来一成不变,有的则处于不断发展,不断丰富的过程之中,成为一个越来越为人们喜闻乐见的人物。

阿拉伯故事中的朱哈·纳斯尔丁·阿凡提是当过伊斯兰教教长的,如他去清真寺讲经,到库尔德人聚居区去传教等。文中在他的名字前冠以"谢赫",意为"教长""长者",是一种尊称、职名,这跟伊朗作品中给他加上"毛拉"的头衔是一致的。翻译这类与名字相连的"谢赫""毛拉",中间不应再加中圆点。

阿凡提一词,追根溯源,是个希腊词,表示一种荣誉,是受人尊敬的称号,由土耳其人从拜占庭人处继承下来。奥斯曼帝国兴起后,它所沿用的一整套官职、爵位便在埃及、叙利亚、伊拉克、巴勒斯坦等地盛行。诸如"帕夏""贝克""阿凡提"等封号,类似欧洲的公侯伯子男爵位,身份地位有高低之别,颇有讲究。其中唯阿凡提一名有些特殊,它在奥斯曼时代,大凡指四种人:① 土耳其王室成员。土耳其素丹(或译苏丹)本人被称为"阿凡提纳",意思是"我们的阿凡提"。这称谓后传入埃及,用来称国王和亲王。② 高级神职人员,如伊斯兰教总教长、宗教界要人、学者。③ 帝国统治下的非穆斯林,尤其是亚美尼亚人,无论职位多高,即便提升为财政大臣或外交大臣，也只能称"阿凡提"，而不能叫"贝克"。④ 城市里的低级公职人员和受过初等或中等教育的居民。叫他们为"阿凡提"，犹如我国二三十年代称读书人为"长衫先生""西装先生"一样，是表示客气和尊重，含义与前三种人物的头衔截然不同。

到了 20 世纪，随着奥斯曼帝国的消亡、阿拉伯各国民族运动的兴起，那些"帕夏""贝克""阿凡提"等外来的封号，先后被阿拉伯各国政府明令取消。但埃及、伊拉克等国的城市居民中，沿用阿凡提称呼的仍很广泛，小学生叫他们的校长、老师，往往称某某阿凡提，亦即"先生"之意。久而久之，阿凡提们成了阿拉伯大城市中的一个特殊阶层。1933 年 10 月 27 日的英国《泰晤士报》刊登的一篇文章中曾这样描绘他们："受过教育，住在大城市，鄙视体力工作，甚至对技术工作也不屑一顾。他们追求政府里的职务，虽然所得薪俸不多，却能保持自己的体面和内心向往的社会地位。晚间，他们常去咖啡馆消磨时光，或看报刊，或谈政治；也有不少人好在娱乐场所寻欢作乐，以致债台高筑，根本无望偿还……"这篇文章讲的是伊拉克，其实当时的埃及情况也差不多。现在，相距那时已有半个世纪了，所谓的"阿凡提阶层"也早已不复存在。70 年代末期，我们在开罗的平民区虽然仍见到一些身穿旧式西装、头戴毡帽的"阿凡提"，但毕竟人数有限，而且时过境迁，即论"体面"和"社会地位"，与 50 年前相比也确是不可同日而语了。

纪伯伦和他的《折断的翅膀》[①]

今年,是阿拉伯文坛巨擘纪伯伦·哈利勒·纪伯伦(Gibran Khalil Gibran,1883～1931)诞辰一百周年,为了表示对他的纪念,我们谨把他的小说《折断的翅膀》介绍给广大读者。

纪伯伦出生在黎巴嫩北部山村贝什里,早年家境清贫,12岁时随母亲去美国波士顿上学,三年后回到祖国进希克玛(睿智)学校,学习阿拉伯文和法文。1908年经人资助去法国学习绘画和雕塑,曾师从雕塑家罗丹学习两年。他在巴黎的阶段,才华渐趋成熟,成为一个崭露头角的作家、诗人和画家。1912年起,他在美国纽约定居,专心致力于文艺创作。1920年,他与旅居美国的阿拉伯作家米哈依尔·努埃曼、伊利亚·艾比·马迪等人组成笔社,是对现代阿拉伯文学产生巨大影响的侨民文学流派(也称叙美派)的旗手之一。他用英文和阿拉伯文发表的作品,深受读者欢迎,使他名传遐迩。他于1931年去世,遗体被送回他日夜思念的祖国,安葬在他故乡的杉树旁。

作为一个文学大家,纪伯伦学业精深,根底扎实,兼收并蓄了东西方

[①] 载于《译林》1983年第2期。

文化的素养，加上他才思横溢，英、阿文并茂，使他创作的大量诗歌、小说和散文脍炙人口，数十年来一直受到东西方读者的喜爱。他的作品已被译成多种文字。他用英文写成的散文诗《先知》，我国作家冰心早在30年代便已译出，于1931年和1957年先后出版过；另一部长诗《沙与沫》，也由冰心译出，近年已与读者见面。

小说《折断的翅膀》，是纪伯伦最著名的作品之一。它讲述了第一人称"我"与贝鲁特城的富家女萨勒玛相识，产生了纯洁的爱情。城里大主教觊觎萨勒玛的家产，迫使她嫁给他的侄儿曼苏尔。道德败坏的曼苏尔只知挥霍岳父家的钱财，对迟迟没有生育的萨勒玛弃若敝屣。萨勒玛的父亲去世后，"我"的探访也终因"人言可畏"而断绝，她更加寂寞、凄凉。萨勒玛日夜祈祷，盼望能生个孩子。五年后，她怀孕了，不料孩子生下的当晚就死了。萨勒玛万念俱灰，心力交瘁，未等翌日太阳升起，也离开了人世。

不少评论家认为，《折断的翅膀》是取自纪伯伦的第一次恋爱经历。纪伯伦青年时代曾与家乡的一位富家女相爱，常在山川林间互诉衷肠。然而，两家贫富悬殊，在强大的社会习俗和传统势力面前，他的初恋失败了。他体会到了横亘在社会各阶级间的深渊，开始把他个人的遭遇同社会的不幸联系在一起。我们看到，纪伯伦的这部小说在反映那个时代东方阿拉伯妇女的社会地位和苦难命运，揭露宗教旧势力的凶残冷酷方面，态度鲜明，针对性极强。因此，这部小说于1912年问世后，即在社会上引起强烈反响，是毫不奇怪的。

《折断的翅膀》与纪伯伦的其他小说一样，并不以曲折的故事情节见长。除了它公认的社会价值，它能扣人心弦的，主要是纪伯伦独树一帜的文采。阿拉伯侨民文学流派的作家们，远离家乡，带着东方人的感情和思想，生活在追求物质、充满欲望的西方。他们的创作摆脱了阿拉伯旧文学的窠臼，揭开了阿拉伯现代文学史上的新篇章。他们表现的题材，主要是对祖国的思念，对大自然的热爱和向往，对事物的探索和思考，对宗教信仰自由的追求，具有明显的人文主义倾向。他们的诗歌，抒情、细腻，他们的叙述和描绘，流畅、生动。纪伯伦是这个文学流派中的重要文学团体笔社的领袖人物，他想象力丰富，行文好用比喻，哲理性强，具有浓厚的东方色彩。"纪伯伦风格"如今已成为阿拉伯文学的一个术语，备受阿拉伯文坛的推崇。

我们也许可以借《折断的翅膀》，来窥"纪伯伦风格"的一斑。这部小说的主要情节，可以归纳为五段：主人公"我"受邀去法里斯家吃晚饭，与萨勒玛相会；主教派仆人召法里斯前去；"我"与萨勒玛在花园里倾诉衷情；法里斯归来，宣布曼苏尔要娶萨勒玛的消息；"我"与萨勒玛绝望的分离。我们从中可以看出，纪伯伦写小说选择情节，不喜故弄玄虚、横生枝节，而是简洁朴实，十分经济。然而，全文脉络清楚，写前因为后果，层层递进；又寓突兀于情理之中，读来真实而且自然。

这部小说的人物，寥寥无几。对"我"和萨勒玛，作者着墨最多。他们的举止、言谈、内心的憧憬和希望，失意时的沮丧和痛苦，文中都有细致的刻画和描绘，因为纪伯伦一心想把他们塑造成合乎他理想的情侣形象，通过他们的遭遇来表达他对人生、爱情和宗教的见解。萨勒玛的父亲法里斯，在小说中是一个和蔼慈祥的老人，然而他滥用了自己的父权，在决定萨勒玛婚事的时候，只知顺从主教的意志，而毫不顾惜女儿的感情、尊严和幸福。从性格上来看，法里斯无疑是一个既可亲又可恨的人物。作者显然是想借法里斯的所作所为来抨击那种虐杀青年人心灵的封建习俗，在为建立一种合理的家庭关系而大声疾呼。这部作品中的恶势力的代表人物是保罗大主教和他的侄儿曼苏尔。特别是大主教，他凭借自己的神职身份，操纵他人的命运，对"我"与萨勒玛的悲惨遭遇负有直接的责任。

通读全文，我们说不出他的具体形象，也难得看到他出场，然而，从他的仆人登门来唤法里斯去见他之后，我们便无时无刻不感觉到他的存在，折断"我"和萨勒玛这些无辜鸟儿翅膀的，正是藏匿在舞台幕后的他的魔爪。纪伯伦刻画他的小说人物，尽管为数不多，浓淡不一，但各有作用，也各有特色。我们由此也可看出纪伯伦在小说艺术上的造诣之深。

纪伯伦非常注意描述人物的心理活动。在《折断的翅膀》中，占有显著篇幅的心理描写，不是平铺直叙地反映人物的欢乐或痛苦，而往往是把个人的感受与大自然的景物联系在一起的探索性的内心独白，带有很强烈的哲理性。纪伯伦借景抒情，天上地下，清风明月，花间路旁，纵横驰骋，挥洒自如，使那大段的心理描写不仅不显累赘，反使故事情景交融，感人至深。

《折断的翅膀》是一部散文诗般的小说。纪伯伦用词不追求华美、生僻，但讲究对仗，音调铿锵；他用比喻之多，是他以前的阿拉伯作家闻所未闻的；拟人化的手法在这部作品中也比比皆是。应该说，这部小说问世70年来，始终具有动人的魅力，是跟它优美的语言艺术分不开的。

"圣"字译法商榷

在福建泉州，有一处名胜古迹，称为灵山圣墓。其出典是根据明末何乔远的《闽书》卷七中的记载："自郡东南，折而东，遵湖冈南行为灵山，有默德那（今沙特阿拉伯王国麦地那）国二人葬焉，回回之祖也。回回家言：'默德那国有吗喊叭德（今译穆罕默德）圣人，生隋开皇元年。……门徒有大贤四人，唐武德中来朝，遂传教中国，一贤传教广州，二贤传教扬州，三贤、四贤传教泉州，卒葬此山。'然则二人，唐时人也。二人自葬是山，夜光显发。人异而灵之，名曰圣墓，曰西方圣人之墓也。"至清同治十年，有提督江长贵勒石为碑，上云："……盖三贤四贤于唐武德中入朝，传教泉州，卒而葬此者。厥而屡显灵异，郡人士咸崇奉之……"由此可见，灵山是地名，三贤、四贤墓之所以称为"圣墓"，一是我国历史上把三贤、四贤尊为"西方圣人"，二是因为此墓"夜光显发""屡显灵异"，深受泉州郡人士崇奉之故。

这里，想对"圣墓"的"圣"字发表一点议论。

在阿拉伯人的著作中，只有基督教和天主教的使徒、殉教者冠以

---

① 载于《阿拉伯世界》1984年第2期。

"圣",或用阿拉伯文 qiddis,或用英文 Sante 的音译,国内一向把这样的人物译作"圣保罗""圣马丁""圣凯瑟琳"等,是十分贴切的。而对伊斯兰教的先贤、殉教烈士,阿拉伯人却不加 qiddis 或 Sante,即使是穆斯林的先知、他们公认的"安拉的使者"、创建伊斯兰教的穆罕默德名字前面,也没有此类称呼。不过,在阿拉伯的宗教书籍或信仰虔诚的穆斯林著作甚至言谈中,穆罕默德的名字后面往往加上一个祈祷句:"(愿)安拉赐福给他,并祝他平安"(有时只用半句:"祝他平安")。这是穆罕默德特有的后缀修饰语,在以往的翻译中,一般把这句话加上括号,放在穆罕默德名后,作为说明,或前后都加破折号,作为一个插入成分。这样译,如实反映了阿拉伯文原文的特色,自是无可非议。但这个祈祷句通常缩写成一个阿拉伯词,即 Salam,甚至只用一个阿拉伯文字母 S 来表示。因此,翻译时如从文字简洁的角度出发,则不妨沿袭中国穆斯林的传统习惯,译作"穆罕默德圣人"或"穆圣",自可收到忠实、简明的效果。

伊斯兰教初创时期穆罕默德的门徒、弟子,我国一般译为"圣门弟子"或"穆门弟子",如艾卜·伯克尔、欧麦尔·本·哈塔卜、奥斯曼·本·阿凡等,名字后也有带宗教色彩的修饰语,如"愿真主喜爱他"。在穆斯林的心目中,穆门弟子当然无法与穆罕默德相提并论,把他们译作"圣",穆斯林也难以接受;至于再传弟子,就更不能称作"圣"了。因此,在翻译阿拉伯和伊斯兰教人物的修饰语词时,必须慎重,不要轻易地封之为"圣"。

伊斯兰教的什叶派只承认穆罕默德的堂弟、女婿阿里·本·艾比·塔列卜及其后裔有继承哈里发职位的合法性。什叶派教徒人数多,分布广,影响也大。在他们看来,穆罕默德是圣人,穆罕默德女儿的后代乃是圣裔,作为穆罕默德女婿的阿里,他的子孙自然也不例外。这一点,反映在阿拉伯语言中,是阿里的儿子哈桑、侯赛因名字前都加 Sayyid,穆罕默德的女儿法蒂玛、泽娜白等,名字前有表示阴性的 Sayyidah。这个阿拉伯词释义很多,但用在穆罕默德后代的名字前,则明白无误地表示他们是圣裔,翻译时既不宜选择别的释义,也不可音译成"赛伊德"或"赛伊黛",而应译为"圣侯赛因""圣泽娜白"。

穆斯林对先于伊斯兰教问世的犹太教和基督教里的先知,都予以承认,在阿拉伯文的行文中,穆萨(摩西)、尤素福(约瑟)名字前也加 Sayyid,或 Sayyiduna(意为"我们的 Sayyid")。我想,如译作"圣穆萨""圣尤素福",当也不致有伤穆斯林的感情。

小议及此,再看福建泉州的伊斯兰教古迹"灵山圣墓",总觉得"圣"字尚可商榷。三贤、四贤究竟是穆门弟子还是再传弟子,有待史料佐证,但毕竟只是有德有才的贤人,而非达到最高水平的圣人。何况,听说内地穆斯林瞻仰此墓时,也有提出"为什么称作圣墓"问题的。泉州是著名侨乡,又是世界文化荟萃之地,现在作为开放城市,为国内外所瞩目,从长远计,如将"灵山圣墓"改为"灵山双贤墓",不知能得到当地和国内学者的首肯否?

我国的阿拉伯文学翻译[1]

我国的阿拉伯文学翻译始于何时？据现在看到的资料，怕是比已被翻译界公认的"翻译外国文学的开山祖师"林纾的《巴黎茶花女遗事》还要早几年。1956年，人民文学出版社曾影印再版过马安礼翻译的《天方诗经》。《天方诗经》(一译《衮衣颂》)是埃及诗人穆罕默德·舍赖弗丁·蒲绥里(1213～约1296)歌颂伊斯兰教创始人穆罕默德的长诗。这部诗集系译者的老师马德新于1848年从阿拉伯国家带回国内。这位著名的伊斯兰教学者曾立志与其弟子马安礼合作"译而传之"。不料刚刚启译，马德新即被清政府杀害。马安礼遂与马学海"朝夕讲论、纂译成章"，因译文仿照《诗经》韵律，故定名《天方诗经》。这部诗集于1890年在成都刻板成书。[2] 诗歌，是阿拉伯文学中历史最悠久也最具有影响的文学体裁，这部比《巴黎茶花女遗事》早8年问世的《天方诗经》，具有浓厚的宗教色彩，主要在我国穆斯林中流传，一般从事西方文学翻译、研究的人知之不多，是不足为奇的，但它直接从阿拉伯文译出，开创了我国阿拉伯文学翻译的先河，在中阿文化交流史上占有重要的地位，也应该是没有疑义的。

---

[1] 载于《中国翻译》1986年第3期；《人民日报》海外版1986年6月21日摘要转载。
[2] 纳国昌：《〈天方诗经〉漫话》，《中国穆斯林》1984年第4期。

从《天方诗经》的出版,到1949年解放,是我国的阿拉伯文学翻译的第一阶段。在长达近60年的时间内,介绍给读者的阿拉伯文学作品屈指可数。究其原因,大致有二。一是我国老一辈的阿拉伯语学者,无不受过宗教教育,他们的译述活动大都仅限于伊斯兰教学术文化,从事文学翻译的工作者,则寥寥无几;二是拥有众多读者的阿拉伯小说,本身起步较迟。埃及是阿拉伯诸国中新文学运动兴起最早的国家,然而,阿拉伯文坛公认的穆罕默德·侯赛因·海卡尔(1888～1956)的第一部较有影响的长篇小说《泽娜白》,直到1914年才出版,30年代特别是第二次世界大战以后,许多优秀的作品方陆续问世,传到中国当然就更晚了。埃及如此,其他阿拉伯国家的情况也大体相仿。

我国读者最熟悉的享有世界声誉的《一千零一夜》(一译《天方夜谭》),于本世纪初通过转译零星传入我国。以后,既有从英文译出的版本,也有纳训先生从阿拉伯文译出的版本,既有文言文本,也有白话文本。① 西方国家早年的《一千零一夜》出版商,为了满足读者对东方世界的好奇心理,在原来的故事上添枝加叶,甚至杜撰子虚乌有的故事,译本的可靠程度颇有问题。纳训根据的是1835年由埃及政府刊印的布辽格版,内容比较完善。② 进行研究,似应依据这类从阿拉伯文译出的本子为妥。《一千零一夜》以它瑰丽的想象和生动的描写,几十年来一直为我国广大读者所喜爱,是一部很有影响的作品。另一部必须提及的作品,是黎巴嫩旅美作家纪伯伦的《先知》。哈利勒·纪伯伦(1883～1931)的散文诗《先知》,由冰心先生从英文译出,于1931年出版。纪伯伦是世界文化名人,擅长用英文和阿拉伯文写作,近年,江苏出版了以他的小说为主体的《折

---

① 晋辉:《中世纪阿拉伯文学在中国的介绍和影响》,《阿拉伯世界》1985年第1期。
② 《一千零一夜》出版说明,人民文学出版社1977年版。

断的翅膀——纪伯伦作品选》，湖南出版了他的诗歌、散文集《泪与笑》，都受到读者的广泛好评。然而，追根究底，把纪伯伦介绍给中国读者的第一人，则是半个多世纪前的冰心。

概而言之，本世纪上半叶，在我国翻译出版的阿拉伯文学作品，真可谓是凤毛麟角，留给读者印象最深的，只有《一千零一夜》。因此，在很长一段时间里，《一千零一夜》几乎成了阿拉伯文学的代名词。

从我国解放到"文化大革命"前夕，是第二阶段，也是翻译介绍阿拉伯文学工作有明显进展的时期。那时，出于反帝、反殖斗争的需要，也为了支持亚非拉人民争取民族独立和解放的运动，有关文化、出版部门对阿拉伯文学比较重视，组织出版了不少诗集，如《阿拉伯现代诗集》《沙比诗集》《非洲的声音》《阿拉伯新诗集》《流亡诗集》《胜利属于阿尔及利亚》和《祖国颂》等。它们鲜明的特点是政治色彩强烈，充满炽热的民族感情，"有的诗诉说了阿拉伯人民在帝国主义及其走狗奴役下所过的悲惨生活，表达了诗人无比愤懑和憎恨的心情。有的诗控诉了帝国主义和它的走狗的残暴迫害和疯狂掠夺的兽行，强有力地道出了阿拉伯人民要求民族独立、渴望自由的心声。有的诗……道出了阿拉伯人民对美好未来的向往，以及愿意献身于这美好未来的意志"[①]。阿拉伯一些优秀的短篇小说开始由俄、法、阿等文字介绍过来，如有"尼罗河的莫泊桑"之称的埃及著名作家迈哈穆德·台木尔(1894～1973)的《二路电车》《纳德日雅》《沙良总督的姑妈》等，从俄文译出，辑成短篇小说集出版。我国读者通过数量很少的短篇小说集和在《人民日报》《译文》等报刊上发表的作品，开始了解纳吉布·马哈福兹、优素福·伊德里斯、穆罕默德·薛德基、阿卜杜·拉赫曼·谢尔卡维等作家的名字。特别应当指出的是，在埃及和阿拉伯世界

---

① 《阿拉伯新诗选》编后记，上海文艺出版社1960年版。

遐迩闻名的大文豪塔哈·侯赛因(1889~1973),他的自传体小说《日子》的第一卷,在60年代初就被译成了汉语出版,使我们对这位"征服黑暗的人"留下了初步的印象。第二阶段译介的文学作品,主要是诗歌和短篇小说,都很重视思想性,有强烈的时代感,确实可以划入"进步文学"的范畴。

我国阿拉伯文学的翻译队伍,正是在那个时期逐步形成的。俄、法、英文的翻译工作者很注意采撷阿拉伯文坛的鲜花。有的作品本来就是用法文写成的,如阿尔及利亚的穆·狄布的小说;更多的则是从俄文转译过来。由于当时苏联的阿拉伯语水平远不及今日,拿着汉语译文去对照阿拉伯文原著,往往感到出入不小。从事教学工作的阿拉伯语老一辈专家,鉴于文学与语言的关系,开始加紧开拓文学领域。北京大学的马坚教授自己也译诗,同时把阿拉伯文学史列入了教学计划。刘麟瑞教授与人合作,动手开译埃及阿卜杜·拉赫曼·谢尔卡维(生于1920年)的名著《土地》。纳训先生毕生从事《一千零一夜》的翻译,他于50年代出版的共收入86个故事的三卷集,是我国阿拉伯文学翻译作品中发行量最大的畅销书。林兴华先生看到新中国成立前出版的《卡里莱和笛木乃》版本和译文都不尽如人意,遂重新选择版本,再次翻译出版。新中国培养的年轻的阿拉伯语专业人才,其中属意文学的佼佼者,在翻译作品时字斟句酌、一丝不苟,十分注重语言质量,这是很值得称道的。

"文化大革命"是一场浩劫,横扫之下,外国文学译苑里只有一片荒芜,阿拉伯文学自不例外。那十年期间不要说成本的书,就是一首小诗也不曾发表过。

"四人帮"垮台后,特别是实行改革开放政策以来,我国的阿拉伯文学翻译事业进入了一个空前繁荣的阶段,作品数量之多,超出了以往译本的总和,高质量的译品,也不鲜见。这种形势,一方面说明现行的文艺方针正确,解脱了压在知识分子身上的精神桎梏,使翻译工作者敢于读书,敢于试笔；另一方面，也可能与我国近年出现的"阿拉伯热"有关。"阿拉伯热"的产生，大致有以下几个原因：为适应开放政策的需要，我国与阿拉伯各国的往来，特别是经济领域的合作，大幅度增加。到阿拉伯国家去工作、学习的各类人员，达数万人次之巨。他们及其亲朋对那里的风情习俗和社会生活，怀有浓厚的兴趣。国家急需阿拉伯语翻译人才，开设阿拉伯语专业的高等外语院校，除本科生、研究生外，几乎都举办了规格不一的培训班，有的还通过夜大学、函授等途径加紧培养，各类学生的人数已达历史最高水平。国家的民族政策、宗教政策进一步落实，我国信仰伊斯兰教的十个少数民族，人数在1500万左右，他们对阿拉伯世界总想有进一步的了解，亟望通过阅读各类书籍增加自己的知识。研究阿拉伯文学的队伍日渐扩大，从教育、科研、新闻出版等各部门，都涌现出不少虽不从事阿拉伯语专业却有志于对阿拉伯文学进行探讨的专家和年轻学者，他们是当前阿拉伯文学研究队伍中的一支生力军。凡此种种都说明，今天向广大读者介绍更多的阿拉伯文学佳作，已成为我国文化生活中一个不可或缺的组成部分。

这个阶段的阿拉伯文学译作，据不完全统计，约有50余部，内容有古典的，有近现代的；体裁包括诗歌、剧作、民间传说和小说，但占据首位的是故事和小说。① 其中，以埃及作品为最多，如陶菲克·哈基姆的《乡村检察官手记》，阿卜杜·拉赫曼·谢尔卡维的《土地》，纳吉布·马哈福兹的《平民史诗》《米达克胡同》《卡尔纳克咖啡馆》，伊赫桑·阿卜杜·库杜斯的《罪恶的心》《难中英杰》，穆罕默德·阿卜杜·哈利姆·阿卜杜拉的《弃婴》，优素福·西巴伊的《生命一瞬间》《回来吧，我的心》，优素福·伊德里斯的《罪孽》，等等。黎巴嫩的，除纪伯伦用阿拉伯文创作的小说、诗歌和

---

① 郭黎：《阿拉伯小说在中国》，埃及米尼亚大学文学院塔哈·侯赛因逝世十周年论文集。

散文差不多都译成了汉语之外,还出版了米哈依尔·努埃曼的《相会》、《努埃曼短篇小说集》,欧麦尔·艾布·纳斯尔的《沙漠骑士昂泰拉》(两种)。另外,这些年还注意介绍其他阿拉伯国家的作品,如巴勒斯坦格桑·卡纳法尼的《阳光下的人们》,叙利亚哈纳·米那的《蓝灯》,苏丹塔依布·萨利赫的《移居北方的时期》(两种),阿尔及利亚阿卜杜·哈米德·本·海杜卡的《南风》等,不一而足,这里不一一赘述。特别令人高兴的是,纳训先生完成的《一千零一夜》六卷全译本问世,中国读者第一次得窥这本文学名著的全豹。

这些年,北京、上海、江苏、湖南等地的出版社为组织出版阿拉伯文学作品做出了明显的努力,除《世界文学》外,《译林》《春风译丛》《新月》等刊物都曾刊登优秀的阿拉伯中短篇小说。人们注意到,译者选择作品的标准,有了一些变化,即不但注意作品的思想内容,力求适合我国的国情,而且也很重视作家在阿拉伯文坛上的地位和作品本身的文学价值。这样做,显然是个进步,使读者有可能不断开拓视野,逐步深入地领略阿拉伯文学作品的美学价值。

当前,我们已经有可能在进一步介绍阿拉伯文学作品的同时,组织起相应的研究机构和团体,对阿拉伯文学做一些探讨。然而,必须看到,作为开展研究工作基础的译介工作,仍然是非常重要和艰巨的。未读作品,何言批评。与英美文学、俄苏文学或法国文学相比,阿拉伯文学的译介和研究工作总有几十年的差距。要想尽快赶上去,还得老中青三代译者共同努力。不过,就目前的翻译工作而论,我想姜椿芳同志在《翻译工作新貌》中有一段话是切中时弊,我辈当引为鉴戒的。姜椿芳同志说:"有些翻译的书籍或报刊文章,译笔似乎流畅可读,但经不起检查,一对原文,错误之多,简直令人吃惊。这种中文通顺甚至优美的外衣掩盖了译文的错误的情况,在解放前的一些译本中不鲜其例,而对今天的翻译工作者来说,是应该引起特别注意的。"我以为,若能经常想到译文一旦发表,为数众多的青年学生是要拿原文来对的,不少研究者还将此为据进行思索和探讨,那么,我们落笔一定会慎之又慎。扩大一点说,高质量的译品,是对繁荣阿拉伯文学翻译的贡献似也不为过。

另一方面,迄今为止,见到的文学史译作,仅《阿拉伯文学简史》和《阿拉伯埃及近代文学史》两种,剧作、诗歌、散文等体裁的作品似也偏少。这也许是受到发行量的制约。但愿随着时日的推移,这方面能有所改进,从而使阿拉伯文学的研究工作能有一个坚实而全面的基础。

阿拉伯文学翻译近百年的发展,决不是一篇短文所能概括的,况且笔者寡见少闻,挂一漏万,错谬之处在所难免,尚望识者指正。

埃及比较文学的兴起和发展[①]

研究阿拉伯国家的比较文学,似应首先从埃及谈起。因为阿拉伯世界包括20多个国家和地区,文学发展很不平衡,论近现代文学的发展和影响,当首推埃及。这早已为阿拉伯文坛和国外学者所公认。埃及地处东、西方的中央,扼欧、亚、非三大洲交通要冲,与外部世界历来接触频繁。早在穆罕默德·阿里(1769～1849)时代,埃及就实行开放政策,与西欧,特别是法、英、意、奥诸国,在经济、军事、文化、教育等方面联系密切。伴随着研究西方文明思潮,引进西方科技、文艺运动的逐步展开,埃及文坛形成了重视欧洲作家和作品的倾向,加上它的教育、出版事业在阿拉伯国家中长期占有领先地位,因而反映埃及比较文学状况的资料相对来说比较多见。如果能先理清埃及比较文学发展的脉络,探讨它目前的状况和特色,并以此为契机,再对其他阿拉伯国家的比较文学展开研究,也许是比较合适的。

埃及与我国一样,是一个历史悠久、具有灿烂文明的古国。在近代,它也遭受过殖民主义的压迫和长期的封建统治。埃及的比较文学,开始

---

① 载于《中国比较文学》1988年第3期。

于埃及对西方的开放,创始人乃是一些积极主张进行社会改革的文化人。其发展过程,也与我国相仿:从研究西方文化,到翻译、介绍外国文学作品,到开展比较文学的研究。似可以说,没有开放,没有一批立志改革的文坛先驱,就不会有对外国文学的研究,也就不会形成埃及的比较文学。

研究比较文学的缘起,一般都认为不能囿于比较文学这一术语的提出,而主张把超越民族文学界限的文学研究,都列入比较文学的范畴,即找出一个民族开展比较文学研究的"根子"——首先将比较方法运用于文学研究的有影响的作家和作品。在近代埃及,首先倡导比较研究方法的,是一批社会改革家,为了革除社会弊端,振兴祖国,他们研究的范围很广,语言、文学、宗教、历史、社会等,几乎都涉及了。正是从他们的著作中,我们找到了明显的比较研究方法。

埃及对西方的开放,始于19世纪初。穆罕默德·阿里于1806年成为奥斯曼帝国驻埃及的总督。事实上,他完全自行其是,根本不受帝国政府的节制,是埃及的绝对统治者。出于巩固政权,把埃及建成一个强大的军事国家的目的,穆罕默德·阿里实行了一系列的改革,以加速社会生产力的发展;同时,他积极派出赴欧留学生,办起许多正规学校。这些措施,在客观上促进了埃及经济的发展,使阿拉伯文化经过300多年的衰微之后,开始出现复兴的迹象。许多西方的科技、文艺著作被译成阿拉伯文,它们形成了对因循保守势力的巨大冲击,使人们呼吸到了新鲜空气,思想随之活跃起来。以里法阿·伊本·拉菲厄·塔哈塔维(1801～1873)为首的一批留学生,是吸收西方文艺创作精华,推动处于瘫痪、无声无息状态的埃及精神生活和文学生活变革的杰出人物。塔哈塔维所创办的语言学院,曾翻译了2000多种文艺、学术著作和论文。到伊斯梅尔执政时代(1863～1879),苏伊士运河凿通,埃及与欧洲的联系进一步加强,西方的思想意识和文学作品更多地介绍过来。经过一代人的努力,埃及的翻译家们取得了与外语相适应的阿语词汇,他们"精细的翻译和优美的风格,已使埃及达到了自己的目标",这就是"把西方文学和阿拉伯文学水乳相融地结合起来",使人们对"外来的文学不再感觉厌弃和困难,它在埃及人中间扎了根……"①这个阶段翻译、介绍外国文学作品的工作,无疑为以后开展比较文学研究,提供了一个必不可少的基础。

翻译之重要,对比较文学来说,是不言而喻的。在中国,积极主张国际文化交流的鲁迅、郭沫若、茅盾、郑振铎、郁达夫、许地山等人,都十分重视借鉴有利于振奋我国人民精神的外国文学,以促进我国新文艺的发展。② 在埃及社会改革变动中应运而生的新文化运动,它发轫时期的一些优秀人物,也怀着革新本民族文学,自觉或不自觉地借鉴、对照外国的文学作品,写出了蕴涵着比较文学因素的文学批评文章。

埃及的比较文学专家们,都很推崇塔哈塔维,认为他在论述语言、文学专题时,无不拿阿拉伯语、阿拉伯文学来同法语、法国文学作比较,尽管他没有用"比较"一词。③ 塔哈塔维在评论阿拉伯文学和法国文学的异同时,得出了以下一些结论:作诗并非是阿拉伯语独具的功能,各民族都有自己独特的诗歌格律,不过法国人与阿拉伯人不同,他们决不在撰写学术文章时运用格律或韵脚;诗歌一译成外文,便失去了它原有的各种美;法国人不写咏酒诗和调情诗——对此,塔哈塔维很是赞赏;在战争题材诗歌方面,法国人与阿拉伯人脾性相似,等等。塔哈塔维之所以关注诗歌的研究,是因为直到他生活的时代,具有近代意义的小说、戏剧和电影等文学体裁还未在阿拉伯文苑中出现,阿拉伯人一向珍视诗歌创作,把诗歌引为

---

① 邵武基·戴伊夫:《阿拉伯埃及近代文学史》,人民文学出版社1980年版,第17页。
② 廖鸿钧:《艰辛的道路,灿烂的前景——比较文学研究概貌及其发展趋势》,《比较文学与外国文学》(内刊)1985年第9期。
③ 阿蒂亚·阿米尔:《埃及比较文学史》,《Fusoul》(埃及期刊)1983年第4期。

本民族文学的骄傲。而奥斯曼帝国数百年的残酷统治,已使埃及和阿拉伯各国的文学事业处于病态,"作诗的目的好像是为了应用修辞学的内容,根本看不到真正的感情",而散文,"也变成了无力的韵文,仅仅是为了表现许多费解的修辞学内容"①。为了发掘他称之为"真正的文明"的因素,掀起新文化运动的波澜,拿最具影响的诗歌来与外国诗作比较,这在当时,实在是一件最自然不过的事情。应当指出的是,塔哈塔维在进行语言、文学、文明研究的过程中,用的是 muwazanah(阿拉伯语词,意为"对照""两相权衡"),但实际上,他的研究已跨越了本民族的界限,涉及了法兰西民族和阿拉伯民族的语言、文学和文明,他的这种 muwazanah 研究方法,是可以归结为埃及比较文学的起点的。

塔哈塔维倡导的"对照"研究方法,为后人所肯定。比他时代稍晚的阿里·穆巴拉克(1824～1893),原是学工程的留学生,却撰写了《宗教学》一书。他在书的前言中指出:"读者进行评论,须致力于对事物做比较和对照","本书(指《宗教学》)的宗旨,在于将东方和欧洲的状况做比较"。他明白无误地把他的研究方法称为"比较",力图通过比较来评论东、西方国家的语言、文学和文明现象。在论述埃及和法国的戏剧时,他通过一位埃及长老与他的英国朋友间的对话,假长老之口,说明埃及戏剧②的状况;而让英国人在回答长老问题时,长篇阐述欧洲特别是法国戏剧的特点、种类和社会功能。阿里·穆巴拉克在介绍了埃及和法国的戏剧之后,做了归纳,着重揭示导致这种艺术形式兴盛或落后的因素,其目的显然是为了对埃及戏剧进行改革。

塔哈塔维和阿里·穆巴拉克都受到相对论的深刻影响。从他们的研

---

① 邵武基·戴伊夫:《阿拉伯埃及近代文学史》,人民文学出版社1980年版,第11页。
② 关于埃及和阿拉伯戏剧的发展,一般认为始于19世纪中叶。参见《阿拉伯现代戏剧概述》,《阿拉伯世界》1985年第2期。

究来看,已涉及两个国别的文学现象,以及语言和文明等背景,属于具有比较文学价值的论著;他们呼吁用比较方法从事文学研究,为比较文学学科在埃及的创建,起了积极的推动作用。因此,可以把他们的研究视作埃及比较文学兴起的初级阶段。

20世纪,埃及大学成立。许多留学生学成归来,在大学里开设文学和文学史课程,国内出现了一批专攻文学的学者。那时,比较文学已先后在法国的里昂大学(1896年)、索邦大学(1910年)和斯特拉斯堡大学(1919年)等高等学府成为一门独立学科,法国的比较文学形成了自己的目标和范围。这对埃及学术界影响很大,埃及的比较文学研究进入了一个新的阶段。

1918年,艾哈迈德·戴夫(1880~1945)在开罗埃及大学做了一次演讲,题名是《修辞学及其研究》。他提出,从事修辞学和文学教学的教师,都必须具备正确的观察力,掌握对照和比较的研究方法;研究阿拉伯文学,不仅应涉及文学的种类、特点、社会作用,与社会心理学的相互影响和各个流派,而且应拿阿拉伯文学同别国文学做对照。他特别强调文学史教师应进行对照和比较研究。在以后出版成书的《修辞学研究》中,戴夫即以文学评论为题,从文学评论的产生、所受的外来影响、与古希腊和文艺复兴时代作品的关系、文章的类型——分析型还是叙述型——等许多方面,列举了法国文学评论和阿拉伯文学评论的异同。戴夫的功绩,在于他把比较研究方法明确地引入了文学领域。

由于专家们的提倡,加上社会上翻译欧洲名著越来越多,莎士比亚、狄更斯等人的名字已不再鲜为人知,而且西方的一些文艺理论书籍,也开始介绍进来,比较研究终于进入了高等学府。著名的阿拉伯语文学院,在1924年的教学大纲中,正式设立了名叫"希伯来语、古叙利亚语同阿拉伯语的比较"的课程;1938年,它根据教育部的规定,又设立"文学、阅读和外国文学研究",作为二、三、四、五年级的必修课,并于同一年把"阿拉伯比较文学"列为专业课。不过,就大学教学而言,比较文学那时还未形成独立的系科,也缺乏系统的研究。

引人注目的进展,表现在法赫里·艾布·苏奥德从1935年1月到1936年12月在《使命》杂志上发表的一系列文章中。他的文章,是关于阿拉伯文学和英国文学的对比研究,包括阿拉伯文学史和英国文学史上的相似现象,阿、英文学中的科学倾向、想象、文化阶段、笑话、文学人物,以及宗教、艺术、环境和统治制度对文学的影响。他于1936年9月12日发表的文章,题为《阿拉伯文学和英国文学中的外来影响》,副题就叫《关于比较文学》。这是阿拉伯文学研究史上首次出现比较文学这一术语。应当指出,法赫里视野开阔,他的研究不落从地域着眼和唯影响立论的窠臼,与当时埃及学术界流行的法国学派相悖。他探讨的不是两个国别的文学的外部联系,历史上的相互影响,而是着重评论作品的内在关系,它们本身的美学价值。假如我们把雷内·韦勒克和奥斯汀·沃伦于1949年发表的《文学理论》,和雷内·韦勒克1958年9月在美国教堂山召开的第二届国际比较文学会上作的《比较文学的危机》发言,看作是美国学派形成的标志的话,那么,法赫里的论著实际已蕴涵着美国学派所主张的观点和内容。他为埃及比较文学拓宽了领域,使影响研究和平行研究都有发展的天地。

到本世纪40年代,比较文学终于成为埃及大学一门独立的学科。1945年,阿拉伯语文学院对此做了规定,只是没有单独建系,比较文学与文学批评、修辞学属一个系,系主任是担任比较文学专业教学的伊卜拉欣·萨拉马,副手是阿卜杜·拉扎克·哈米达。[①]

[①] 阿蒂亚·阿米尔:《埃及比较文学史》,《Fusoul》(埃及期刊)1983年第4期。

伊卜拉欣·萨拉马在其问世于50年代初的《东、西方的文学潮流——比较文学的计划和研究》中，试图确定比较文学的定义和范围。他说："比较文学……是研究各国文学的相互关系，它们的相似点和倾向"，但又说："正确的文学研究，都包含着比较文学"，"比较文学主要通过引进学术思想，介绍五光十色的各国文化……"；他在区分比较文学和总体文学时，认为在比较文学范畴内，作品可能会影响大众的思想，而在总体文学领域里则不会。由此可见，他对比较文学的概念是模糊的。1953年起，他担任开罗大学文学院院长，讲授比较文学，但他研究的方法和水平仍无明显改变。至于阿卜杜·拉扎克·哈米达，则曾把他在阿拉伯语文学院的讲稿汇集成书，于1948年发表，然而，他的研究与伊卜拉欣·萨拉马相仿，充其量只是一些十分浅显的作品对比。

第二次世界大战后，真正有助于推动埃及比较文学发展的，主要有两个方面。一是萨米·达鲁比博士于1946年翻译出版了法国索邦大学比较文学教授梵·第根的《比较文学》专著。这本书填补了一个空白，因为当时埃及"许多人对比较文学的概念存在误解，或者一无所知"[1]，它使人们端正了对比较文学的认识，把法国学派的研究方法移植进了埃及。二是各高校成功地送出了一批批的留学生，他们不仅获得了博士学位，而且系统而深入地掌握了外国文学，具备了以后从事比较文学研究的坚实基础。50年代起，不少专攻比较文学的留学生从法国回来，在各大学任教。当年在法国巴黎大学师事让-玛利·卡雷的穆罕默德·古奈米·希拉勒（1916~1967），继承法国学派的原则，注重国别文学之间的历史关系研究，他在阿拉伯语文学院开设了一系列的讲座，后编集成书，以《比较文

---

[1] 参看萨米·达鲁比博士为此书撰写的序，埃及阿拉伯思想出版社。

学》为名发表。① 哈桑·图尼也是让-玛利·卡雷的学生,回国后在开罗大学文学院法语系任教,讲授法国文学和比较文学,主要也是介绍法国学派的观点。1956年,埃及艾因沙姆斯大学文学院设立比较文学课程,请穆罕默德·古奈米·希拉勒执教,但没有单独成立教研室。1957年,安瓦尔·卢卡和阿蒂亚·阿米尔也在巴黎大学获得让-玛利·卡雷授予的博士学位,回国在大学里担任比较文学的专业教师。总的来说,经过三四十年代的酝酿之后,50年代起,埃及的比较文学已进入了专家时代,开始拥有自己的比较文学专家和教授,比较文学研究已为学术界所承认和接受。

50年代末,埃及高校的比较文学曾出现过危机,由于政治上的原因,哈桑·图尼、阿蒂亚·阿米尔和安瓦尔·卢卡离开了祖国,穆·古·希拉勒也转到爱资哈尔大学阿拉伯语学院去教现代文学评论。高校的比较文学教学直到60年代中期,阿卜杜·哈基姆·哈散从伦敦大学获比较文学博士学位后回国,在开罗大学的阿拉伯语文学院任教,才得到恢复,比较文学的著述重又出现。到70年代,埃及各高校都陆续设立了比较文学课程。埃及的思想出版社出版了比较文学研究的丛书。1981年,埃及文化部所属的图书总署正式出版《Fusoul》季刊,主要发表比较文学研究的论文和评述,由伊兹丁·伊斯梅尔担任主编,编委中有苏海尔·卡勒玛维这样的比较文学教授,也有邵基·戴夫、阿卜杜·卡迪尔·库特和叶海亚·哈基等著名的文学史专家、文学评论专家和作家。因此,可以认为它是埃及和阿拉伯文坛目前最有影响的一本比较文学专业性刊物。

关于埃及比较文学研究的特点,恐怕现阶段的勾勒会有管中窥豹之嫌。总的来说,埃及是一个长期实行开放政策的国家,民族性格比较宽容,对各种思潮或研究方法都能兼收并蓄。就比较文学研究而言,由于埃

---

① 该书第一版在开罗出版,没有注明年份。第二版的出版时间为1961年。

及的主要学者与法国学派存在师承渊源,因而影响研究的论著占据了很大的比例,但从事平行研究,亦即对并无历史关系的阿拉伯和非阿拉伯的文学作品、文学现象进行分析比较的,也不乏其人。学术界对此,似并无明显的门户之见。

这些年,埃及比较文学的专家们一方面大力加强普及基础知识,不断地介绍比较文学的发展历史,接受、模仿、媒介、影响、法国学派、美国学派等术语,以及对文学体裁与思潮、比较文学与文学哲学、总体文学与比较文学、比较文学中的欧洲中心论等许多理论问题展开探讨,并及时翻译、介绍欧美的一些主要比较文学学者的作品和观点;另一方面也进行了不少实际的研究,高校文学院中,研究生撰写的有关比较文学专题的论文,逐年都在增加。

埃及发表的论文,有一些是站在客位上,研究与埃及和阿拉伯国家毫无牵涉的其他两个国家的作品和作家,如德国的布莱希特和英国的乔叟、美国的海明威的《老人与海》和苏联作家艾特马托夫的《花狗崖》之间的比较,但这些文章数量不多,刊登出来主要是提供一些研究的模式。绝大多数的研究成果,都着眼于对外国文学和埃及、阿拉伯文学进行比较研究,涉及作品的来源、主题、体裁、人物形象、结构、环境、艺术手法等许多方面,努力开掘它们的历史联系和美学上的异同。学者们既探讨歌德、莎士比亚、巴尔扎克、欧·亨利等对埃及和阿拉伯文坛的影响,也十分注意论证《一千零一夜》、埃及古代神话对西欧文学所起的借鉴作用,分析伊斯兰教在但丁、莱蒙托夫作品中留下的痕迹,甚至立足于东方,探索东方文明对俄罗斯诗歌和西方文艺创作的启示。

由于法国学派的深刻影响和埃及文坛长期形成的传统,埃及的学者们始终非常重视考证。他们不但精通本国语言,而且大都通晓外语。他们引证的根据,很多是西方的论著,但也不妄自菲薄,目前已开始越来越多地联系埃及本国的文艺理论著作,如伊赫桑·阿巴斯的《阿拉伯文学批评史》《阿拉伯现代诗歌倾向》、阿卜杜·卡迪尔·库特的《现代阿拉伯诗歌中的存在主义倾向》、阿卜杜·穆赫辛·塔哈·巴德尔的《阿拉伯现代小说的发展》等,同时,把埃及的诗王艾哈迈德·邵基(1869~1932)、尼罗河诗人哈菲兹·易卜拉欣(1871~1932)、大文豪塔哈·侯赛因(1889~1973)等人的作品,和阿拉伯不朽的传世之作如贾希兹(775~868)的《吝人传》、艾布·阿塔希叶(748~825)的劝世诗和艾布·努瓦斯(约762~约814)的咏酒诗等都列为研究的对象。这无疑是一件十分有意义的工作,它表明,埃及的学者正在把埃及和阿拉伯文学引入世界比较文学的洪流,正在努力探索出一条独具一格的比较文学研究的道路。这方面,上文提到的穆罕默德·古奈米·希拉勒对古埃及女王克莉奥佩特拉文学形象的研究,就是一个可贵的尝试。从16世纪开始,许多欧洲作家都以克莉奥佩特拉的生平为题材进行过创作,如法国的爱缔安·若岱勒(1532~1573)的剧作《被俘的克莉奥佩特拉》、莎士比亚的《安东尼与克莉奥佩特拉》,以及英国萨穆埃莱·达尼埃尔的剧作、约翰·德莱顿的悲剧《一切为了爱情》和萧伯纳的喜剧《恺撒和克莉奥佩特拉》等。然而,他们都把克莉奥佩特拉刻画成一个追求生活享受、企图用诡计取胜、奸诈狡猾的东方女性。但是,在埃及艾哈迈德·邵基的著名诗剧《克莉奥佩特拉之死》中,她不仅是位女王,而且是一个热爱祖国胜过情人的东方埃及女性,她的生存和死亡都是为了埃及的光荣。艾哈迈德·邵基通过自己的创作以抵御外国文学对本民族的影响,希拉勒称此为"反影响"。希拉勒去世后发表的《阿拉伯文学和波斯文学中的〈莱拉的痴情人〉》,同样是一篇从埃及的具体条件和时代出发,结合埃及大学水平和文化生活实际而撰写了一篇学术论文。显然,正是仰仗了希拉勒这样一批极具开拓精神的学者的大力提倡和辛勤耕耘,埃及的比较文学研究才得以登堂入室,跻身于世界比较文学研究的行列。

在埃及比较文学研究逐步向深度和广度发展的过程中，学者们已经注意到了中国文学的重要性。专家们论述文学形象的固定因素和可变因素时，介绍了法国学者保尔·德姆维尔对中国诗歌和法国诗歌的研究；提到白色在中国古典诗词中，象征悲伤、冷清和孤独，而在法国诗歌中则表示清净和纯真。埃及专家多次引证匈牙利学者费伦茨·特克依的《中国哀歌的产生》[①]一书，指出中国文学并没有经历过史诗阶段，因此，各民族文学的发展模式不是同一的，研究世界文学，不能局限于欧洲的名著，而应包括各民族的文学阶段、作家和作品。这表明，承袭法国学派传统研究方法的不少埃及学者，已摒弃了文学的欧洲中心论，而着眼于包括中国在内的整个东方，使埃及比较文学的研究视野更加开阔，内容更加丰富多彩。

埃及的比较文学研究方兴未艾，它推动着整个阿拉伯世界的比较文学研究。黎巴嫩近年来出版了不少专著和论文，在科威特和摩洛哥的一些刊物上，我们也看到了很有价值的论文。埃及和阿拉伯国家比较文学的发展，将推动东方文学与西方文学、东方文学之间的比较和交流，进而促进各民族文学的繁荣，这一点，应该是没有疑义的。

[①] 费伦茨·特克依（Fnence Tokei）：《中国哀歌的产生》，巴黎加利马尔出版社1967年版。

十年辛劳，一园硕果[①]

在 90 年代第一春,转首回顾 80 年代阿拉伯语言、文学和文化园地,展现在我们面前的是一片蓬勃向上,充满生气的景象。这十年,由于我国学者的辛勤耕耘,翻译的文学、历史作品琳琅满目,而且南北多种教科书正式出版,还有凝聚着专家们多年心血的专著和工具书问世。我所见不全,所闻不博,难以全盘罗列这些令人瞩目的成就,但却可以断言,这是我们新中国成立以来,甚至可以说是有史以来,对阿拉伯语、阿拉伯文学、文化极为重视并取得丰硕成果的时期。

实行改革开放政策以来,我国广大的阿拉伯语工作者,如沐春风,卸却了身上的精神负担,大家的翻译、编写和研究工作由暗转明,竞相用自己的劳动成果对促进中阿文化交流,建设新时代的精神文明做出贡献。最快起步也最先造成声势的是阿拉伯文学的翻译介绍工作。我记得,80年代初,由北京人民文学出版社和上海译文出版社率先出版黎巴嫩、埃及作家的作品,如《努埃曼短篇小说选》《相会》《土地》《乡村检察官手记》《回来吧,我的心》等,发行量都以万计。接着,继这两家在介绍外国文学方面

[①] 载于《阿拉伯世界》1990 年第 2 期。

声名素著的出版社之后，国内北到辽宁、内蒙古，南至四川、云南，许多家出版社都积极组织、出版阿拉伯文学的选题，涉及的面有历史故事，人物传记，长、短篇小说，以及侦探、惊险故事等。其中，最值得称道的，我以为是江苏、湖南的两家出版社。大约是在1981年初，江苏《译林》期刊的主编来沪组稿，在一次见面会上，他当场拍板敲定，由我们组织一集阿拉伯文学专辑，交江苏出版。当时，《译林》大型刊物的发行量几近百万，编辑部为了广泛开掘外国文学选题，在确定阿拉伯文学专辑时，是准备以丰补歉的。经责任编辑与我们几经磋商，我们选定了《走向深渊》《咖啡馆》《弃婴》三个中篇，北京杨孝柏、仲跻昆等同志寄来了他们翻译的北也门、埃及、黎巴嫩、巴勒斯坦、阿尔及利亚等国家和地区诗人、作家的作品。全书总计26万字，于该年10月出版。印数逾6万，为《译林》编辑部和我们始料未及。以后《译林》又组译了《罪恶的心》《难中英杰》《折断的翅膀——纪伯伦作品选》等，都很受欢迎。湖南人民出版社在地方出版社中，是佼佼者，编辑力量强，特别不易的是他们有一位懂阿语的女编辑，她是阿语本科毕业生，而且曾在国内外进修过，对阿拉伯文学的全面情况比较了解。她经常主动到北京、上海组稿。经过数年的惨淡经营，她编出的阿拉伯文学书稿，在国内名列前茅应是不容争议的。我知道的就有《蓝灯》《灵魂归来》《为了自由》《罪孽》《平民史诗》《初恋岁月》《东方文学作品选》（其中有相当篇幅的阿拉伯文学名著选），尤其值得提到的是，埃及大作家纳吉布·马哈福兹最杰出的三部曲《宫间街》《思宫街》和《甘露街》是在湖南问世的。当马哈福兹荣膺1988年诺贝尔文学奖时，我国读者对他的名字和代表作已不感陌生。这无疑反映了译者、编辑和出版社工作的超前性和出色的文学鉴赏力。

有人说，这些年我们的阿语工作者只着眼于埃及、黎巴嫩、叙利亚等一些文化较发达国家的文学作品。事实并非如此。尽管资料十分匮乏，但我们仍然看到了其他阿拉伯国家的文学译作。如巴勒斯坦格桑·卡纳法尼的《阳光下的人们》，苏丹塔依布·萨利赫的《移居北方的时期》（两种），阿尔及利亚阿卜杜·哈米德·本·海杜卡的《南风》，沙特阿拉伯赛义德·萨拉赫的《沙漠——我的天堂》等。当然，对阿拉伯世界的两翼——海湾和马格里布地区——的作品开掘得还不够，亟待创造一些客观条件，让阿语工作者有可能深入了解那些国家的文坛情况，并通过各种渠道，让出版界获得一些必要的支持，情况想必会有更进一步的发展。

纳训先生穷毕生的精力，翻译了阿拉伯文学最珍贵的遗产之一——《一千零一夜》。"文革"以后，他在原来三卷本的基础上，百尺竿头，更进一步，终于在 80 年代出成了六卷全译本。纳训先生虽已作古，但他的英名必将载入我国阿拉伯文学翻译的史册；他的这部译著，也必然成为传世之作。

80 年代，我国的阿拉伯语专业教育事业，经历了一个蓬勃发展的时期。国内开设阿语专业的高等院校，不仅招收本科生、大专生而且出现了硕士、博士研究生的培养点，还为了适应社会的需要，举办培训班，开展函授教学，从而形成了多层次、多规格的办学局面。北京外国语大学在这方面取得了突出的成绩。由纳忠教授担任主编的《阿拉伯语》教科书 1～10 册于 1982～1987 年期间陆续问世，受到国内同行、广大学生和自学者的欢迎，被不少高校采用。这套应运而生的教材，是建国以来第一次正式出版的铅印教材。北外的教师从编写、排版到发行，克服了种种困难，一丝不苟，锲而不舍，直至成功。他们的这种精神，确实令人感佩。北京外语教学与研究出版社还出版了阿拉伯语会话、语法以及数十本配套的课外读物，形成了一个比较完整的教材系列。此外，我们还看到马忠厚、史希同等同志编写出了《阿拉伯语速成》《阿拉伯文行书字帖》等适应我国为数众多的阿语自学青年需要的用书。

上海外语教育出版社和上海外语音像出版社在80年代出版了多种阿语教学用书,如《阿拉伯语实用读本》、《阿拉伯语应用文》、《自学阿拉伯语有声教程》、《现代阿拉伯埃及口语教程》、《阿汉口译教材》、《阿拉伯概况》等。近年,又组织出版了《阿拉伯语语法》和《阿拉伯语教程》(1~2册)。陈中耀等同志的这两种教学用书,都颇具特色。语法书的编写,以研究为基础,注意吸收国外阿拉伯语语法研究的新成果,采取结构分析的方法,阐述阿语语法规律,既清晰,又实用。我曾听到不少同行专家对此书的褒扬。惜目前已售缺,还待再印。《阿拉伯语教程》曾经过多年试用,听取意见认真修改之后才定稿成书。它打破了阿语传统教材的编写方法,而是着重强调句型的基本结构,重实践重运用,配套练习内容丰富,形式多样。教师一册在手,不必再花大量时间去寻找补充材料。这套教材在编写出版的过程中,适值国家教委在组织力量制订我国阿拉伯语基础阶段教学大纲,为了尽可能适应、符合大纲的要求,教程的词汇量比较大,口笔语练习的要求也较高,但对于真心想掌握阿拉伯语的学生来说,只要用功、努力,是可以从中获得切实帮助的。

编写工具书和专著,难度高,耗时多,绝非一朝一夕之功。在词典的编写方面,北京大学东语系阿拉伯语教研室的教师们一直居于领先地位。60年代,他们编写的《阿汉词典》,是建国后第一本中型词典,1978年曾再版,但印数不高,很快告罄。当80年代出现阿语学习高潮时,学生却到处买不到工具书。我每到外地开会,总要到外文书店转一圈,看能否帮学生带回一两本《阿汉词典》,但往往失望而归。直到80年代底,商务印书馆才第三次印刷,真有千呼万唤才出来的味道。时隔20余年,如果北大的老师能对这本词典做些修改,再补充多收一些词条,扩充它的容量,那将是一件很有功德的工作。北大在80年代,还编出了《汉阿分类词汇手册》、《汉阿成语词典》和《汉阿词典》等一系列的工具书,充分显示了北大阿语教师深厚的语言功底和不断奋进的科研精神。特别值得称道的是规模逾 300 万字的《汉阿词典》。这是一项填补我国双语工具书空白门类的巨大工程，主要编纂人员刘麟瑞、陈嘉厚教授等 14 位中老年教师，他们从动手制卡片到写出前言，历时约 20 个春秋，计收单字条 6000，多字条 5 万余。排版由新疆新华印刷厂承担。为了校对，北大教师曾多次远赴乌鲁木齐，其中甘苦，只有当事者才能体会。可惜的是，发行渠道不畅，第一版才印了 2000 册，许多阿语工作者至今仍还是只闻其声，不见其影，尚未有幸一览呢。

这十年中，还有几种新词典面世。较早的有王培文编著、马忠杰校阅的《阿汉经济贸易词典》。在我国与阿拉伯国家广泛开展经济合作的时机，这本词典无疑是雪中送炭，解了许多出国翻译人员的燃眉之急。北京语言文化大学的阿语教师们，于 1988 年编写出版了《简明汉阿辞典》，主要供外国人学习汉语之用，也是一本规模、价格适中的工具书，为阿语工作者、学生所欢迎。上海袁义芬、周文巨编写的《阿汉袖珍词典》，采用绝对字母排列体制，颇有特色，特别方便学生和初学者使用，出版后函购者络绎不绝。其他还出过什么词典、工具书，恕我孤陋寡闻，难以一一罗列。

关于专著，我总觉得多在酝酿、编写之中，有的可能受印数的限制，还置之高阁，无法开机付印。我已经见到的有《战后中东战争史》和《阿拉伯中古史简编》。季国兴、陈和丰等同志积多年研究之功力和成果，抓住战争和武装冲突这一线索，全面而深刻地阐述、分析了战后局势极其错综复杂、大国争夺十分激烈的中东地区的主要矛盾的发展和变化。通读全书，对作者的条分缕析、建立在实事求是论述基础上的独立见解、鞭辟入里的归纳和探索，都留有极深的印象。这部专著，也为我国高等院校的外语、历史、国际政治等专业的师生，提供了一本有价值的参考书。郭应德教授是我国老一辈专治阿拉伯历史、概况的成名专家之一，他的文字向以苍劲简洁、要言不烦见长。《阿拉伯中古史简编》以 24 万字的篇幅从公元前的阿拉伯国家，直写到奥斯曼占领阿拉伯地区，以历史事件为经线，宗教、文化为纬线，精心编织，构成一幅幅浓淡不一、疏密有致的历史画卷，实是作者数十年教学、科研的心得，博览中外文典籍再作提炼后的结晶。

80 年代，我国还出版了一些很有学术价值的翻译作品，如纳忠教授翻译的《阿拉伯——伊斯兰文明史》，马金鹏先生翻译的《伊本·白图泰游记》等。著名德国东方学家卡·布罗克尔曼的《伊斯兰教各民族与国家史》，由孙硕人、诸长福等同志从英文版转译成汉语。其他名著翻译，肯定还有，一是我比较闭塞，二是书店里很难看到，因为名著尤其是东方学术名著绝不可能被当作畅销书对待，读者到处寻寻觅觅，却难有喜出望外之时。

应当指出，这十年中，我国对伊斯兰教经典的翻译和研究，也属空前繁荣。仅《古兰经》的全译本，就有马坚先生和林松教授译的两种版本。金宜久同志担任主编的《伊斯兰概论》，实际上已成为一些高等院校的教学用书。其他有关伊斯兰教的论文、资料、译作，数量相当可观，我以为这方面的情况应由我国专门研究伊斯兰教的学者撰成专文予以介绍、论述才好。

20 世纪到了最后的十年，阿语工作者的队伍已日渐壮大，我国与阿拉伯各国的交往更见频繁，促进和发展我国对阿拉伯语言、文学、文化教学和研究的条件将会越来越完备，相信 90 年代我们会在这个领域取得更大的成绩，水平上会有新的飞跃。

由于所知所见确实有限，这篇文字肯定挂一漏万。若蒙识者不吝指正，或另备文补充，则拙文便达到了抛砖引玉的初衷，对交流信息，对读者，也都是大有裨益的。

阿拉伯语专业教学改革构想[①]

随着计划经济向社会主义市场经济转变，高校的专业设置、招生规模等都在做必要的调整。阿拉伯语专业教学究竟如何举措，设计出合乎社会需要的专业方向，培养出具有竞争力的阿语专门人才，已列入议事日程，成为高校阿语专业的当务之急。

40 多年来，我国高校的阿语专业为外事、新闻、经贸、文教、科研等战线输送了一批又一批的人才，他们一直是我国与阿拉伯各国开展友好往来的骨干力量。80 年代的高校阿语教学，出现学历教学与非学历教学双轨并存的局面，即既有常规的本科、研究生的培养任务，也有为满足我国与中东地区大量迅速开展经济合作的需要而举办的培训班这种办学形式。此外，西北地区还办起了阿拉伯语学校。教学面拓宽，办学点增加，应该说，都是很令人鼓舞的现象。

自去年春天起，我国改革开放的势头更强，步子也更大。各类企业——国有企业、三资企业甚至乡镇企业，向外发展业务的积极性都在高涨，他们的目光很自然地也投向盛产石油的阿拉伯世界。这种形势，使阿

---

① 载于《阿拉伯世界》1993 年第 2 期。

语毕业生的流向从原来主要向外事部门输送，变为既要保证中央外事单位的需要，也得尽力满足经贸单位的需求。上海外国语大学1993年的阿语毕业生，大约90%是到经贸公司去工作的，有的单位要求应届毕业生不待分配立即先去实习，有的已经安排他们毕业后就赴国外工作。

今年，国家教委决定把上外列为改革招生制度的试点单位，即实行学生交费入学的办法。上外校领导经过反复研究和请示，已经正式公布自1993年起，计划内的新生每学年学费为2400元，学杂费600元，计划外的自费生标准另定。配套措施也已拟定，如实行完全学分制，学生按计划提前修完规定学分即可获得本科学历提前毕业，学生因正当理由，比如需要工作或出国一段时间要求中途休学，可以保留学籍、学分，但休学年限不宜过长，因为学生修业的最长年限不得超过6年。又如设立奖学金制度，1993年入学的新生奖学金分为全额(2400元)、四分之三额(1800元)、二分之一额(1200元)、四分之一额(600元)四种，分别占学生人数的10%、12%、25%、32%，获奖总比例达年级学生人数的80%，以学生在校的德、智、体综合表现为获奖依据。对学习刻苦、经济确有困难的学生也可申请贷学金，最高金额为每学年2400元(第一学年为无息贷款，第二学年起为低息贷款)；少数获得奖学金的学生，如经济仍有困难，也可申请贷款，但所获奖学金和贷款的总额每学年不得超过2400元。

上外的阿语专业面对这样急剧的变化，为了主动与市场经济的需求接轨，在充分酝酿、磋商的基础上，决定把学制从原来的五年改为四年，并确定办两个专业方向：阿拉伯语——英语专业方向和中东经济贸易专业方向。

阿拉伯语是二亿多阿拉伯人的交际工具，被列为联合国的通用语言之一，但又是公认的难学语种。我国作为一个世界大国，确实需要这方面的专门人才。50年代起，阿语专业既有四年制，也有五年制。上外从

1960年创办这个专业时，是四年制，到80年代改为五年制，一是因为增加了数量可观的文学类课程，二是曾多次应国内大公司的要求把整个年级的学生派出国去担任一年见习翻译。上外阿语系的实习生的足迹遍及科威特、阿联酋、伊拉克、也门、埃及和利比亚等国。学生出国一年，课程得回来补上、补考。80年代末起，国家对派遣学生出国的政策有变化，几年来，学生都是在校园内学习，四年时间如适当压缩一些文学类课时，应该说是可以完成规定学业的。

设计阿拉伯语-英语专业方向，是鉴于现在的外事部门都要求毕业生能掌握两门外语。去阿拉伯国家工作，英语在上层人士或使团活动、记者交流、经贸往来中，都很有用；国内的一些新闻单位，近年来已普遍使用电脑。译员大都根据英文稿转译成阿拉伯文，即使直接从中文稿翻译，往往也得参考英文译本。要求阿语专业的学生掌握英语，不仅是实际工作的需要，而且增加了学生的技能，能使他们更具竞争力。

上外阿语学生原来大都能通过公共英语六级考试，对新生将把标准定为英语专业的大专水平，无疑是大大提高了要求。四年期间总共安排了800多个学时的英语课，除阅读、语法等课程外，还开设写作、听力、应用文等课，一般估计，到三年级结束前，学生应能通过英语专业的四级考试了。

中东经贸专业方向，除也有英语要求外，另外还开设对外贸易概论、国际贸易、国际金融、外贸进出口实务、国际营销学、中东经济概况、阿语经贸文选等课程，目的是使毕业生进入涉外经贸单位工作时，具有坚实的阿语和经贸专业基础。

海湾战争后，科威特受重创，伊拉克和利比亚相继受到国际禁运的制裁，经济发展相对迟缓，这对阿语学生的分配曾一度带来消极的影响。但90年代以来，我国与阿拉伯各国经济贸易往来并不见缩小，近一两年更呈上升趋势。阿拉伯有 20 多个国家，所谓东方不亮西方亮，产油国多，除伊拉克、利比亚、科威特外，沙特阿拉伯、阿联酋等海湾国家的对华贸易和劳务项目正通过各种渠道，在向纵深发展。亚太地区特别是中国和东亚经济的蓬勃发展，已经并不断吸引着向以善于经商著称的阿拉伯商贾目光东移，阿拉伯的有关银行、公司正在东来，我国的企业、公司也在西去，何况，国际制裁毕竟不会是终身制，盛产石油的阿拉伯世界地处重要的战略地位，牵动着世界风云的变幻，发展中阿间的友好往来，符合我国的对外政策，是对中阿双方都有利的好事。因此，开设中东经贸专业方向，相信会有良好的发展前景，也会受到社会的重视和欢迎。

迄今为止，上外的阿语专业已经按上述构想安排了计划，在积极做教学管理上的准备。但是，从公费办学到学生交费入学，毕竟是一件破天荒的大事，还有许多工作要做，如在 80 年代，学校与有关公司挂钩，派学生出国实习或介绍自费来培训班学习的学员出国的做法，应保持下去并设法增加渠道；又如与国外高校接轨的问题，也得提到日程来进行探讨。当然，阿语专业的发展，离不开阿拉伯方面的支持，需要我们多做宣传介绍工作，以引起阿拉伯友人的重视。

从长远看，高校的改革势在必行，上外作为试点单位深感压力大，改革的力度和深度都超过了往昔，阿语专业更有举步维艰之感。俗话说"抛砖引玉"，上外阿语专业的一些初步改革设想，肯定只能算是问路之砖，尚有待社会的检验，特别是关心阿语专业人士的指点和帮助。

利比亚及其文学[①]

阿拉伯利比亚人民社会主义民众国是一个既古老又年轻的国家。它位于中东北非地中海沿岸,是人类文明最先产生并且获得最早繁荣的地区之一。近现代的考古证明,约于公元前 12000 年前后达到顶峰的"狩猎者艺术",即人们刻画在洞穴里、岩石上的马、野牛和羚羊等动物形象,它的后期代表作在今利比亚的费赞地区和沙漠中被发现。利比亚当地的土著,被古代的腓尼基人和希腊人称为"柏柏尔人"。追溯利比亚一名的由来,源于居住在埃及西部边陲一个名叫"利布"(Lebu)的柏柏尔部落的名字,古埃及人把埃及以西包括今利比亚和突尼斯的古代居民,统称为"利比亚人"。利比亚人剽悍勇武,他们的一个部落曾在公元前 8 世纪攻打埃及并登上王位。见诸史籍的,还有著名的古希腊历史学家希罗多德的《历史》,他在公元前 450 年访问了这个地区,与一批柏柏尔人相遇,说古希腊人称当地居民为"利比亚人"。

利比亚在古代地中海周围的大国争夺中具有重要的贸易地位和战略意义,因此曾是腓尼基人、诺曼底人、古希腊人、古罗马人、汪达尔人和拜

[①] 这是为武汉大学出版社 1993 年版《利比亚现代短篇小说选》所写的前言。

占庭人十分活跃的商业和军事舞台。在公元 7 世纪阿拉伯帝国崛起,征服广大的北非地区之前,这里已经留下了灿烂的古代文明。利比亚西部的利卜达城,在腓尼基人和罗马人统治时期,是繁荣的商业中心,城内长方形的大会堂被认为是迄今犹存的精美绝伦的遗迹之一,与墙连成一体的雪花石膏柱上的装饰非常美丽,有人物,也有葡萄和乌头属植物叶子的浮雕。在的黎波里以东的库里纳和图勒梅塔,发掘出了古代的宫殿、剧场、浴室、堡垒和塔楼等遗址;当地的博物馆里保存着一大批当初装饰建筑物的马赛克,其中有尼罗河的鱼、鸟等图像。

阿拉伯人于公元 7 世纪 40 年代陆续征服了巴尔卡、的黎波里和费赞地区,此后,利比亚就伊斯兰阿拉伯化了,成为阿拉伯世界不可分割的一部分。在漫长的历史岁月中,利比亚屡屡遭受西方国家的入侵和蹂躏,英国、法国、西班牙、土耳其及意大利都曾侵占或染指这块土地。利比亚人民苦难深重,民族经济和文化受到严重压抑。第二次世界大战结束,联合国于 1951 年 12 月 24 日宣布利比亚为一个独立的联合王国以后,利比亚的状况并没有得到根本的改变。当时执政的伊德里斯王朝,主要通过让西方国家在本土修建、拥有军事基地的办法,来换取它们的资助。五六十年代,利比亚境内陆续发现丰富的石油资源,只是石油收入大都流入了西方石油公司。

说利比亚是个年轻的国家,是指卡扎菲领导的 1969 年 9 月 1 日革命胜利,成立阿拉伯利比亚共和国至今,才 20 多年时间。利比亚推翻封建王朝统治后,迅速将国内石油公司收归国有,掀起了建设民族经济的热潮,它从一个听命西方的穷国上升为中东地区的一个独立的富庶国家。它在石油输出国组织中,在中东乃至国际的政治经济生活中,都具有不可漠视的影响。卡扎菲提出的世界第三理论,主张伊斯兰色彩浓厚的社会主义,以及不断进行建立大一统阿拉伯民族国家的尝试,已引起全世界的瞩目。对于经常传来的有关它的令人眼花缭乱的惊人之举,应该有一个基本理解,理解利比亚人竭力挣脱殖民主义和帝国主义昔日强加给他们的屈辱和痛苦,理解阿拉伯人民缅怀历史上的光荣篇章,渴望重新崛起的民族感情,理解他们虔信伊斯兰教义,追求《古兰经》提倡的平等、博爱等境界的强烈愿望。利比亚有悠久的历史和古老的文明,千百年来有许多与我国相似的遭遇,中利两国目前都属于第三世界,都是发展中国家,在相互理解的基础上,在友好交往的过程中,已经并正在为不断加强彼此间的友谊而努力。

我国与利比亚之间的往来,特别是在我国实行对外开放政策以来,日趋频繁,我国不少部门和省市机构在利比亚开展经济技术的合作。近年来,去过利比亚或在那儿工作过的人员,数以千计,人们对利比亚的了解和兴趣都增强了。然而,遗憾的是,我国对利比亚各方面的情况,介绍研究得很不够,出版的书籍,寥若晨星。记得还是在 70 年代初,上海人民出版社发起译编一本书,题为《卡扎菲与利比亚》,由我负责从阿拉伯文报刊中搜集材料,尔后与英、法文的翻译资料合辑成书。以后,国内又出版过利比亚历史和地理的专著,其他还有什么有关利比亚的书,我就不得而知了。

至于利比亚的文坛,在我国就更鲜为人知。利比亚长期以来最受重视的文学体裁是诗歌。20 世纪初,在注意整理民间口头创作的基础上,开始逐渐形成有利比亚民族特色的诗作。经过数十年的努力,利比亚诗歌的题材,从纯宗教性内容,发展到描写情感,抒发哀伤或爱情的情诗,特别在争取民族解放的斗争中,更出现了讴歌反抗殖民侵略的爱国志士,通过揭露社会弊端来反映追求真理和正义的现实主义作品。诗歌的传统格律仍然受到尊重,但也不乏敢于创新的自由体诗人。利比亚"九·一"革命胜利后,诗坛朝气蓬勃,不少诗人满怀热情描绘社会发展的新貌,重视刻画劳动者的形象,有的还大胆地歌颂优秀女性,这些成就都让人感到鼓舞。

只是,研究现代文学的人,都十分关注小说的创作,因为就文学的传播看,小说就像是一支轻骑兵,不仅影响大,而且攻城拔坚,最容易通过翻译进入其他民族文学的畛域。可惜的是,我们虽然比较了解埃及、叙利亚、黎巴嫩等得风气之先、开放得较早的一些国家的小说创作,但对阿拉伯世界的两翼——海湾地区和北非的文学情况,却不甚了了,利比亚的小说还是第一次读到。这里,我们应该指出,年轻的译者李荣建同志在留心、介绍利比亚短篇小说方面,确实功不可没。

我有幸看到李荣建同志近年来发表在《青年外国文学》《外国小说大观》等杂志上的一些利比亚短篇小说,如《无水的大海》《光彩照人的淑女》《脚手架》等,深感到利比亚当代作家如法格海、米斯拉提的小说创作,从内容到艺术,都绝不逊于埃及、叙利亚等国的水平,他们在情景描绘、人物形象塑造、故事结构和语言运用等方面,均颇具功力,而且深深扎根于利比亚社会的土壤。那些小说勾勒出的贝杜因人、悭吝的寡妇、侨居异国的游子等人物,无不让人感到那游牧民的性格,浓郁的伊斯兰色彩和眷恋故土的情怀,构成了典型的利比亚阿拉伯-伊斯兰氛围,因此具有鲜明的现实主义特色,这是非常值得肯定的。

李荣建同志说,利比亚文学对我国广大读者来说,还有待开垦。此言不谬。但90年代甫始,他的这些译作能够结集成书,无疑是在阿拉伯国别文学介绍与研究领域迈出了很有意义的一步。对此,我们极感欣慰,感谢他辛勤劳动,为我国的阿拉伯文学花苑里栽种下一朵小花,更感谢武汉大学出版社对阿拉伯文学的扶植和支持。我们盼望着今后有更多的孜孜不倦耕耘阿拉伯文学的劳动者能奉献出他们的成果,期待着我国的出版界、发行部门能对阿拉伯文学给予更多的关心和帮助,使我们的阿拉伯文学翻译研究工作更上一层楼。

为建设我国的中东学而奋斗[①]

当今世界文化,如以区域划分,最突出的有三类,即亚洲东部的儒释文化,欧美以基督教为基础的西方文化和西亚、非洲的伊斯兰文化。它们在千百年的发展过程中,形成了各自的传统和特点,构成了一门门博大精深的学问。我们的研究对象中东地区,是指西亚和北非,包括整个阿拉伯联盟国家在内,现在的主体文化是伊斯兰文化,不过远溯古代,那里曾是人类文明的发祥地,光辉灿烂的尼罗河文明和两河流域文明,烛照了人类文明的进程。中东文化所包含的学科极其丰富,从埃及学、亚述学、赫梯学、犹太学、古波斯文化……到公元7世纪伊斯兰教的兴起,阿拉伯人近攻远征,建立起版图横跨亚非欧的大帝国后所创立的独树一帜的伊斯兰—阿拉伯文化,其门类之多,涵盖之深广,令人眼花缭乱,在着手学习研究之前,常会深感踌躇,颇费思量。

欧洲建立埃及学(Egyptology)的过程,是富有启迪意味的。由于历史的原因,古埃及文字在公元4世纪前后被淘汰,逐渐成为一种无人知晓的死文字。面对雕刻在石碑、神庙和陵墓墙壁上,书写在数以万计的纸草纸

---

① 载于《中国文化与世界》第4辑,上海外语教育出版社1996年版。

上的古埃及文献,人们不掌握文字就无法正确地释读,看到丰富多彩、伟大瑰丽的古埃及文化遗产,也只能发出空泛的感叹,而无从曲尽其妙。18世纪末,拿破仑入侵埃及后,带回了大量古埃及文物,其中有一块拉希德(一译罗塞达)石碑,上面镌刻有象形文字。法国、英国曾有几位学者对其进行研究,但他们的猜测性结论并不能令人信服。最后,是法国年轻的语言学博士让·弗朗索瓦·商博良(J. F. Champollion, 1790~1832)取得了成功。他通过希腊文、世俗体文字和象形文字的比较研究而准确地释读出了象形文字的符号。商博良提供的研究古埃及语言文学的科学方法和宝贵资料,奠定了埃及学的基础,使一代又一代的学者能对五光十色的古埃及文化,从猜测进入理解,开展科学的研究,进而供人们领略和享受这份珍贵的人类文化遗产。由此可见,文化科学的发展,离不开考古的成就,也离不开符号,特别是语言文字的解密。

随着哲学与社会科学的发展,文化学的研究方法日趋多样化,如文化进化论、结构主义、历史批判主义、文化模式论等。它们各有特色,自成体系。但不管哪一种方法,都需要语言文字这个基础工具,因为,不仅神话、传说等必须通过言语媒介反映人类的思想,而且即便是非言语媒介所表现的姿态、仪态和习惯等,也是要借助必要的契约才能得以运营和传播的事象。这种看法,已逐步地成为学者们的共识。

我国开展文化学的研究,起步比西方迟,但也形成过热潮。80年代,我国的文化教育、科研事业进入了一个复兴和繁荣的时期,一方面,翻译和编写各国文化及其研究的书籍明显增多,且较之三四十年代的文化学介绍阶段更具规模,也更有深度;另一方面,以周谷城、吴宇廑、林志纯几位史学界的耆宿为代表的学者们不断地大声呼吁,要求着手培养人才,建立起我国的世界古典文明研究队伍。林志纯教授更是身体力行,他在国家教委的支持下,在东北师大创办起了世界古典文明研究所,招收硕士生博士生,延聘国外的资深学者从语言文字(象形文字、阿卡德语、苏美尔语等)教起。经过多年的艰苦努力,一支新军——通晓当地语言文字并掌握基本研究方法的青年学者队伍,已经逐步形成。

我们正是在这样的历史条件和学术气氛中,萌发了钻研中东文化的设想。80年代中期,我们一面遴选教师前往东北师大学习埃及学、亚述学,以后又赴美国深造;一面组织阿拉伯语专业的青年潜心研究阿拉伯语言和文化。我们当时向国家教委申报并获得通过的重点科研项目"中东文化",包括了阿拉伯语言发展史、阿拔斯朝文化、古埃及文化、两河流域文化和伊斯兰教前的阿拉伯半岛文化等课题。这样的课题分布,覆盖面并不广,内容也很不完整和系统,但囿于我们的专业基础和知识面,作为开始阶段的基础研究,应该说还是实事求是的。

几年来,参加"中东文化"课题组的全体成员付出了巨大的心血和精力,大家博览中外文的有关书籍,孜孜不倦地勤奋钻研,截至今日,各项研究成果或已撰写成论文发表,或作为专著已经或将要出版。在这整个过程中,我与大家一起研订编写大纲,审读并修改每一章每一节,深感这项基础研究所具有的价值,全面综述不易,分析得鞭辟入里需要功力,得出我们中国学者的结论性见解更得殚精竭虑。现在即将出版的中东文化的有关专著反映了参与研究人员的阶段性成果,究竟怎么评价,应留待读者的鉴定,其中的粗疏和不足,也期待着学术界同仁的批评指正。

世界进入90年代,正处于冷战后时代,中东地区原先被两强争夺所掩盖的民族、宗教、政治、经济、社会等固有的矛盾日益显露出来,它依然是一个动荡不定的热点地区。我们认为在开展对中东地区现实政治、经济等应用研究,牵涉到深层次的原因时,仍将需要对中东文化的基本状况和特性有一个透彻的了解。因此,要建立我国的中东学,能够从各个角度,历史地辩证地去分析中东问题的方方面面,还得不断深化和扩展我们对中东文化的研究,还得通过一砖一瓦的堆砌才能建设得像模像样。我们将以此自勉自励,不断奋进。

文化墙刍议[①]

美国著名的人类学家克鲁柯亨(Clyd Kluckhohn，1905～1960)在《文化概念：一个重要概念的回顾》中认为："文化存在于思想、情感和起反应的各种业已模式化了的方式当中，通过各种符号可以获得并传播它，另外，文化构成了人类群体各有特色的成就，这些成就包括他们制造物的各种具体形式；文化基本核心由两部分组成，一是传统(即从历史上得到并选择)的思想，二是与他们有关的价值。"文中讲的"制造物"，应该包括物质和精神两个方面，但物质的制造物，也只是文化基本核心——传统思想和价值概念的物化形式。这与德国哲学家卡西尔(Ernst Cassier，1874～1945)的看法"一切文化成就，诸如语言、神话、艺术和科学，都是所谓人类符号活动的结果"是一致的。因此，不妨做这样的归纳：文化符号——显型式样和隐型式样——的积累，在民族社会发展的历史过程中，都会堆叠起各自的文化墙。当前，考察某些文化墙是持续、巩固、发展，还是残破、颓塌、消亡，对我们的现代文明建设，或许是会有积极意义的。

世界上能够与中国悠久的历史文化相媲美的，除了印度，就是中东地

[①] 载于《中国文化与世界》第4辑，上海外语教育出版社1996年版。

区。尼罗河流域和两河流域产生过辉煌的古埃及文化、苏美尔文化和亚述文化,烛照了人类几千年的文明历程,但后来都出现了断裂,大都未能延续下来。古埃及文化从公元前 4245 年埃及南、北王国联合算起,至公元前 332 年马其顿国王亚历山大侵占埃及,托勒密王朝覆灭,绵延了三千多年后便趋于消亡,留下的是无数供后人凭吊、观赏或研究的文化古迹。然而,非常独特的是,公元前 2000 年左右生活在西亚的犹太人,在迁徙到迦南后,曾几度建立起政权,如前 11 世纪的希伯来王国和前 10 世纪的犹太王国和以色列王国,以后则接连受到亚述、新巴比伦和罗马帝国的掳掠、蹂躏,到公元 135 年,在罗马皇帝哈德良的镇压下,犹太人惨遭杀戮,国土被毁,幸存者流散世界各地,成为一个四方漂泊的民族,长达 1800 多年。但犹太文化却不曾泯灭,至 1948 年 5 月以色列立国,又从消极保存进入了积极发展的阶段。

因此,从历史角度看,犹太文化同中华文化一样,被认为是世界上一以贯之的最悠久的民族文化。它们都有象征性的文化符号:犹太人的哭墙,是他们精神的寄托;万里长城,则是中华民族力量的标志。不同之点在于,中华文化数千年来一直植根于故土,是主体性鲜明的民族文化;犹太文化则长期居于客体,只是凭借大分散、小集中的方式,才得以艰难而顽强地维系下来。这两种文化的生生不息,仰仗的便是自身所构筑的文化墙——物质的和精神的维护屏障,特别是它们都拥有的坚固的精神支柱。

犹太文献中有一个关键词"seyag"(篱笆),意思是防止犹太律法受其他宗教和文化的侵染。因为犹太文化的核心,是通过与上帝的立约确立起来的,《旧约圣经》中充满智慧、真理、道德和美感的传说和故事,既是犹太民族思维认同的标志,又是他们行为规范的制约因素。犹太人遭异族压迫,亡国,被放逐,决不是他们尊崇的唯一真神耶和华无力解救他们,而是因为他们没有履行同上帝的契约义务而受到的"公正的处罚"。然而，更为重要的是，他们坚信自己是上帝"特选的子民"，只要他们严格按照上帝的旨意处世行事，最终是会获得宽恕，回到"应许之地"——那流着奶和蜜的地方去的。出现在西亚的这种人神间的律法形式，赋予了犹太人内心深处最坚固的无形文化墙(seyag)——信念。即使当他们遭受迫害最剧，生活在"隔都"(ghetto)里，被迫佩戴黄色的标记之时，也依然通过学习希伯来语、诵读《圣经》、礼拜、过宗教节日等公开的或秘密的方式，保留了他们最根本的文化符号，使他们的民族文化特性免遭历史的湮没。

莎士比亚笔下的《威尼斯商人》夏洛克，是一个犹太人，他不要债务人安东尼奥数倍于借款的赔偿，而坚持要债务人因为违约割下"胸口的一磅白肉"，从此被钉上了耻辱柱，成为一个凶残、贪婪的文学形象。但是，如果换一个角度，从中世纪欧洲犹太人的遭遇来看，那就会得出另外一种印象。当时，欧洲各国禁止犹太人占有土地，他们无法从事农业；欧洲城市兴起以后，原来在手工业领域拥有优势的犹太人，又被排斥在手工业行会之外，他们要生存，实际上只剩下了经商一条生路。他们通过散布在各国的犹太社区，编织起世界贸易网，靠他们共同的信仰相互帮助，用他们的民族语言希伯来文签订商业合同。但是，在基督教占统治地位的现实生活中，他们仍然备受歧视和迫害。夏洛克说："他(安东尼奥)憎恶我们神圣的民族"，"骂我异教徒、杀人的狗，把唾沫吐在我的犹太长袍上"，"他曾经羞辱过我，夺走我几十万块钱的生意，讥笑着我的亏蚀，挖苦着我的盈余，侮蔑我的民族，破坏我的买卖，离间我朋友，煽动我的仇敌；他的理由是什么？只因为我是一个犹太人。难道犹太人没有眼睛吗？难道犹太人没有五官四肢、没有知觉、没有感情、没有血气吗？……他不是吃着同样的食物，同样的武器可以伤害他，同样的医药可以疗治他，冬天同样会冷，夏天同样会热，就像一个基督徒一样吗？你们要是用刀剑刺我们，我们不是也会出血的吗？……你们要是用毒药谋害我们,我们不是也会死的吗？……要是一个犹太人欺侮了一个基督徒,那基督徒怎样表现他的谦逊？报仇。要是一个基督徒欺侮了一个犹太人,那么照着基督徒的榜样,那犹太人该怎样表现他的宽容？报仇。你们已经把残虐的手段教给我,我一定会照着你们的教训实行……"这里,已经不是在争辩商业行为是否合乎道德,讨论在人际关系中是否应提倡博爱平等,而是作为一个受欺凌、遭歧视的犹太民族,在倾诉内心长期压抑的愤懑,是他想利用自认为最神圣有效的商业契约条款对社会主体民族——基督徒实施报复。莎士比亚刻画的夏洛克,虽是一个反面人物形象,但他却反映了那时代犹太人的悲惨处境,他们在仅存的谋生行业里,用各种各样方式——合法的、残忍的、世人褒贬不一的手段,维护着犹太文化的传统思想和价值观念,使他们的民族得以继续生存,使他们的文化墙不致沉陷消失。

中华文化博大精深,它所创造的物质的和精神的文化符号,是人类最宝贵、最庞大的财富之一。中华文化历经5000年,之所以能够延续和发展,靠的主要也不是万里长城、孔庙或寺院等这类有形文化符号构筑的文化墙,而是仰仗了中华民族的精神支柱,他们的信念和信条。大量讲述人伦道德的中华传统文化,敷衍成忠孝仁爱,礼义廉耻,君王分贤明昏庸,将相论忠良奸佞,普通人也有君子小人之别。这样的概念,自古至今并无大变。中国的儒学,并非宗教。宗教的构成,通常有三个条件,一是确定天人关系的中心信仰,二是调节人际关系的像法律一样的教条,三是必须身体力行的宗教仪式。儒学不具备第三条,即便是"礼",指的也是阶级社会中的社会规范和道德规范,不能与宗教礼仪等量齐观。但是,其信仰、信条构成的道德,流传千百年来对社会的支配作用,与基督教国家、伊斯兰国家中的宗教却并无二致。中华民族也历经磨难,异族入侵,列强争夺,危急之时,神州大地响彻救亡之声,中华民族的文化墙表现出了极强的抵御外族文化强行入侵的功能,其文化活动的符号——语言、艺术、习俗等等,均未改易,特别是崇尚道德之风,基本不变。

在一个以农业生产为基础的大地理环境中形成的中华文化,随着历史嬗变,朝代更迭,不断地发展、进步,但是主干民族从不曾衰亡,民族文化的大趋向也没有变换。《大学》里所谓的"修身、齐家、治国、平天下",反映了从小我做起,层层扩展,乃至兼善天下。为达到这种"天人合一"的境界,强调为人要"诚"。《礼记·中庸》中说:"诚者天之道也,诚之者,人之道也。""诚为物之终始,不诚无物。""维至诚能经纶天下之大经,立天下之大本。"忠诚、真诚、赤诚、诚恳、诚挚、诚朴、诚实……从来就是褒词,是值得嘉许的美德。以道德为天平衡量、评价人事的例子,俯拾皆是。曹操雄才大略,他统一中国北方,兴屯田,修水利,但一句"宁教我负天下人,休教天下人负我",供出了他的心术和道德观,从此定格为奸相、枭雄,舞台形象要涂上白鼻梁,欲予以平反也不易,因为历史功过是一回事,人们心中的文化道德传统是另一回事。就是在大力加强法制建设的今天,人们仍然十分看重民事、刑事法庭之外的道德法庭。任何一个违背中国人伦道德的胜诉者,绝不可能赢得社会的尊重。蔑视中国的文化精神和价值取向,试图以根基相异、内涵不同的价值观念来完全取而代之,是会在这道坚实的文化墙下撞得头破血流的。

文化墙的形成和延续,固然是民族文化保守性的反映,但保守性并没有什么不妥,舍弃了保守性,民族文化就无以自固,也难以存活。不过,这里应当指出,中华文化和犹太文化之所以经久不衰,是因为它们还具有一种非常明显的兼容性,即常呈动态开放而非静止封闭,很善于吸收他民族文化的长处,借以不断地更新自己的形与质,强化和固化自身的文化特征,从而获得蓬勃的生机。

古埃及文化是缺乏这种兼容性的典型。它留下的大量文化遗产,在给人以无限美感的同时,也明白无误地显示出,由于地理的、种族的、历史的以及其他因素,古埃及人始终不渝地恪守自己的古典传统,接受外来影响微乎其微,甚至对希腊化的冲击也如此。"普塔神的预言者雷诺菲"和"总督孟顿荷特"两尊雕像,前者创作于第五王朝,后者是第二十五王朝的总督,相隔约1700年,作品产地也相距数千公里,但造型上却都是"向前跨出的腿,下垂的双手,坚定而稍稍向上的目光,单纯洗练的肌肉处理,起着包围脸部的边框作用的假发……"古埃及艺术严格的基本法则,导致了文化符号的雷同。对古埃及文化的构成起主导作用的是宗教,诸多的神祇渗进了埃及人生活的一切方面。只是埃及人坚决反对外族人跨入埃及神庙或祭拜埃及诸神,致使古埃及宗教未获广泛的传播,而且也未经历彻底的改革。第十八王朝的阿赫那顿曾试图以阿顿神来取代众神并存的多神崇拜,着手过改革,但历时短暂,随着他的去世,这场多神教向一神转化的宗教改革也就不了了之,古埃及的精神生活失去了一次重要的变革、进步的机会。

  中华文化与犹太文化却正好与之相反。中华民族勤思辨,好争鸣,主张"海纳百川,有容乃大"。以儒文化为主体的文化墙,到了魏晋南北朝佛教传入,并未被推倒重砌,而是主动吸纳,让其融入。中国的唐代,对外交流规模浩大,号为最盛,那不只是官员互访,而是包括了医生、画师、音乐家、商人、学问僧、留学生,甚至平民百姓的交往,终于形成一个"坐集异域之成"的繁荣时代。中华民族吸收外来文化的兼容特点是有选择的。如外来思想与中华传统文化思想格格不入,则根本就不能存在。景教、摩尼教、火祆教也曾流入中国,但不久便销声匿迹了。即便是佛教,也只是取其与和平忠恕之道相契合的悲天悯人之旨,作个人修身养性之用,而不是去追求弃世绝欲、空洞虚无的神秘境界。只要不是焚书坑儒,闭关锁国,大革文化命,中华文化总是会在对外开放交流的机遇中,吐故纳新,新陈代谢，循着渐臻完善的过程不断发展的。

　　犹太人被逐出家园的千百年里，实际上成了"世界公民"，他们在欧洲一方面受到基督教国家的高压，生存空间和行业范围都很狭窄；另一方面他们擅长经商，犹太社团散布各地，犹太商人足迹遍及天下。因此，犹太人惯于在坚守其基本信仰，加强内部凝聚力的同时，主动地适应环境，吸收或融合主体民族的若干文化要素，以利于自身的生存和发展。学术界多年来一直在探讨"谁是犹太人"的课题，力求从生物渊源和体征、宗教归属、社会——群体、族类和民族归属以及语言使用等方面，对犹太身份做出界定。这场历时长久的争论至少可以从反面证明，犹太文化在历史的长河中与其他民族文化之间的变通、融会之深且广的程度。犹太人中对世界文化做出杰出贡献的，如马克思、爱因斯坦、弗洛伊德，等等，可谓不胜枚举，即以本世纪初开始颁发的诺贝尔奖而言，截至1973年，获奖的411人次中，犹太人就有65名。他们的成就，客观地看，无不受到所在国文化的熏陶和培育。这无疑是犹太文化所具兼容性的一个有力佐证。

　　再回过头来看古埃及文化，灿烂辉煌长达数千年而溘然寿终，埃及乃至除以色列外的整个中东，基本上已被公元7世纪崛起的伊斯兰文化所覆盖，其潜因是否可以说，正是由于它的文化墙偏于有形，缺乏有生命力的无形的精神支柱，故步自封而不具有开放兼容的特点所致呢？

参考书目

① 庄锡昌、顾晓鸣、顾云深等：《多维视野中的文化理论》，浙江人民出版社1987年版。

② 朱威烈、金应忠编：《'90中国犹太学研究总汇》，上海三联书店1992年版。

③《莎士比亚全集》第三卷，朱生豪译，人民文学出版社1978年版。

④ 李兴华、冯今源：《中国伊斯兰教史参考资料》，宁夏人民出版社1985年版。

⑤ 钱穆：《中国文化史导论》，上海三联书店1988年版。

⑥ 汉尼希、朱威烈等:《人类早期文明的"木乃伊"——古埃及文化求实》,浙江人民出版社1988年版。

⑦ 顾晓鸣:《追求通观,在社会学文艺文化学的交接点上》,广西人民出版社1989年版。

⑧ 范文澜:《中国通史简编》(修订本)第三编第二册,人民出版社1965年版。

沙漠拾零

法属索马里（吉布提）[①]

在觉醒的战斗的非洲大陆东北端的法属索马里（吉布提，下同），即将挣脱殖民主义的枷锁，宣告独立，成为一个新兴的国家。

法属索马里，面积 2.3 万平方公里，位于红海的入口曼德海峡的西侧，东濒亚丁湾，东南与索马里接壤，西南、西部和北部毗邻埃塞俄比亚。首都吉布提市与民主也门[②]的首都亚丁隔海相望，就像两头雄狮扼守着红海的南大门，具有重要的战略地位。早在 19 世纪 40 年代，法国殖民者就把它的势力扩张到这里，80 年代，用正式的条约把它原来强行"保护"的许多苏丹国合并成一块殖民地，即"法属索马里"。1917 年，吉布提港到埃塞俄比亚首都亚的斯亚贝巴的铁路建成，使它具有广大的腹地。自此，吉布提成了东非通往世界海洋的重要口岸。正因为如此，人们往往也就以吉布提一名作为法属索马里的代词。第二次世界大战期间，法属索马里受到严重破坏，粮食匮乏，人民生活痛苦。战后，法属索马里人民日益觉醒，要求独立的各种组织应运而生。在当前国家要独立，民族要解放，人民要革命的历史潮流推动下，法属索马里人民终于将摧毁这个殖民主义

[①] 载于《地理知识》1977 年第 2 期。
[②] 1990 年 5 月 22 日，阿拉伯也门和民主也门正式统一，定名为也门共和国，定都萨那。

在东非的最后一个堡垒，迎来独立的黎明。

法属索马里人口，据估计，大约35万。主要成分是阿法尔人和伊萨人。这些部族居民长期过着游牧生活，性格倔强，剽悍勇敢，不甘屈辱。还有2万多阿拉伯人，他们在吉布提经商，或从事渔业和港口工作，另有以耕种为生的，其他外国侨民也有2万多，以法国人为主，另有一些希腊人、意大利人和印度人。

法属索马里境内地形复杂，有高耸的火山，有深陷的湖泊，高差悬殊，在直线距离不到30公里的范围内，高度可以相差到2000米光景。中部是东非裂谷的一个组成部分，其中心所在的阿萨耳湖，湖面在海平面以下155米，是非洲大陆的最低点。法属索马里地处热带，且一面临海，但海洋对它的影响极小；终年炎热少雨，年平均雨量不过200毫米左右。全境90％的土地被沙漠覆盖，可耕地不到全国面积的4％。畸形发展的殖民地经济，使人口集中在沿海港口城市，首都吉布提市，居民每6年增加一倍，现已达12万人，几乎占全国总人口的三分之一。内地居民住在用枣椰树叶编织的席子和棕榈树根搭成的茅屋里，以放牧牲畜为生。

水源对法属索马里有特殊的意义。在适宜种植长绒棉的地方，近7年来没有下过一场透雨。山地则常有过量的暴雨，但全国没有一条河床固定的河流，因此不时出现周期性的洪水灾害。居民用水，靠挖掘水井汲取。过去殖民当局虽装模作样地做出调查水利资源的姿态，然而大部分被偶尔发现的地下水源，多被用来供应城市消费。仅吉布提市一个城市的日耗水量，就达1.85万立方米，浪费现象十分严重。最近在迪希尔区找到一处丰富的水源，据称蕴藏量足以供应全国。可是在尚未筹资准备开发之前，当局就在盘算把水卖给苏丹港，以攫取巨额利润。

法属索马里农业不发达。只有在有水源的地方才可以看到小规模的耕地。特别是在南部，自东而西的绿洲如串珠一样。农作物品种不多，主要是蔬菜和水果，有甜菜、西红柿、萝卜、卷心菜，以及槟榔、柑橘、石榴、杏子等。森林分布在 1000 米以上的山地里，在吉达山和马布拉山的山坡上有较大片的树林，占地 6000 公顷。由杜松、无花果和枣椰树组成的所谓达伊森林，那里的植物仅依赖雾露而生存，这在植物界，是很珍贵的品种。

法属索马里海岸线长约 800 公里，沿海水域鱼类品种很多，如刀鱼、金枪鱼、鳕白鱼、鲨鱼，还有牡蛎和一些甲壳类。从事珍珠捕捞的多半是阿拉伯人。蚌类出口每年 100 吨左右。飞往巴黎的客机每次都要运走一只一吨重的箱子，为法国运去鲜美的吉布提鱼。由于捕捞和加工方法落后，目前捕鱼量不到 4000 吨。

对广大乡村来说，牲畜是最重要的生活资料。全国 20 多万公顷的干旱草场，为畜牧业提供了有利条件。据统计，全国现有黄牛 1 万头、骆驼 17 万峰、绵羊 10 万只、山羊 40 万只。矿产主要是盐。在吉布提市附近沿海有大面积的盐田，年产盐近万吨，用火车向埃塞俄比亚输出，是法属索马里一项主要出口物资。其他还有铁、铜、冰洲石、石膏等，但均未认真开采。100 多年的殖民统治期间，勘探工作从未进行。殖民主义者一向声称：这个地方土地贫瘠，矿产稀少，庄稼罕见。把法属索马里说成是依赖法国每年提供的一亿法郎"援助"才得以维持的国家。这完全是欺人之谈。事实上，经济之所以落后完全是殖民剥削造成的恶果。

首都吉布提市是一个优良的港口，在国民经济中作用巨大。过去外轮不能靠岸。货轮停泊在海面上，由港口派驳船去卸货。1926 年，"枫丹白露号"轮在离海岸 1500 米的地方沉没，港口人员用石头填满沉舟残骸，使之成为一个小岛，以后把它同港口连接起来，形成一条长堤。今天，吉布提港已能停靠万吨巨轮，每年可以接待 6000 艘船只。由于沙特阿拉伯的吉达港拥挤不堪，船舶往往得等 7 个星期才能卸货，在这种情况下，吉布提港就成了一个方便的转口港。吉布提港卸货的总吨位，以 1974 年为例，共达 43 万吨，其中 30 万吨是埃塞俄比亚的进出口货物，3 万吨转运吉达和阿拉伯也门的荷台达港，10 万吨为本国进口商品。吉布提市又集中了全国仅有的修船厂、铁路工厂和炼油厂等企业，是全国工业的中心。近年来旅游业发展较快，市南郊有大型的国际机场，巴黎飞来的飞机，6 个小时就可抵达吉布提市，再花两个小时，旅客便可以置身于苏丹、埃塞俄比亚、也门、索马里其中任何一地了。市内旅馆、餐厅、酒吧间比比皆是，进口商品充塞市场。

当地的风尚习俗，受游牧生活和伊斯兰教的影响很深。民间的婚礼热闹隆重。阿法尔族妇女跳一种姆拉布舞，也叫短剑舞。她们脸上戴着银制的面具，头上插着彩色的枣椰叶，跳舞时边欢呼边唱歌，场面颇绚丽多彩。当地居民大都信奉伊斯兰教，不喝含酒精的饮料，做星期五主麻礼拜，也有到麦加朝觐的。只有 1500 名穆斯林居民的塔朱腊市，就拥有 7 座清真寺。

约 旦[①]

约旦哈希姆王国位于西亚阿拉伯半岛的西北部,北与叙利亚,东与伊拉克,南与沙特阿拉伯为邻,西面紧连巴勒斯坦。全国面积9万多平方公里,人口200多万。1977年4月和我国建交。

地形与气候

约旦在地形上是叙利亚高原的延伸,整个地势自西向东逐渐倾斜。首都安曼和希贾兹铁路以东,是大片荒凉的高原和沙漠。高原东部一般高600~900米,主要由侏罗纪或白垩纪的石灰岩构成。高原西部在1000米以上,最高的峰峦达2000米左右。西侧界临陡峭的断层。在第三纪发生的剧烈褶皱运动,造成安曼等山脉的升高和红海裂谷的出现。红海裂谷北端,从亚喀巴湾向北经过死海和约旦河谷地,到太巴列湖(加利利海),两侧的玄武岩为断层所斩切。这就是约旦裂谷的所在,是世界著名的非洲大裂谷最北的一段。它的底部比海平面低得多,其间的死海是世界上最低的地方,水面低于海平面392米;太巴列湖的湖面,也在海平面200米以下。裂谷的宽度变动在3~20多公里之间。约旦的东北面,则覆

[①] 载于《地理知识》1978年第1期。

有大片的火成岩。西南端的亚喀巴港濒临亚喀巴湾,是唯一的出海口。

约旦大部分地方属于干燥的亚热带大陆性气候,只有西部约旦河流域是温暖的地中海型气候。全国普遍缺雨水,降水自北向南,自西向东减少。西北部高原一带的年平均降雨量约为 350 毫米。约旦河周围、死海附近,则为 250 毫米,在马弗拉克—安曼—马安一线,还不到 150 毫米。越往东就越干燥。

约旦河流域冬天温暖,没有霜冻,一月份的平均气温不低于摄氏 14 度,日较差为 18 度;夏季烈日当空,干燥炎热,8 月份的平均气温为 32 度,日较差为 28 度。国内其他地区不仅雨量稀少,而且气温日较差和年较差都很大,有的地方绝对最高温度达 50 度。但在高峰顶,冬天却可见到积雪。

约旦大部分地方的植被,是一些低矮的灌木荆棘。高原北部,有一些树木。约旦河岸,有较茂密的柽柳树丛和其他水生植物。

约旦河与农业

约旦是一个农牧业为主的国家。居民有五分之四以上从事农牧业生产。荒凉的高原和浩瀚的沙漠,人烟寥落,居民大多集中在西北部的约旦河流域。约旦河可说是约旦人民的经济命脉!

约旦河源自黎巴嫩的哈斯拜亚和叙利亚的巴尼亚斯,经过太巴列湖,注入死海,全长 320 公里。约旦境内的约旦河流域,大致可以分为三个区域,就是山麓区、低洼的果尔区,和介于两者之间的冲积平原祖尔区,大部分地方土地膏腴,适宜耕种,一年可望三熟。约旦河较大的支流有 13 条,4 条来自西面,9 条由东注入。这些支流大都是季节性河流,其中以最北面的雅穆克河和中部的扎尔卡河最大也最重要,年流量分别为 45000 万立方和 8300 万立方。雅穆克河流域的面积,比扎尔卡河流域(3400 平方公里)大一倍。约旦河的下游,河水变得很咸,有些地方还可见到各种颜色的矿物沉积。

全国的可耕地约占总面积的10%,约旦河东岸就占了33万多杜诺亩(阿拉伯国家面积单位,1杜诺亩=939.3平方米)。约旦河流域由于水源充足,气候湿润,瓜果蔬菜成熟较快。它的冬季作物,如柑橘、香蕉、西红柿等,要比其他地区早两个月收获。

为了尽可能利用河东的9条支流,尤其是雅穆克河和扎尔卡河来发展农业,约旦一直在兴办水利,建筑水渠、水坝和水库,改进灌溉系统。50年代末,动工兴建东果尔水利工程,1963年第一期工程竣工,筑成东果尔渠,与约旦河平行,主渠道长70公里,水量为20立方米每秒。它的水源通过人工修筑的长一公里、直径3米的马蹄形隧道,从雅穆克河引来。主渠道两侧又同许多小渠相沟通,形成灌溉网。到70年代,主渠道延长18公里,通到了卡拉马城。经过修整后的东果尔渠道系统,大约可以灌溉25万杜诺亩土地。

另一个重要的水利工程是由科威特援建的扎尔卡河的塔拉勒大坝或称为扎尔卡大坝,位于杰拉什以西20公里处,1972年动工,坝身高92米,最宽处为400米,贮水量达5200万公方,其中4000万公方将用于农业灌溉。预计大坝落成后,将增加6万杜诺亩可耕地。

农业提供国内总产值的五分之一。冬季主要粮食作物是小麦和大麦,年产量不稳定,过去分别达到过28万吨和8万吨,但1971年却分别为16.8万吨和2.6万吨,到1973年更分别降为5.04万吨和0.59万吨。另外还有玉米、芝麻、烟叶、葡萄、无花果和橄榄等经济作物。随着东果尔灌溉系统等水利工程的兴建,水果蔬菜的种植面积正在不断扩大,并且由于较普遍地采用塑料薄膜暖房栽培法、改善品种,提高了单位产量。约旦河东岸种植香蕉6000杜诺亩,年产1万吨。柑橘、柠檬等水果的种植面积为1.35万杜诺亩,年产5.5万吨。蔬菜有西红柿、黄瓜、辣椒、茄子和土豆等,全国占地约 30 万杜诺亩,年产 30 万吨。这些瓜果蔬菜是约旦重要的出口商品之一。约旦的粮食和其他农产品,还不能自给。

畜牧业在约旦的国民经济中,占有重要的地位。驼、羊、牛、驴、马是牧民的主要经济来源。1973 年,约旦大约有 135.16 万头山羊和绵羊,1.82 万头骆驼和 4.63 万头牛。

工矿业和磷酸盐

在约旦的国民经济各部门中,除农牧业外,主要是磷酸盐的出口和旅游业。工业发展是近几年的事。工厂企业最先出现在安曼,大都由外资经营,有纺织厂、食品厂、肥皂厂、卷烟厂、水泥厂、玻璃厂和炼油厂,规模都不大,仅供当地消费用。

死海含有极高的溶解盐成分。第一次中东战争前,英美的钾碱公司曾在这里提炼钾盐,后遭以色列严重破坏而停工。业已查明的矿藏,有磷酸盐、锰、铁、重晶石、铀等。据报道,约旦境内可能有丰富的铜和石油,有待进一步查明。

磷酸盐矿脉巨大,约旦三分之二的土地有磷酸盐的分布。据报道,1976 年已探明的磷酸盐蕴藏量为 10 亿吨,名列世界前茅。

磷酸盐的开采工作,始于本世纪初,目前主要集中在两个矿。一个是安曼东北 15 公里的鲁萨法矿,另一个是安曼以南 150 公里的哈萨矿。哈萨矿规模宏大,露天开采,生产成本低,又近亚喀巴港,交通方便,所以发展较快。1974 年,产量达 100 万吨,而采掘多年的鲁萨法矿仅 60 万吨。1975 年,两矿共产 275 万吨,哈萨矿占 200 万吨。

约旦的磷酸盐,质地优良,畅销印度、日本、南斯拉夫、土耳其、黎巴嫩、捷克斯洛伐克、坦桑尼亚和巴基斯坦,是约旦最大的外汇来源。全国唯一的出海口亚喀巴港,也由于磷酸盐的大量外销而发展较快,现有 4 个仓库,还在增建两个,以使贮存磷酸盐的能力达到 50 万吨。从安曼至亚喀巴港有铁路直通，另外还有支线通哈萨矿，以利外运。

早在公元前 6 世纪，奈伯特人就在这里建立了王国。当时的古都佩特腊，富庶而繁荣，是红海、希贾兹、大马士革和加沙地区之间商队往来必经之地。公元 1 世纪，奈伯特王国被罗马帝国侵占。到了公元 7 世纪，阿拉伯民族崛起，伊斯兰教作为新兴的精神纽带，把阿拉伯半岛各地的部族连接在一起。阿拉伯人于公元 636 年，在约旦境内的雅穆克河谷以少胜多，重创拜占庭帝国的军队。从那以后，约旦就是阿拉伯的一个组成部分。阿拉伯史书上所称的沙姆，即包括巴勒斯坦、叙利亚的霍姆斯和大马士革、约旦。因此，约旦的历史又是同巴勒斯坦和叙利亚的历史紧密相连的。11 世纪末到 13 世纪，欧洲十字军东侵期间，约旦这块土地，曾多次经历鏖战。16 世纪初，约旦被并入奥斯曼土耳其帝国的版图，属于大马士革行省。第一次世界大战，约旦随同巴勒斯坦沦为英国的委任统治地。第二次世界大战后，约旦人民争取民族独立的运动空前高涨，英国被迫同意约旦于 1946 年独立。

长期以来，约旦人民坚持反对以色列犹太复国主义的斗争，坚决要求以色列撤出全部被占领土、恢复巴勒斯坦人民的合法权利。

阿拉伯联合酋长国[1]

在阿拉伯半岛东南侧的海湾沿岸,有一个年轻的新兴国家——阿拉伯联合酋长国(以下简称阿联酋)。它的西北角是卡塔尔,东南与阿曼苏丹国接壤,西面与沙特阿拉伯邻接。阿联酋由阿布扎比、迪拜、沙加、阿治曼、乌姆盖万、哈伊马角和富查伊拉7个酋长国组成。其中,唯富查伊拉朝着阿曼湾,其余6国均位于波斯湾西南岸。

悠久的历史

阿联酋旧称麦什哈特阿曼,意思是酋长国阿曼。早在石器时代,这里已经有人类居住。许多古迹和出土文物表明,古代这个地区曾有过繁荣的文明,与周围地区特别是与幼发拉底河和底格里斯河两河流域来往频繁。

在公元前4世纪,腓尼基人在海湾地区的经商活动,不亚于他们在地中海沿岸从事贸易的盛况。历史学家们指出,波斯湾地区居民用一种黑色发粘的液体来点灯,灯光呈暗红色。这是第一次提到当地有石油。

波斯湾地区从公元7世纪起,开始了历史的新篇章。居民大多数皈

---

[1] 载于《地理知识》1978年第9期。

依伊斯兰教,这里成为阿拉伯倭马亚王朝通向外部世界的一个航海、海运中心。公元 16 世纪,葡萄牙人侵入波斯湾地区,在沿海修筑了大量的据点和堡垒,控制当地达 200 年之久。继葡萄牙之后,荷兰、法国和英国相继入侵,到 1820 年,麦什哈特阿曼沦为了英国的"保护国"。此后麦什哈特阿曼人民没有停止过反对外国侵略者的斗争。1966 年,面积最大的阿布扎比酋长国首先决心挣脱殖民桎梏,这个行动得到了迪拜等 6 个酋长国的支持和响应,经过连续 5 年的协商,终于在 1971 年 12 月 2 日成立了独立的阿拉伯联合酋长国。

居民与风俗习惯

据 1975 年底的统计,阿联酋全国总人口为 65.6 万人,绝大多数是阿拉伯人。近年来,由于石油财富骤增,大批外籍居民涌入境内,其中,以印度人、巴基斯坦人、伊朗人和阿富汗人为多数,也有来自巴勒斯坦、埃及、叙利亚和黎巴嫩的阿拉伯人,在阿联酋寻找工作,谋取生计。当地的阿拉伯人,渊源于阿拉伯半岛的部族居民。最早来到这块地区的是迦南人的分支。随着阿拉伯人向东迁移,许多阿拉伯部族就在此定居。另有一部分居民具有伊朗血统和非洲黑人血统。

阿布扎比的阿拉伯人主要属于亚斯族,它由 15 个小部族组成,其中执政的是纳哈扬族;在迪拜执政的是布法拉萨族;沙加有 25 个小部族;阿治曼由纳伊姆族执政;乌姆盖万的执政家族是阿里族,它属于加菲里部族联盟;哈伊马角地方虽小,部族却不少;富查伊拉的统治家族属沙尔基部族,这个部族派生出的几个分支,散布在各地。

阿拉伯语是阿联酋的官方语言,伊斯兰教是国教,清真寺遍布于国内各城市,建筑精美,有浓厚的阿拉伯风格,有的新建清真寺,还采用了现代建筑物风格。当地居民性格豪爽,慷慨好客。居民主要食物是米、面、鱼、肉。有的把米、面同鱼、肉搅拌均匀后,在火上煮,有的先将肉烧熟,尔后放进米，再加上各种调味品食用。阿联酋各族人民好赛马、赛驼、游泳、捕鱼、赛艇。当地的婚礼热闹而隆重，新婚之夜通常安排在星期五或星期一的晚上，人们随着鼓乐的节奏又唱又跳。这样的民间舞会常常延续三至七个夜晚。

沙漠与绿洲

阿联酋全国总面积约9.1万平方公里，其中，阿布扎比占8万平方公里。北回归线穿过国境的南部，全国都在亚热带内，沿海地区夏季炎热灼人，气温在摄氏32度以上。由于受印度洋和波斯湾的影响，相对湿度有时高达百分之百。内地则是典型的大陆性沙漠气候，从5月到10月，中午气温高达38~50度之间；11月到4月期间，气候温和，平均气温在16度左右，有时夜晚还会有霜降，因此，阿联酋被认为是一个良好的避寒地。全国雨量稀少，11月到4月是雨季，年平均降雨量仅70毫米，沙加的年平均雨量稍多，可达100毫米左右，哈伊马角的年雨量更多些。

阿联酋除东部靠向阿曼的木桑达姆半岛是海拔1000米左右的山地（最高的山峦海拔3000米）和沿海岸有小块平原外，其余均为地势低平的沙漠。阿联酋的海岸线长约700公里，沿海除木桑达姆半岛沿岸有些地方由于山脉直逼海岸，形成陡峭的崖壁外，其余均为沙滩。从阿布扎比市往西，沿海岛屿、沙滩和珊瑚暗礁纵横交错，小岛和珊瑚礁约有200多个，首都阿布扎比就坐落在一个岛上；达斯岛以盛产石油闻名，达勒马岛历史悠久，早先是采珍珠中心，珊瑚礁盛产牡蛎，也是驰名世界的采珠地。

沙漠和半沙漠覆盖着全国面积的三分之二，整个地势低平，平均在海拔200米以下。在阿布扎比的中部靠近海湾沿岸有块沼泽地，叫马提沼泽地，盐碱化严重，一旦下雨，通行困难。沙漠荒凉不毛，即使是耐旱的植物也不易找到。但是，沙漠中点缀着不少绿洲，那里水源充足，枣椰树繁茂成荫，出产蔬菜和粮食，是阿联酋的农业区。绿洲中面积最大最富庶的一个叫埃因绿洲(布赖米绿洲),位于迪拜南约 113 公里、阿布扎比市以西 145 公里,这个绿洲现已发展成为埃因市,市区呈圆形,直径约有 10 公里,里面包括好几个村庄。埃因市的用水,除靠周围哈菲特等山流来的泉水外,还挖了许多自流井。另一个大绿洲利瓦,位于阿布扎比市东南约 160 公里处。它实际上由 30 多个小绿洲构成,四周被沙丘环抱。沙加市以东大约 50 公里的齐德绿洲,面积为 30 多平方公里,与它同在一个谷地的法勒杰马阿拉绿洲,离乌姆盖万市 60 余公里。近些年来,阿联酋为发展农业生产,在这些绿洲里办起了农业科研站和试验农场,努力扩建农园,增加作物种类,把绿洲建设成为农业基地。

石油带来的新气象

在石油开发以前,阿联酋谈不上有什么工业,内地居民长期过着游牧生活,沿海居民则靠捕鱼和采珠为生。

50 年代初,阿联酋开始勘查石油和天然气。阿布扎比最先找到了油气,接着在其他酋长国相继展开勘探并找到油气。随着大量勘探工作的进展,阿联酋发现的石油储量不断增加,到 1976 年阿联酋的石油储量已达 46 亿多吨,为 1969 年的 2.7 倍。油气田分布在陆上和波斯湾领域之内。阿布扎比是 7 个酋长国中油气最丰富的一个,1976 年的石油储量接近 40 亿吨,天然气储量 5666 亿立方米;迪拜居第二位,同年石油储量 1.82 亿吨,天然气 430 亿立方米;沙加第三,石油储量 1.82 亿吨,天然气 410 亿立方米。

1962 年阿布扎比首先开始出产石油。随后,迪拜也于 1969 年产油,此后产量迅速增长。1962 年,七国中只有阿布扎比产油 70 万吨,10 年以后达到 5700 万吨。到 1976 年,阿布扎比、迪拜和沙加的石油产量合计就达 9400 万吨。阿联酋的石油绝大部分向西欧、日本和北美输出,它已成为世界上主要石油输出国之一。1973 年,阿联酋与伊朗、伊拉克、科威特、沙特阿拉伯和卡塔尔等国一起，同西方石油公司展开斗争，终于取得胜利，迫使西方石油公司同意提高油价。这样，阿联酋的石油收入急剧增加，1976年达到72亿美元。按人口平均计算，每人达1.1万多美元，是全世界按人口平均收入最高国家之一。

石油开采使阿联酋的国民经济发生了巨大的变化。过去只有造木船、制渔网、用驼毛编织地毯以及打制匕首等行业。而今，炼油、石油化工、液化瓦斯、水泥、化肥、塑料、建筑器材、大理石、鱼粉等工厂企业，接二连三地兴办起来。港口在迅速扩建，引进了大量现代化设施。阿布扎比的扎伊德港建于1972年，它有6个港区，可以停泊吃水11米的船只。各装卸码头长200米，最大的兰沙特码头，长达450米。还在建造6座码头，准备接纳吃水12米的巨轮。迪拜素有"海湾威尼斯"之称，它有一个宽阔的港湾，向内地深入约13公里，现在港湾内建成的拉希德港，是中东和海湾地区最大最重要的港口之一。有15个客、货轮码头，一个油船码头。码头全长3公里，另造了3个干船坞，最大的一个长525米，宽100米，可容纳100万吨级的油船，其他两个也能放下50万吨的油船。昔日的阿联酋，处在一望无际的黄沙之中，只有举步蹒跚的骆驼，才是唯一可靠的沙漠之舟。今天的阿联酋，已经建成了现代化的双向公路网，把国内各主要城市连接起来，甚至边远的地区，也有通向首都阿布扎比市的公路干线。目前还在修筑到卡塔尔去的公路，准备逐步沟通与各阿拉伯国家的陆上交通。阿布扎比、迪拜、沙加、胡尔法康和哈伊马角都有飞机场，与世界各国通航。

石油财富也使阿联酋的城市面貌一新，过去用棕榈树枝树干结扎而成的简陋住房，已被高耸的楼房所取代。阿布扎比市内，学校、医院、俱乐部、旅馆比比皆是，商业、工业、旅游业和服务性行业活跃。迪拜市由南北两部分组成，中间隔着一个港湾，湾南叫迪拜，湾北叫迪拉，有马克图姆桥连接，现正在建造另一座桥梁和水下隧道，不久城市南北交通将更便利。迪拜市的商业、金融、新闻等事业在迅速发展。埃因市内的现代化通衢大道，把市内各区连接起来，中心街道宽达 70 米。马路两侧种有花草。为了搞好绿化满足当地消费的需要，市区种植了 75 万株枣椰树。这里的枣椰树所产的果实，具有收藏两年都不会腐烂的特点，因此，市政当局准备再增种 10 万株。埃因市的周围，一直在努力挖掘古迹，建造动物园、旅馆、博物馆，它将建成为一个游览地。

拥有阿联酋国籍的当地居民，从进幼儿园到高中毕业，都享受免费教育。由于国家的重视，教育、新闻事业发展迅速，本是一个文盲遍布的国家，现已有各种报刊 30 多种，收听广播与观看电视使人们的文化生活日益丰富。

阿联酋过去是一个以游牧为主的国家，但畜产并不丰富，在国民经济中也并不重要，所以除石油之外，渔业资源要算得上是阿联酋的重要经济部门了。捕鱼区主要在富查伊拉和胡尔法康一带。阿治曼和乌姆盖万每天向其他城市提供鲜鱼。据专家们估计，阿联酋沿海水域的鱼类，多达 200～500 种，其中金枪鱼和沙丁鱼，具有很重要的商业价值。目前，正由农业、渔业部进行全面的调查，以求充分开发和利用这笔资源。

红海在扩张[1]

红海自从大约3000万年以前形成以来,一直在扩张。最初的800万年,它每年大约扩大一公分,最近500万年中,以每年二公分的速度在扩张。红海的扩张对它的两岸有影响。800年前,麦地那城附近火山爆发;1941年靠近季赞的地方发生过里氏五级的地震。地质学家们还注意到,红海海底中央裂谷迸流出来的熔岩,极有可能带出可以利用的矿产资源。近十年来,对红海的重视程度大大增加。苏丹和沙特阿拉伯已经成立了红海资源利用委员会,对两国的水域进行磁测。美国地质调查所的一组专家,正沿着沙特阿拉伯西部沿海,对南起季赞的阿西尔地区,包括法腊散群岛在内,做充分的调查研究,以搞清红海地壳和沙特沿岸地壳的活动情况,探明50公里深处的岩石构造。建在吉达的地震观察所,派出了流动观察站,对红海沿岸进行考察,以收集资料。近年来,美国、英国一些学者通过实地研究,提出了有关红海地质的论文,正受到人们越来越大的关心。

---

[1] 载于《地理知识》1979年第3期。

西奈风物[①]

埃及的西奈半岛三面环水，东西为亚喀巴湾和苏伊士湾相夹，北临地中海。从空中鸟瞰，西奈地域辽阔，沙漠绵延，整个半岛就像一个三角形，南端顶尖插入红海，面积约 6 万平方公里，人口仅 22 万。

西奈北部叫阿里什区，是沿海平原。在法老时代，尼罗河的比罗扎支流曾流经这里，因受河水泛滥的影响，土壤呈棕褐色。中部叫提赫区，由高地沙丘构成。"提赫"一词，在阿拉伯文中，意为"荒野"，相传古代犹太人曾在这地形复杂的荒僻之地，迷失方向，辗转徘徊达 40 年之久。南部图尔区多山，其中圣卡特林娜山为埃及的最高峰，海拔 2637 米。

古迹之地

西奈文物古迹丰富，流传着不少神话故事和传述。古罗马帝国查士丁尼二世为纪念妻子塔尤杜拉，在今圣卡特林娜山顶修建了一座修道院。后人传说公元 307 年圣卡特林娜在亚历山大城殉教以后，天使们将她的遗体运到了这座修道院里，故称为圣卡特林娜修道院。在古代，西奈被称为"月亮之地"，亚述人和苏美尔人尊奉的月亮神即居于此。有人认为"西

[①] 载于《地理知识》1979 年第 6 期。

奈"（Sinai）之名，乃是从月亮神"西恩"（Sine）一词演变而来的。

据阿拉伯学者们考证，西奈的历史可远溯到公元前5世纪。北部的小村巴罗查，是历史上享有盛名的比罗扎城的遗址。在巴罗查村周围出土的罗马时期使用的金银钱币和古代器皿，是考古学家研究埃及史的重要文物。西奈半岛南部靠近苏伊士湾的山麓，有一股温度高达57℃的含硫矿泉水汩汩流出，注入红海。埃及第一王朝的一位国王在那里修筑了一座浴场。民间传说，古代法老在加冕之前，必须先到这座浴场入浴，尔后巡视西奈各地。这个浴场，多少世纪以来，一直是西奈居民治疗关节炎和其他皮肤病的地方。

农村小景

西奈人自古以来爱好音乐舞蹈。年轻的小伙子在牧场、山谷或井泉的棕榈树下，弹奏乐器，用歌声来抒发对心上人的感情。乐器有三种：芦笛、横笛和四弦琴，后者与我国新疆维吾尔族用的热瓦甫相似。民间舞蹈热情、豪迈。人们不分老幼，排成一行，由一个手持宝剑的姑娘领舞，大家拍着手唱着，往前进，姑娘则边舞边退……他们唱的歌词，是用贝杜因土语即兴编成的。古籍上记载，著名的古希腊史学家希罗多德在途经西奈的时候，看到人们持剑跳舞，情绪激昂，还以为是部族间的械斗呢！

除北部沿海一带地势尚属平坦外，西奈境内的地形大多崎岖不平，且多被黄沙覆盖，气候干旱。中部地区逐水草而居的贝杜因人，在夏秋时节，住在山里，在山坡旁搭起一种名叫"哈瓦维特"的圆房子，远远看去，就像蜂窝。这种房子用巨大的石块巧妙地拼搭起来，大约有一米半高。冬天来临，牧民们便迁往平原居住，以躲开暴雨山洪。南部和北部村落里的传统房子，叫"阿拉伊什"，用泥和铁皮筑成，建时还夹进麦秸和树枝，以挡隔酷热。当地居民长期以来主要依赖牧业为生。

水在西奈是十分宝贵的。地名中的"比尔""埃因"，就是井、泉之意。

人们在水源附近定居下来，从事农业。这里的水果种植，历史悠久，品种有葡萄、石榴、杏、李、榅桲、无花果、橄榄、西瓜、香瓜等。枣椰树很多，仅半岛北部，大约就有 25 万株。粮食作物和蔬菜有大麦、小麦、小米、西红柿、锦葵、葱、蒜、萝卜、芥菜、蓖麻等。

光辉的远景

早在法老时代，西奈南部就开采绿柱石矿。现在开采石油。近年来，又发现有锰、天然气等。现有的油田，均位于苏伊士湾沿岸，如阿布鲁达斯油田、苏德尔油田和阿萨勒油田。阿布鲁达斯油田于 1957 年发现，经过长期的勘探和建设，共有 130 口产油井，从水底延伸到陆地。60 年代，这块油田每天产油 7.3 万桶。现在计划再挖 6 口新井，增加产量。最近，西奈北部从阿里什到腊法沿岸，发现有天然气，光腊法一地的储量，即相当于 600 万桶原油。

埃及政府已经制定了建设西奈的规模宏大的计划。为了发展西奈的农业，埃及打算把尼罗河的苏伊士渠、伊斯梅利亚渠和阿纳尼亚渠向东延伸，通过计划修建的运河水下渠道，使尼罗河水重返西奈，这样，加上 1967 年以前已在大苦湖地区建成的横贯运河的水下渠，可以灌溉北部沿海平原和鲁马纳到阿里什一带的土地，总共将达 73 万费丹（1 费丹等于 42 公亩）。可以预料，古老的西奈大地，必将焕发出青春的光辉。

千塔之城
——开罗[①]

置身开罗,有两个比较突出的感觉:一个是它的"洋气",一个是它的宗教气氛。

眺望尼罗河畔,高楼耸立,立体高桥不时飞起盘旋。新开罗区和扎马利克岛区,式样不一的别墅显得幽雅静谧。市中心车水马龙,川流不息,商店橱窗布置得五光十色,琳琅满目。一上街,大大小小、别出心裁的各种广告牌、招贴画就会不时地闪进眼帘。如果浮光掠影地在开罗住上三五天,下榻"喜来登""希尔顿"那样的高级饭店,逛逛灯红酒绿的夜总会,那么,带回去的印象,恐怕将会是认为开罗这座历史名城,已经彻底"欧化",与一般西方的城市并无显著区别。

然而,只要在开罗生活得久些,与社会接触得广些,另一个感觉必然会强烈得多。你看,那戴着缠头、白色或白底红顶的帽子、身穿长袍的阿拉伯穆斯林,大街小巷随处可见。要是适逢祈祷之时,你会在挂着"马斯吉德"牌子的屋子和场所,看到排列得整整齐齐的人群,都脱掉了鞋子,朝

[①] 摘要刊于《文汇报》,1979 年 8 月 22 日。全文载于《阿拉伯世界》1982 年第 1 期。

着礼拜的正向——麦加城的方向——在做祈祷的礼仪,他们旁若无人地大声赞颂着真主安拉的名字。稍微仔细一点的外来人,不论是在有钱人的住宅区,还是在像舒卜拉、圣泽娜白那样人口密集的平民区,都会在鳞次栉比的楼房屋舍中间,发现不少细长的塔身笔直挺立,塔身呈方形、圆形或多角形,塔顶都有一个拱形的球状建筑,托着一个多节的小柱,柱端有圆环,上细下厚,宛如一弯新月。塔身外面围着一层、二层或三层的楼台,可容人站立,这就是独具一格的伊斯兰建筑宣礼塔。多少世纪以来,宣礼塔上的召唤祈祷声,诵读《古兰经》的经文声,常在人们耳边萦绕。日渐增多、密布全城的清真寺宣礼塔,使开罗的宗教气氛极为浓厚。

开罗素有"千塔之城"之称,这塔,便是指用以召唤穆斯林进行祷告的宣礼塔,也借以表明开罗的清真寺和宣礼塔多得不可胜数。相传公元622年(伊历元年),伊斯兰教创始人穆罕默德带领信徒离开麦加,出走麦地那城后,穆斯林们聚在一起商议,如何统一掌握每天五次的祈祷时间。有人主张采用基督教徒敲钟办法,也有人提议用犹太教徒吹号角方式,这时欧默尔(第二任正统哈里发)说:"还是派个人去呼喊,以召唤人们做祷告吧。"这办法简单易行,当即为穆罕默德认可。从此,由宣礼员呼喊:"起来祷告……大哉真主……"成为伊斯兰教的一个固定宗教仪式。所谓"弥沾恩",即指宣礼员站在那里呼喊,将声音传至人们耳际的地方。公元7世纪起,随着阿拉伯帝国版图的逐步扩大,伊斯兰教在西亚、北非一带得到广泛传播,清真寺的建筑艺术,也由于统治者的重视而不断发展,宣礼塔则演变为格调基本相同,而款式互异的建筑物,成为清真寺十分重要、不可缺少的组成部分。开罗城历代所修建的清真寺、宣礼塔,吸引着络绎不绝的国外旅游者,也是那些到开罗去学习、了解伊斯兰教教律、文化和艺术的人士必去参观瞻仰的内容之一。他们往往在那里驻足赞叹埃及人民的悠久文明和精湛的建筑艺术,欣赏那些形若苍穹的巨形拱顶和寺院内外,宣礼塔身上的纤巧浮雕、错综复杂的几何图案花纹,用优美的阿拉伯文书写成的伊斯兰教训言和经文,细细地领略其中蕴含着的历史演变和宗教发展。

阿慕尔清真寺

追溯开罗城历史,可从它最早的旧址福斯塔特算起。公元 641 年,阿拉伯帝国开拓疆土的名将阿慕尔·本·阿斯率兵从西奈半岛攻打尼罗河流域,在今开罗市南郊的福斯塔特安营扎寨,接着挥兵北上、南下,统辖了埃及全境,把福斯塔特定为埃及首府。公元 643 年,阿慕尔清真寺落成,它在埃及史、非洲史上占有一定的地位,因为它是非洲最古老的一座清真寺,标志着埃及摆脱了拜占庭罗马帝国的控制,也标志着阿拉伯民族和伊斯兰教开始在埃及兴起。阿慕尔清真寺位于尼罗河河畔,后因尼罗河河道逐渐西移,现距尼罗河约有 500 米左右。它的结构,反映了伊斯兰初期的建筑风格,和麦地那的先知清真寺、伊拉克境内的巴士拉清真寺、库法清真寺一样,比较简陋,没有壁龛和宣礼塔,正中是一个长方形的殿堂,四周有四条柱廊围绕,其中,东西向对着礼拜正向的一条,最长而且最深,地上铺有卵石,屋顶由泥和椰枣叶柄糊成。

千余年来,阿慕尔清真寺曾遭到水淹、地震等自然灾害的破坏。当以后的统治者把统治中心北移,福斯塔特逐渐衰落之际,阿慕尔清真寺也同受冷遇,失于修葺,不过由于该寺历史意义重大,也曾有过几次大小规模不等的修复和扩建。据史书记述,在法蒂玛王朝时期,阿慕尔清真寺曾一度成为一座富丽堂皇的寺院,殿堂竖起了大理石柱,四壁有镶嵌细工,大讲经坛和照明的灯都出现了。著名的波斯学者纳西里·胡斯鲁(1003～1088)曾这样描绘阿慕尔清真寺:"它坐落在 400 根大理石柱上,壁龛全部覆盖着洁白的大理石板,上面镌刻着书法优美的《古兰经》经文。寺的四面,各有大门通向团团围住寺院的市场,每到集市的夜晚,700 多盏灯齐放光明。寺内铺有十层色彩鲜艳的席子，任何时候，都有不下于 5000 名的学生、外来人和文书在拟写各种文稿。"

到了马穆鲁克王朝，阿慕尔清真寺又数度被扩建、修缮，一些附加建筑物出现了，宣礼塔高高耸起，逐步形成今天的规模。18 世纪末，奥斯曼帝国统治时期，为了利用宗教维护统治地位，也曾为阿慕尔清真寺修棚、铺地、加柱，但修建工程极其粗糙。1797 年，穆拉德贝克在寺的西北墙和南端，修了两座宣礼塔，纯粹是土耳其式样，毫无阿拉伯帝国初期的风格可言。他在另外加添上去的四块大理石板上，还刻上了为他自己吹嘘功绩的拙劣诗句。

总的来说，早期阿慕尔清真寺的占地面积，大约只相当于今天实际总面积的十六分之一。寺内大多数的装饰和雕刻，均系历代统治者所加，其风格优劣，常是后人评说的内容。

伊本·图龙清真寺

开罗的旧址，除福斯塔特之外，还有阿斯卡尔和卡塔伊阿两地。它们的名字都有一定的含义：福斯塔特意为"帐篷"，即当年阿慕尔的行辕所在；阿斯卡尔意为"屯兵之地"，是阿拔斯王朝派在埃及的第二任总督艾布·奥恩于公元 752 年所建之城，位于福斯塔特稍北，也建有巨大的清真寺，后随城市一起毁于兵燹；卡塔伊阿意为"封地""采邑"，是埃及图龙王朝的都城，位置又在阿斯卡尔以北，是这个王朝的开国君王伊本·图龙所修建，城市被划分成块，有的属诸王公的封地，有的是士兵的驻地，有的是国王的幕僚、扈从的住地，因此采用意为"封地""采邑"的"卡塔伊阿"一词作为城名。

兴建伊本·图龙清真寺，是经过一番考虑的。为了不受尼罗河泛滥的影响，又要便于连接福斯塔特和阿斯卡尔两城，使它成为召集三城穆斯林前来做主麻日祈祷的清真寺，伊本·图龙国王选中了名叫亚什卡尔山的一块石头高地，从公元 876 年动工，到 879 年完成，费时三年，才建成这座占地 26200 多平方米的令人瞩目的雄伟寺院。

　　动工之前，有画在羊皮上的设计图纸，包括俯视的正面图和侧面图，这与公元 762 年落成的巴格达城事先仅用灰在地上画样的设计相比较，是一个明显的进步。伊本·图龙清真寺另一个特色是大量地采用砖块，用砖柱代替大理石柱。红色的砖块长 18 公分，宽 8 公分，厚 4 公分，涂抹的灰泥厚达 2.5 公分，上面有一层白色的石膏，雕着各种美丽的装饰图案。

　　岁月流逝，朝代更迭，伊本·图龙清真寺也几经修葺，但它的主要面貌，仍保留着当年的风格。例如寺院东面墙上的四个镂空的石膏装饰图案，半圆形空心的壁龛，壁龛上方刻着库法体的"万物非主，唯有真主……"的木匾等，都还是伊本·图龙国王时代的陈迹。伊斯兰学者们发现伊本·图龙清真寺的宣礼塔，是开罗迄今犹存的历史最悠久的一座，它和伊拉克萨马腊清真寺的宣礼塔，形状极为相似。宣礼员登台呼喊祈祷，须经由围在塔身外面的圆梯拾级而上，梯阔约 90 公分，螺旋形上升，所不同的是伊本·图龙清真寺宣礼塔的围梯外侧，多一道起栏杆作用的矮墙，这是伊本·图龙本人在膺任埃及总督之前，曾在伊拉克萨马腊生活 30 多年，对萨马腊的寺、塔印象很深的缘故。此外，伊本·图龙清真寺内的柱子都采用了尖削的弓形结构，以架托顶棚，这种弓形结构离地面 5 米，本身高 4 米，阔 4.5 米左右，像一个马蹄形，它与耶路撒冷的阿克萨清真寺和大马士革的倭马亚清真寺的弓形结构，同出一辙。这些建筑上的相似之处，充分说明埃及与阿拉伯半岛的伊斯兰文化，相互间的联系影响是多么根深蒂固、源远流长。

爱资哈尔清真寺

　　公元 10 世纪，信奉伊斯兰教什叶派的穆斯林在北非崛起，武功赫赫，军力东达叙利亚，西至马格里布，疆域广大，国势鼎盛，建立了法蒂玛王朝。公元 969 年，它把开罗命名为胜利之城，作为京城，以威慑西亚、北非、地中海地区。

　　开罗在法蒂玛王朝建成的建筑物为数众多，建筑艺术也渐臻成熟。其中的爱资哈尔清真寺更是在伊斯兰世界遐迩闻名。爱资哈尔一词，意为"鲜艳的""明亮的"，是扎海拉一词的阳性名词，而扎海拉则是穆罕默德的女儿法蒂玛的外号。爱资哈尔清真寺于公元970～972年建成，它不仅是一座供礼拜用的寺院，而且从公元975年起就成为一所各地穆斯林前往学习教律的学校，是全世界最古老的伊斯兰大学之一，接纳着来自摩洛哥到中国的各种肤色的穆斯林学生。我国阿拉伯语的老前辈马坚、纳忠、刘麟瑞等教授，早年就都曾在这里攻读过阿拉伯语和伊斯兰文化。当前许多伊斯兰国家中的著名宗教领袖，几乎都是爱资哈尔大学的毕业生。爱资哈尔已被公认为伊斯兰学术研究的中心。

　　爱资哈尔清真寺到了阿尤布王朝曾受冷落，因为阿尤布王朝创立者萨拉丁是伊斯兰教逊尼派教徒。到了马穆鲁克王朝，爱资哈尔清真寺再次受到公众的重视，至今不衰。它现在的面积约相当于法蒂玛王朝时代的一倍多，除了拱顶、美术字、壁龛、雕刻外，大部分建筑物和装饰，都是此后历代的作品。法蒂玛时代所建的宣礼塔，早已荡然无存，目前寺内的五座宣礼塔，其中两座显得轻巧而挺拔，乃建于马穆鲁克时代，另外三座建于奥斯曼统治时期。

开罗各清真寺的时代特色

　　法蒂玛时代所建的清真寺，有的颇有特色。如1125年建成的艾克马尔寺，是开罗清真寺建筑史上，首次在寺院的石头正面上饰有雕刻花纹的一座清真寺。公元1160年兴建的萨利赫·塔拉伊寺的东、南、北三面，均要比街面高出三米，站在紧挨寺院的店铺仰望清真寺，真觉得它像悬在空中一样，故有"空中寺"之称。

　　如果说法蒂玛时代的建筑艺术，主要是宗教色彩的话，那么，到阿尤布王朝,建筑物上的军事特色就显得突出了,如开罗东面穆盖塔姆山上的萨拉丁堡便是一例。由于十字军的东侵,大批叙利亚、巴勒斯坦的能工巧匠,避乱来到埃及,为开罗的清真寺、宣礼塔带来了新颖的建筑艺术。寺院的门墙上,不仅有用传统的库法体刻写的经文,而且出现了临摹下来的优美的手写体《古兰经》章节,宣礼塔也首次采用了香炉状的塔帽。

公元1250~1516年期间的马穆鲁克时代,被认为是伊斯兰建筑的黄金时代。开罗大多数的清真寺、宣礼塔,如查希尔·贝巴尔斯寺、马尔达尼寺、穆埃耶德谢赫寺等,均建造于那个时代。喜欢阿拉伯文学的人,差不多都读过埃及著名作家纳吉布·马哈福兹所写的三部曲,其中的第一部叫《宫间街》,这宫间街,现在叫穆伊兹利丁拉路,位于老开罗的努哈辛区,那里有马穆鲁克素丹苏尔·卡拉吴恩于公元1284~1288年兴建起来的一个著名的伊斯兰建筑群,是后代研究伊斯兰古迹的人士必去观赏的地方之一,它包括有陵墓、清真寺、宣礼塔、学校和医院等。我们怀着仰慕之情,来到这里,看到了清真寺的门,做工细腻,门上饰有星状的浮雕,寺内的护墙板由各色的大理石装饰而成,色彩缤纷,壁龛的表面则有彩色玻璃和贝壳的镶嵌细工。宣礼塔的式样也各有千秋,从四方形的底座上升起来的塔身,有四方形的,也有八角形的,到了上部又转成圆柱形,有的戴着起梭的拱形塔帽,有的塔顶支起了五个头。

16世纪开始的奥斯曼统治时代,是埃及历史上的黑暗时期或称衰微时期,埃及的文化遭到严重的压抑和摧残,这个时期开罗建成的清真寺、宣礼塔,绝大部分是土耳其格式的。

17世纪兴建的巴尔迪尼清真寺、18世纪筑造的阿里贝克清真寺,它们的宣礼塔却保持了埃及的风格,表现出追求独立的倾向,虽然这类清真寺、宣礼塔为数不多,但当地人士十分喜爱本民族风格,而不满外族的建筑格式。开罗人曾幽默地对我们说,看见奥斯曼时代建造的宣礼塔,总觉得它像一把插向天际的刺刀。

　　站在高187米的开罗高塔上向东眺望，穆盖塔姆山上的穆罕默德·阿里清真寺清晰可辨，这是终于摆脱了奥斯曼帝国封建统治的埃及国王穆罕默德·阿里于1830～1848年期间建造的，后代的国王又多次细加修缮和装饰，使该寺显得更加壮观而完整。外国人前往该寺参观，要买门票。进门处如果你不像本地人似的脱下鞋子拿在手里进门，那就得花几个小费，让人给你扎上一双帆布的鞋套，免得坚硬的鞋底磨损寺内大理石面。寺内露天的院子中间，是方形的洗房，四周各有一排水龙头，是供做"小净"用的。步入祈祷殿堂之前，你会看到两座像削得又尖又细的铅笔似的宣礼塔，殿堂内挂着许多玻璃球灯，发出黄色的光亮。当做完祷告的开罗人发现你会讲阿拉伯语时，他会主动向你介绍，这座清真寺主要是土耳其式样，但也受到欧洲建筑格式，特别是意大利和法国风格的影响，因而采用了许多纤巧华美的房屋装饰法。

　　总起来说，久居开罗，和当地人士友好往来，和穆斯林经常接触，从他们对宗教的虔诚和热情来看，会使人深深感到伊斯兰教对于埃及的政治、文化和人民精神生活的影响，是绝对不能低估的。

　　应当指出的是，在千塔之城的开罗，除了正式的清真寺有宣礼塔之外，许多陵墓、祠堂、学校、圣迹也都有宣礼塔。近年来建造的纪念已故总统纳赛尔的陵墓，从远处就能看到陵墓中耸起的宣礼塔。

　　现在人们习惯于把"马斯吉德"（masjid）译作清真寺院，其实并不一定符合实际。在埃及这个伊斯兰国家里，穆斯林们由于各种原因，不可能一天五次祈祷都上清真寺去。许多机关、学校辟有专门的房间或走廊，挂上"马斯吉德"的牌子，供祈祷用。这样的"马斯吉德"，自然既无殿堂又无装饰，与我们概念中的寺院相去甚远。因此，"马斯吉德"一词的释义，既可译作清真寺，也可译作祈祷室、祈祷地，应视具体情况而定。

埃及的蛇村[1]

埃及有一个蛇村,名叫阿布拉瓦什,坐落在距离吉萨三座大金字塔约7公里的地方。村子不大,然而它在埃及的大学医学院、化验中心和动物园中,却颇有名声,甚至连西德、法国、意大利和美国都有不少人久仰其名呢!

村里以捕蛇为业的人,超过两百,经常分散到全国各地。他们的头头,是一个名叫哈吉·塔勒巴的老汉,他年逾七十,有17个兄弟,都从事这个营生,儿子、媳妇,甚至10岁的小孙女都会捕蛇,真是一个捕蛇世家。

蛇村的人善于从蛇行的痕迹,找到蛇的洞穴,并能区分毒蛇和无毒蛇。毒蛇游动缓慢,尾部有钩状物,爬行过的地面会留下挖痕。捕蛇者一旦发现蛇穴,想方设法引蛇出洞,立即用一个带柄小镢压住蛇头,以封住蛇嘴,然后将蛇装入布袋或封口的铁罐之中,若是毒蛇,则要单独置放。最厉害的是眼镜蛇,遇敌时前半身倏地竖立,脖子吓人地鼓胀起来。传说古埃及女王克莉奥佩特拉(公元前1世纪)战败自杀,便是将眼镜蛇置于怀中,被咬致死的。眼镜蛇在古埃及还被视作力量的象征,法老陵墓的四

---

[1] 载于《人民日报》,1980年3月10日。

壁，雕有它的形象，大概是想让它保护亡灵吧。

　　捕蛇者纵然眼明手快，有时也难免失手。村里因被毒蛇咬而丧生的有两人。有一个捕蛇者不慎被毒蛇咬了手指，他不加思索地立即用刀把手指削去。据说，还有一人捕蛇时被毒蝎所蜇，他马上划破皮肤，用嘴吮出毒汁，直到止住疼痛。不料，他刚坐下休息，一张开嘴，全部牙齿都掉落地上！

　　蛇村装了一部电话。绝大多数电话都是医学院或化验中心、疫苗工场打来要货的。近年来，蛇村的蛇已近灭迹。捕蛇者有的应邀到外地捕蛇除害，有的就在家中饲养其他供实验用的小动物。哈吉·塔勒巴家中就养有4000只白鼠和4000只青蛙。

　　从毒蛇身上可以提炼制成抗蛇毒疫苗，供各地居民和到蛇蝎滋生地区去考察的人员使用，但这种蛇必须保全毒牙。埃及过去是进口抗蛇毒疫苗的，现在由于蛇村人的配合，这种疫苗已能出口了。

一次博士论文答辩会[①]

三月的一个傍晚,一场细雨过后,开罗大学的校园显得分外清静。文学院的大阶梯教室里,正在举行一次博士论文答辩会。

主席台上三位教授,居中的是白发苍苍的文学院院长侯赛因·纳萨尔博士,他是论文的指导教授,主持答辩会。左右两侧,一位是贾比尔博士,文学院阿拉伯语系里"诗韵学"和"文学评论"的主课教授;另一位年龄不满四十,以"后起之秀"著称于文学院的"语言学"教授希贾齐博士。坐在一侧的考生哈立德,是科威特人,为了获得博士学位,已在开罗潜心钻研了四年。这四个人都身穿黑底墨绿边的学袍,面前放着哈立德的论文。论文的题目为《西贝维的诗证》。西贝维是8世纪著名的阿拉伯语言大师,阿拉伯语法巴士拉学派的领袖。哈立德的论文便是将西贝维引证来说明语言、语法和语言学的1000多条诗句加以分析和归纳。题目一望而知具有很高的难度,旁听者不少,连阿拉伯语系的语法教授苏尤里博士也赶来参加了。大教室里,除了录音磁带转动发出的轻微响声,人人都聚精会神,准备聆听论文的答辩。

[①] 载于《人民日报》,1980年3月31日。

纳萨尔教授简单地介绍了哈立德的学历、两位质疑教授的姓名之后，便请哈立德宣读论文。论文装订成一巨册，厚达 400 多页，会上宣读的只是论文的前言。哈立德概括地阐述了论文的宗旨、结构、章节和基本内容，并向教授们致谢。

贾比尔教授首先发言，他已经详细审读过论文，记下了厚厚一叠卡片，在对论文的学术价值给予充分的肯定之后，便开始发问，问题一个接着一个，从论文结构、论证方法到诗句所标的读音符号都不放过，个别地方的错漏，当场要求哈立德订正。贾比尔对西贝维原著和有关参考资料的熟悉程度，是令人叹服的。他凭记忆引证诗句，如数家珍。他虽然对哈立德勤奋钻研学问有良好的印象，但对论文中三四处地方光引证不判断，没有摆出自己的观点，则严肃地予以批评，认为这是学术论文中不可容忍的弊病。希贾齐教授的意见更多地集中在论文的结构上，对怎样组织佐证资料、编排参考书目和手抄本的先后顺序，提出了很有见地的看法。同时，对论文中注释的欠妥之处也一一予以指明。

两个多小时的答辩会，气氛严肃而紧张。虽然召开答辩会的本身，意味着论文已基本成熟，可望通过，然而，考生在那一连串毫不含糊的提问面前，必须做出明确的回答。开罗初春入夜后，凉意还浓。哈立德几年来虽然阅读了上千册的有关书籍和专稿，现在仍然是满脸通红，额头沁出了汗珠。他对提出的问题，能回答的都一一做了回答。对不能回答的问题，他也老老实实承认了自己研究工作的缺点。教授们指出的重要之点，他均用笔记下，这对他今后出版这篇论文前的校勘工作，是大有裨益的。

纳萨尔教授最后发言。他缓缓地说："刚才两位教授对论文提出了极为宝贵而且中肯的意见。我相信，这对哈立德来说，将会终身受益匪浅……今天所提到的论文中的问题，虽然哈立德不能自辞其咎，但首先应当受责的是我，因为哈立德每写完一节，我都曾审阅，却没有及时地为他指正……关于西贝维的生平,哈立德原来考虑单独写一章,而我认为这篇论文的重点在诗证;如果论文中没有详尽考证西贝维的生平年代是一个缺点的话,那么,这应当由我来负责……"这时,人们看到他身旁的两位教授不断地点头,旁听席上响起了轻轻的掌声。学术界中颇负声望的纳萨尔教授的这种诚恳态度,显然使许多旁听者感动。在学术领域里,有什么能比谦虚和诚实更受人尊敬的呢?

三位教授退席了一刻钟左右,去商讨博士论文能获得的等级。当人们在座位上悄声讨论的时候,第一排正中的一个老年人却目不转睛地盯着门口,等待着纳萨尔等人进来。他是哈立德中学时代的老师,已经退休,身上跟与会者们一样穿着西服,但看上去已很旧了,也没有系领带。不一会,纳萨尔率贾比尔和希贾齐两位教授来到主席台上。他庄重地宣布,经过论文委员会的研究,一致同意授予哈立德甲等博士学位。全场一片掌声。哈立德和他的亲属们激动地走上台去,向纳萨尔等教授致谢。这时,纳萨尔含笑指着那位中学老师说道:"首先应当感谢的是他。"全场顿时安静下来,只见哈立德亲切地挽着他的中学老师的胳膊,一起摄影留念。那位中学老师满是皱纹的脸上,泛出欣慰、愉快的笑容,两颗晶莹的泪珠在明亮的灯光下,闪闪发光。

锡瓦绿洲见闻[①]

锡瓦绿洲,位于埃及境内西部沙漠的西北端。这个绿洲低于地中海面约 24 米,多井泉,早先被称为千井城,现在仅剩 200 多口井。绿洲大约有 20 万株枣椰树和 4 万株橄榄树,全靠井水灌溉。居民 7000 人左右,其中有柏柏尔人、游牧的贝杜因人和苏丹人。人们的富有程度,是根据所拥有的果树来衡量的。整个绿洲出产的椰枣和橄榄,岁入超过 1000 万埃镑。

居民仍保留着古老的风尚习俗。姑娘到了 8 岁,就要定亲,14 岁时完婚。在姑娘的父亲允婚以后,小伙子就得逢时过节赠送礼物,其中最重要的是一枚金戒指和衣服。成婚的那天,新郎家的女眷们要到新娘家去迎亲,先陪新娘到新娘泉去洗澡。原先新娘确实是在这个泉里洗澡的,而今因为各家用水方便,新娘不过是在泉边洗一下脸,过一下仪式而已。接着,去见村长,请村长祝福后再把新娘送回娘家。婚礼在男家举行,张灯结彩,等候着新娘的到来。新娘身穿绿色的结婚礼服,由亲友们陪送,他们打着灯、唱着赞美新娘美貌的歌曲,乘汽车前往夫家。她头上数目众多

[①] 载于《地理知识》1980 年第 9 期。

的发辫,一半由娘家的人梳,另一半须由夫家的人编织。随身陪嫁的是一百件袍裙。所以,凡家里一有女儿降生,当妈的就得开始为她缝制袍裙了。

开罗大学[1]

阿拉伯世界中名传遐迩的开罗大学,坐落在开罗市尼罗河西侧、大学桥畔绿荫大道的尽头。创办开罗大学,是埃及人民长期以来孜孜以求的夙愿,今天它已成了青年一代为之奋斗,人人向往的最高学府。在埃及政府和人民的关怀下,开罗大学业已发展成一所规模宏大、设备齐全的综合性大学,在培养人才、荟萃学者、研究科学、提高文化、交流学术等方面,以其夺目的光彩呈现在中东,而赢得它应有的地位和赞誉。

开罗大学已有 70 多年的历史,它的创建是埃及人民掀起民族独立运动高潮中的产物。自从 18 世纪末以来,埃及人民受到西方殖民主义和本国封建势力的双重压迫,为了争取民族独立,振兴阿拉伯文化,出现了近代的复兴运动。20 世纪初,民族思潮已经在全国范围内广泛传播,当时埃及学术界的爱国人士鉴于英、美、法等国纷纷在埃及境内建立学校,灌输西方教育,而国内私塾虽遍布各地,但只教授学生背诵《古兰经》,两者都远远不能适应国家要独立、民族要解放的时代要求,乃于 1906 年模仿西方大学创办本国大学,第一次允许女子有进入高等学府的权利。1908

---

[1] 载于《阿拉伯世界》1980 年第 1 期。

年12月21日正式命名为国民大学。学校初创，课程很狭窄，仅限于午后开设一些讲座，如"伊斯兰文明""埃及与东方的古代文明""阿拉伯地理与历史""法语与英语的语言文学"。次年增设一些自然科学和体育。1923年教育部颁布法令设立了文科、理科、医科和法科四个专业系。

1925年3月，国民大学改称埃及大学。过了10年，又把工科、农科、商科和兽医科等学校并入。1940年，又改称为福阿德一世大学。到了1946年，著名的阿拉伯语文学校并入大学，成为大学中的一个独立的学院。

1952年7月23日革命胜利后，这所大学正式被命名为开罗大学。规模和院、系，都有了显著的发展。60年代陆续建立了统计学研究所，国民肿瘤研究所等一些附属机构。70年代又在外省设立分部，如农学院法尤姆分部、商学院贝尼苏怀夫分部等。目前开罗大学共拥有17个学院、3个研究所。此外在苏丹首都喀土穆建立了国外分部(1955年)，设有文学院、法学院、商学院和理学院4个学院。近年来，开罗大学招生数激增，学生数高达10余万人，成为埃及十几所大学中最大和最有影响的一所大学。

开罗大学的领导机构，是校长主持下的校务委员会，它负责全校事务。校务委员会由校长、副校长、各学院院长、研究所所长和4名熟悉大学教学的委员组成。教务长列席会议参加讨论，并担任校务委员会秘书处工作。校长的级别很高，由总统直接任命，现任校长巴德兰博士，原先是卫生部部长。前任校长苏菲·阿布·塔列布博士，则是当前人民议会的议长。埃及所有大学的副校长均为两名，一名主管学士阶段的教学、学生的文体社会活动和学生会；另一名负责研究生教学工作、科研工作，以及与国内外其他大学、科研机构的学术联系交流。但开罗大学多一名副校长，主要职责是协助校长管理开罗大学的喀土穆分校。

各学院(研究所)有自己的院(所)务委员会，院务委员会由当然委员和定期委员组成。当然委员包括院(所)长、两名副院(所)长、各系(部)主任。定期委员分三类：① 各系(部)一名教授，每年轮流；② 有 1 名副教授和 1 名讲师，指这个院不超过十个系(部)，如超过十个系(部)则有 2 名副教授和 2 名讲师，也每年调换；③ 另任命熟悉本院(所)业务的至多 3 名委员，任期二年，不称职者可以撤换。

学院下设的系务委员会，也拥有在学术、行政、财务等方面相对独立的权力。系务委员会的组成，包括全体正副教授和每年须轮换的 3~5 名讲师。

学院的学术会议，主要任务是研讨本院的教学、科研；根据教学、科研的进展，顺应社会发展的需要，调整和更新原有计划、规章和制度。院学术会议由院长召开，每年至少一次，参加者为各教研组的全体教授、副教授、讲师，两名副讲师和助教的代表，以及学生代表两名，此两名必须从优等生中选。

为了具体了解各学院的专业设置、课程、周学时概貌，这里以历史最久的文学院为例说明。文学院共有 13 个系：

1. 阿拉伯语言文学系

2. 东方语言文学系(分伊斯兰民族、闪族的语言文学专业)

3. 英国语言文学系

4. 法国语言文学系

5. 德国语言文学系

6. 希腊和拉丁语研究所

7. 日本语言文学系

8. 历史系

9. 地理系(分普通专业和地图专业)

10. 哲学系

11. 心理学系

12. 社会学系
13. 图书馆、档案系（分图书馆专业和档案专业）

阿拉伯语言文学系的课程、周学时如下：

一年级

课　程	学　时
语言	2
文学概论	2
语法	3
蒙昧文学	3
阿拉伯诗韵	2
伊斯兰教前的阿拉伯史	2
阿拉伯图书馆学	2
现代欧洲语	2
	共18

二年级

课　程	学　时
古兰经与圣训	2
伊斯兰诗歌与诗选	2
马格里布与安达卢西亚文学	2
阿拉伯散文	2
语法与韵律学	3
阿拉伯修辞	3
伊斯兰史	2
伊斯兰民族或闪族文明	2
现代欧洲语与翻译	3
	共21

三年级

课　程	学　时
古兰经与圣训	2
阿拔斯诗歌与诗选	3
伊斯兰埃及文学	3
语法	2
语言学	2
阿拉伯古典评论	2
阿拉伯民间文学入门	2
伊斯兰哲学与苏菲派	2
现代欧洲语与翻译	3
	共 21

四年级

课　程	学　时
阿拉伯现代诗歌	2
阿拉伯现代散文	3
伊斯兰埃及文学	2
比较文学	2
语言学	2
语法	2
阿拉伯现代评论	2
阿拉伯民间文学	2
现代欧洲语与翻译	3
	共 20

上表中的现代欧洲语,是指英语、法语、德语、西班牙语、意大利语和俄语,由学生自选一门。

其他系科的课程,每学年很少有少于五门的,周学时一般也都在18～22学时之间。优等生到了三四年级,另外加课。如阿拉伯语言文学系的优等生,在三年级增加古典作品课程两学时,东方语言课程两学时(指希伯来语或波斯语或土耳其语)。在四年级增加论文指南课程两学时,东方语言课程两学时。

文学院和其他的学院一样,有自己的教学大楼,但各班没有固定的教室,由院办公室统筹安排,因此利用率很高。文学院拥有自己的电化教室,里面的设备由法国提供,比较先进。不过,该院对语言的操练似乎并不太重视,而是偏重于讲解和笔译,课程设置的重点,显然是放在文学理论上。

教授、副教授都得担任课程,院长、系主任也不例外。一般来说,教授们上课都各有特点,有的条分缕析,全面详尽;有的分题讨论,尔后归纳。阿拉伯语语法教授苏尤里博士除阐述一般语法规律外,特别注意总结例外现象,很受学生欢迎。由于教授们常常只指定参考书,而没有固定教科书,或在年终才发讲义,也因为书价昂贵,又供不应求,因此上课记笔记成为学生们必须熟练掌握的基本功。埃及的第一位女博士、著名的苏海尔·卡勒玛维教授开设的比较文学课,是放在大梯形教室内上的,早去才能占到前排座位,不然就不易听清记全,条件好一些的学生,上课自带录音机,讲台前侧放满录音机的现象,是屡见不鲜的。

考试很严格。各学院各年级每学年的期终考试及格率,一向由报纸公开发表,能达到70%以上,可以说是难能可贵。一个年级100多人,成绩获得"优"等者,一般仅三五个。考试关系到升留级,也直接影响学生能否获得奖学金。因此到了复习迎考阶段,校园内紧张气氛骤增,生性开朗的埃及学生，变得愁眉蹙额，躲到教室、图书馆，甚至去动物园和植物园，找一个僻静的角落，紧抱书本、笔记，苦记猛背。

学习的评分，一般可分为五级，即优、良、中、可、劣，若以百分制换算，85 分以上为优，75～84 分为良，65～74 分为中，60～64 分为可，59 分以下为劣。也有再加一级的，即 30 分以下为劣甚。

奖学金的发放根据考试成绩评定。国家教育部规定，一年级新生享受奖学金的标准，是中等学校毕业考的成绩。凡属高中理科班毕业考的名次在前 30 名者、高中文科班在前 10 名者、中专生在前 5 名者，每年可获奖学金 120 镑。凡普通高中毕业的毕业考平均成绩在 80 分以上者，每年可获奖学金 84 镑。这些学生在以后的升级考试中，如总评分达到"良"，奖学金可继续享受，否则取消。其他的学生在升级考试中，总评分取得"优"或"良"，也可领取每年 120 镑或 60 镑的奖学金。

众所周知，阿拉伯各国为了发展民族经济和文化，每年都要向埃及聘请大量的师资；而遍布阿拉伯世界各地的埃及教师寄回国的外汇，又是埃及政府一个重要的经济来源。因此，国家对培养阿拉伯师资的工作十分重视，责成阿拉伯语文学院和师范学院负全责，并于 1973 年颁布规定，凡大学新生在高中毕业时，平均分数达 70 分以上者，进阿拉伯语文学院可获 40 镑奖学金；进教育学院可获 80 镑奖学金。以后升级考，总评分只要取得"中"，便可继续保持这份奖学金。到了 1977 年，国家再次对这类学生实行鼓励，凡报考阿拉伯语系，每年就可获 60 镑的奖学金，以后升级考总评分为"可"，即可保持这笔收入，获"中"者为 70 镑，获"良"者为 80 镑，获"优"者则为 90 镑。这项规定是附加的，也就是说，一个阿拉伯语系的学生，总评分取得"优"时，每年的奖学金便为 120 镑加 90 镑。

除国家规定的奖学金制度外，开罗大学各学院还设有自己的奖学金，对有的系的第一名毕业生实行奖励，如文学院就设有塔哈·侯赛因博士奖等七种奖励。

开罗大学取得学士学位的毕业生,在本国或阿拉伯其他国家谋取一个职业,已不困难。但对有志于学问,欲更上一层楼的人来说,大学毕业只不过是一个新起点,要想受到更细致和全面的学术训练,掌握从事科研的独立技能,通常进展的道路,就是从事研究生、硕士学位、博士学位的学习,也是所谓高级学习阶段。开罗大学的高级学习分为三类:

第一类是考研究生——学生必须是埃及的大学或开罗大学所认可的某一学院毕业的学生,毕业总评分应在"中"以上。学习期间开设专门的课程,由有关教授单独开课。如文学院的英语翻译研究生,就开设有文学和科技的英阿互译、语言实践、文选和欣赏等课目,周学时为14,学习期限至少一年,最后考试及格,便可领取研究生文凭。

第二类是考硕士学位——入学条件同上,规定学习期限不少于二年,第一年是准备阶段,必须完成本专业所设课程的考试,拿阿拉伯语系来讲,有两个专业:文学研究专业和语言研究专业,其课程设置及周学时如下:

文学研究专业

课　程	学　时
1. 研究方法论	2
2. 波斯语或土耳其语	2
3. 阿拉伯古典文学专题	2
4. 阿拉伯现代文学专题	2
5. 民间文学专题	2

注:第一、二门课,属必考,后三门课,学生自选两门参加考试。

语言研究专业

课　　程	学　　时
1. 语言方法论	2
2. 希伯来语	2
3. 语言学专题	2
4. 语法专题	2

注：这四门课都得考。

预备阶段的考试通过后，是写论文，论文题可以自报，也可以由指导教授指定，取得院、系委员会的批准，方可着手准备。论文通过才能获得硕士学位。

第三类是考博士学位——博士学位分哲学博士学位(Ph. D.)和理科博士学位(D. Sc.)两种。考博士学位的人，必须首先获得硕士学位。哲学博士至少得花二年时间，由指导教授辅导和自己搜集材料，进行有预见性的论文准备工作，论文题目要先上报，经院务委员会和校务委员会的批准，论文成果须审查委员会所同意，这至少也得花一年时间。理科博士就更难一些，申请者要在取得哲学博士学位的五年以后，才能注册报考，所报的论文必须具有独到见识，并且是报考者过去在考硕士学位或哲学博士学位时未曾涉及过的新内容。

进入开罗大学的研究生或报考硕士博士学位的人，有本校毕业生中的优秀者、被留校工作的助教，也有来自外校和世界各国的进修人员，他们可以充分利用开罗大学的图书馆，借阅一切有关资料。开罗大学图书馆藏书达100万册，各种文学的期刊逾7000多种，还有珍贵的手抄本和供考据用的文物，它是全国最大的图书馆，对潜心钻研的学习者，不啻是知识的海洋。

开罗大学巍峨的拱顶建筑大门上，镌刻着大学的校徽：鹭首人身的古埃及知识和科学之神图特，他正襟危坐，手握纸笔，凝神欲书。这尊象征着古文明的化身，正放射出新时代的知识之光。

埃及知识界浮光掠影[1]

埃及以色列和谈后,埃及当局大力贯彻"开放政策",对国内经济、文化的重视显著增加,埃及知识分子特别是高级知识分子的作用,变得日益突出。

在文盲占总人口比例70%的埃及,高级知识分子为数虽然不多,但他们大量被起用,在公司企业、政府机关身居要职,内阁中也有不少拥有博士衔的专家、教授,他们在制定政策,推动舆论和提高工作效率等方面,颇具影响。即以学界而言,埃及共有十几所大学,主要的几所,如开罗大学、亚历山大大学、艾因沙姆斯大学,学生人数高达数万、十几万,一般的大学,也数以千计,学分严、考试难。教师的晋级提升,更是非凭学位、著作不可,能身为教授,其威望与影响可想而知。学界与政界,人事联系密切。原开罗大学校长苏菲·阿布·塔列布,一年前被提升为国民议会议长;原卫生部部长伊卜拉欣·巴德兰博士下野后,改任开罗大学校长。前年,埃及《十月》杂志刊登了开罗大学文学院院长阿卜德·哈基姆·苏卜希(原驻苏联文化参赞)就安排苏联在埃留学生一事,当面不客气地教训了苏联

---

[1] 载于《阿拉伯世界》1980年第2期。

驻埃文化参赞，不久即闻他升任为开罗大学副校长。而原副校长达尔维什则被任命为驻美文化专员，主管埃及赴美数千名留学、进修人员。侯赛因·纳萨尔博士常年从事教学，著作甚丰，不到一年时间，已由文学院副院长升为院长，当上了作家协会常务理事，前不久又被遴选为埃及艺术科学院院长。专家、教授不仅常在报刊、广播、电视上露面，而且与政府的部长、副部长大都有老同学、老同事的关系，彼此私交不错，来往频仍。开罗大学地理系举行博士论文答辩，当时的住房部长穆斯塔法·哈夫纳维博士就是论文委员会的三人成员之一。埃及第一位女博士、开罗大学文学院比较文学课的教授苏海尔·卡勒玛维，连续几届均当选为人民议会议员，她与萨达特总统的夫人吉汉有师生之谊（吉汉已获文学院硕士学位，正在考博士学位）同抓社会、妇女等事务，经常一起在公众场合出现。

作家与政治的联系，更为直接。作协副主席萨尔瓦特·阿巴查在接见中国进修教师时说："文学决不能与政治分离。"不久，就以此为题撰文在《金字塔报》发表。伊赫桑·阿卜杜·库杜斯是埃及名作家之一，他的文艺小说已有35部之多，但他直言不讳地说，他最感兴趣的，乃是政治。现任《十月》杂志主编艾尼斯·曼苏尔，以游记作家著称，现在与其说他是个文学家，毋宁说他是个政治家。据说，他每周会见萨达特总统一次，他的文章，鲜明地代表政府的观点，他的办公室，戒备森严，接触殊不易。

政府对知识分子的政策，目前阶段重在调动技术专家积极性，大力使用他们，将有用的知识分子取代旧时纳赛尔统治时期遗留下来的官僚阶层，以完成目前进行的"管理革命"的目标。萨达特总统在接见作协代表时，对年过八旬的作协主席、老作家陶菲克·哈基姆推崇备至，尊为自己的老师，亲授奖章，以示仰慕。伊赫桑大概可以称为自由派作家，好发表个人的独特见解。他在革命前曾帮过萨达特的忙，彼此迄今有来往。萨达特总统嘱他在《金字塔报》上必须发表正面文章，其他的想法、观点可以放到《十月》杂志他的"政治咖啡馆"栏里去登载。事实上，这是一种限制措施。一般来说，埃及境内除极少数思想偏激的青年知识分子，或出于宗教原因，或有拒阵国家的背景，麇集肇事而遭受当局的镇压外，绝大多数的知识分子对现行政策是支持的。他们不少人认为，纳赛尔领导了1952年7月23日革命的功绩，不容抹杀，但那时没有言论、出版的自由，一切都受政府的控制，特别是到了60年代，文艺隐晦艰涩，象征主义倾向压倒了现实主义倾向。诸如阿卜杜·拉赫曼·谢尔卡维、伊赫桑、萨尔瓦特这样的大作家，都公开说，现在的埃及既非社会主义国家，也非资本主义国家，她正处在一个过渡时期，由专制转向民主，从东方转向西方。至于在目前报刊连篇累牍登载"文化危机""戏剧危机""电影危机""翻译危机"等专题讨论文章中，作家们认为，那是过去一个时代延续下来的积疾，现在似有可能组织力量加以解决了。不过，作家们当然也很清楚，所谓的民主，是有一定限度的，不能随便逾越雷池。伊赫桑说，总统是整个埃及的总编辑，所有的作家，只不过是他的秘书班子罢了。

作为教授、作家这样的高级知识分子，社会地位高，生活也较优裕。在开罗，他们大多住在扎马利克岛、新开罗、杜基等富人区，有的是带小花园的别墅，更多的是新建大楼的公寓住宅，出入一般都有自己的汽车，家里布置阔绰。如伊赫桑的家，光大小客厅就有三间之多，到处摆设着古玩、艺术品。埃及的作家，据说没有专业的，通常一面担任报刊的编辑，一面从事创作，光《金字塔报》报社六楼，就聚集着为数不少的名作家。究其原因，可能是多方面的：政府取消了对作家的资助；电视逐步普及后，青年人读书锐减；作品脱离社会现实，造成销路呆滞，等等。大学教授的月薪约为二三百埃镑，另有相当于工资四分之一的补贴。按埃及教育部规定，教授不得私自授课，因此，著书立说便成了他们收入的重要来源。今年，艾因沙姆斯大学文学院教授阿卜德·卡迪尔·库特获沙特阿拉伯颁发的费萨尔国王文学奖,计有 20 万沙特里亚尔,这成了教授们一个感兴趣的话题。不过,在文化界里,收入最高的,要算电影演员了。如名演员法廷·哈玛玛、马哈茂德·亚辛这样的一流演员,除月薪外,每拍一片,还有 1.5 万美元的报酬。这与收入菲薄的中、小知识分子相比,差距就极为悬殊。

然而,高级知识分子对一般知识分子和青年学生是很重视的,也肯为他们讲话。开罗大学名教授艾哈迈德·海卡尔,在电台组织的"思想沙龙"专题节目里,为改善中、小学教师的待遇而大声疾呼。作家伊赫桑的书房里,他椅子背后的墙上,挂着一幅大油画:一个戴眼镜的青年人,被钉在十字架上。他解释说:这是现代的基督——知识分子。一位法学院的学生,家贫,写信给《消息报》主编穆斯塔法·阿明,居然受到接见,得到 10 镑钱的资助。这个学生感动得到处宣传,甚至表示愿带外国留学人员去见穆斯塔法·阿明。

埃及知识分子支持现行政策的另一个因素,是其教育体制、思想西方色彩较浓,高级知识分子又多半在国外留过学、得过学位,比较适应目前的"开放政策"。他们在上课、会客时,敢于对苏联、美国直陈己见,甚至公开抨击,但对于阿拉伯国家包括拒阵国家在内,通常不置攻击之词。这一方面是基于同宗教、同民族的感情;另一方面,他们中不少人曾去过或将要去阿拉伯产油国工作,或有作品销路的考虑。埃及政府对知识分子出国工作,是大力支持的,报刊上常登有巨幅的招聘埃及工程师、教师、专家去阿拉伯产油国工作的广告,条件优越,待遇丰厚。

埃及的作家、教授对中国进修教师是比较热情、友好的,他们向往中国的文明,欣赏中国的艺术品,如绘画、工艺品、剪纸等,不少人想来中国,希望了解中国,可惜的是,他们往往只能通过西方的报刊、书籍来了解中国,目前我国直接用阿拉伯文介绍到埃及去的文艺科技作品实在是太少了。

1980年费萨尔国王文学奖的获得者[①]

费萨尔国王国际奖,据目前所知,包括文学奖和伊斯兰研究奖,是沙特阿拉伯王国于1979年起开始设立的一种奖金,用以奖励文学和伊斯兰教研究方面的杰出人士。它在阿拉伯各国和伊斯兰教世界中,影响正在逐渐增大。1980年度的费萨尔国王文学奖为埃及的阿卜德·卡迪尔·库特博士与巴勒斯坦人伊赫桑·阿巴斯博士分别获得。消息传出,阿拉伯文坛反响热烈。库特博士所在的埃及艾因沙姆斯大学文学院正式举行庆祝活动,文学界的名教授纷纷到会祝贺,报纸杂志又竞相报道,一时传为佳话。据说,这笔文学奖高达20万沙特的里亚尔,对于经常感叹生活清贫的阿拉伯作家、文学家来说,不啻是一个巨大的鼓舞。这里,仅对库特博士和伊赫桑·阿巴斯博士的学术生涯和作品,做一个概括的介绍。

阿卜德·卡迪尔·库特

库特博士被公认为埃及现代文学评论的权威之一,现任艾因沙姆斯大学文学院的文学教授。他对诗歌、戏剧、小说等文学领域,均有较深的研究和独到的见解。从50年代起,人们就不时可以在《文库》《新使命》

[①] 载于《阿拉伯世界》1981年第3期。

《作家》和《戏剧》这样的文学杂志,以及《金字塔报》《共和国报》《晚报》等报纸上,读到他的文章。1964年1月,在开罗出版的《诗刊》,曾由他担任过主编。他的著述甚丰,研究的范围也广。这与专搞分段文学史研究或单攻一种文学体裁的学者截然不同。1962年,他以赠给阿拉伯文学的台柱塔哈·侯赛因博士为名出版的一本书,题为《阿拔斯时代诗歌的革新问题》;1976年,发表《论伊斯兰和倭马亚叶时代的诗歌》。不过,尽管他学识渊博、精力充沛,但他偏重于现代文学的研究倾向,在他的下述著作中反映得还是很清楚的:《论埃及现代文学》(1955年)、《论阿拉伯现代文学》(1978年)、《戏剧:文学艺术之一》(1978年),以及他这次荣获费萨尔国王文学奖的新作——《现代阿拉伯诗歌的存在主义倾向》。

库特博士在文学研究中,不落传统文学评论的窠臼。他通过对现代诗歌的不同流派的代表人物,如巴勒斯坦青年诗人马哈茂德·达尔维什、萨米赫·卡西姆、陶菲克·齐亚德,阿波罗诗派和浪漫主义倾向的诗人马哈茂德·哈桑·伊斯梅尔,青年民间诗人赛伊德·希贾卜和新派诗人穆罕默德·易卜拉欣·阿布·苏纳等人作品的研究,探讨现代阿拉伯诗歌带共性的问题;他对小说的评论,纵横驰骋,涉及几代作家,如纳吉布·马哈福兹、法特希·加尼姆、穆罕默德·阿布·马阿提·阿布·纳贾等,甚至包括年轻的利比亚小说家。在把阿拉伯的文学遗产与外国的语言、文学结合起来,进行分析研究方面,库特博士是颇有建树的。他的《戏剧:文学艺术之一》,就曾用大量的篇幅,拿阿拉伯诗王邵基的诗剧《克莉奥佩特拉女王之死》与莎士比亚的作品,拿陶菲克·哈基姆的散文剧《彷徨的素丹》与易卜生的《玩偶之家》,做较深入的比较研究。他的文学评论,引证翔实、细致,理论与实践并重,态度坦率、诚恳,不惯套用那些矫揉造作、转弯抹角的陈词滥调。这种撤除廉价的奉承之词,坚持实事求是的风格,非但没有影响他与名作家之间的友情,反而赢得了阿拉伯世界同行们的尊敬。

库特博士作为一个大学教授，并不只限于课堂教学活动。他参加或主持硕士、博士学位的论文答辩会，是很经常的。他指导论文，一贯重视课题的史料、学术倾向、心理分析和艺术手法，力求让研究生得到比较全面的学术锻炼。这种被称为相辅相成的指导方法，受到学术界的好评。

库特博士荣获费萨尔国王文学奖，证实了他的一位同事30年前敬赠给他的一句有趣的诗：

虽说是只猫（库特一词，意思是猫），
可连狮子都怕他。

伊赫桑·阿巴斯

伊赫桑·阿巴斯1920年生于巴勒斯坦，在耶路撒冷完成他的中学学业，去开罗大学文学院学习，1946年获学士学位，1952年通过硕士论文，1954年获博士学位。曾先后在巴勒斯坦的学校和苏丹喀土穆大学任教，现为贝鲁特美国大学的文学教授。

他在文学方面的贡献，包括翻译、文学遗产考证、著书立说和对一些大学的论文指导活动。其中，他对阿拉伯文学遗产的考证，是很受人推崇的。从对蒙昧时代的悬诗诗人拉比达·本·拉比阿、西西里岛籍的诗人伊本·哈马迪斯(1054～1133)的诗集，到伊本·希利甘(1211～1282)的《名流之死和时人轶事》、马卡里(17世纪)的《安达卢西亚的嫩枝馥郁芬芳》以及哈瓦利吉派的诗歌，均有考证性的专著。他的学术著作，除1962年出版的《安达卢西亚文学史》外，大都是有关现代文学的评论，如1971年的《阿拉伯文学批评史》、1978年的《阿拉伯现代诗歌的倾向》。后者是他最重要的作品之一。他在该书中，从现代诗歌最初的蓓蕾开始谈起，阐述了确定诗歌倾向的几个要素，书中分了五节来谈，即诗歌对文明的态度,对时间的态度,对文学遗产的态度,对爱情的态度和对社会的态度。伊赫桑列举的纳齐克·马拉伊卡、西亚卜、白雅帖、萨米赫·卡西姆和哈利勒·哈维等现代诗人的作品,来佐证自己的看法。因此,尽管围绕阿拉伯现代诗歌已有许多专门的研究发表,有的涉及某一国家,如伊拉克、科威特或埃及的诗歌,条分缕析,细致周详;也有的是总的概述阿拉伯诗歌的艺术,大处落墨,面面俱到,但是,伊赫桑·阿巴斯的《阿拉伯现代诗歌倾向》,却被认为是一本迄今为止论述现代诗歌最全面的文学批评著作。

最后要提到的是,伊赫桑博士是一个虔诚的穆斯林,他曾写过一本《先知传的艺术》。这类书籍,每个世纪总有几十本之多,伊赫桑的这本书如果说有什么特色的话,那就是他注意把阿拉伯文学同阿拉伯历史及其潮流联系起来,书中不仅有伊斯兰教创始人穆罕默德的生平,而且也有伊斯兰教其他领袖的经历介绍。这与埃及的大文豪阿嘎德(1889~1964)既写了《穆罕默德的天才》,也著有《易卜拉欣的天才》《艾卜·伯克尔的天才》《欧默尔的天才》等的做法如出一辙。

伊赫桑·阿巴斯年已六旬,看上去依然精神矍铄。也许人们只有从他银白的须发中,才能感受到他数十年从事文学研究的辛劳吧。

安达卢西亚的几位文化人[①]

阿拉伯人从公元8世纪起,派军渡过直布罗陀海峡,攻占了西班牙南部大片土地,建立了后倭马亚王朝,直到公元15世纪末格拉纳达被斐迪南和伊萨白拉攻陷,阿赫马尔王朝覆灭,在长达800多年的时间里,他们在欧洲的这片土地上创造了灿烂的安达卢西亚文化。历史学家们认为,安达卢西亚文化的鼎盛时期始于阿卜杜·拉赫曼·奥萨特(也称阿卜杜·拉赫曼二世,821~852)时代。当时,后倭马亚王朝境内无战事,国库盈实,大批学者从阿拉伯东方涌入,受到了统治者的善待,在文化建设方面发挥了明显的作用。他们促进了东西方文化的交融,使安达卢西亚文化逐步形成了自己的特色。本文择其中的几位佼佼者,做一概略的介绍,以期引起读者对安达卢西亚文化的兴趣。

齐尔亚卜(约卒于845年),原籍伊拉克,出身奴隶,早年曾追随阿拔斯朝拉希德宫廷的大音乐家伊斯哈克·摩苏利学习作曲、弹奏。那时,阿拉伯东方的音乐已很发达。摩苏利似乎对齐尔亚卜的水平缺乏真实的了解。一次,哈里发拉希德要摩苏利带一名新歌手去演唱,摩苏利把齐尔亚

[①] 载于《阿拉伯世界》1985年第3期。

卜带去了，齐尔亚卜第一次有机会在君王面前显示他卓绝的才艺。他拒绝弹奏老师的乐器，坚持使用他别出心裁制作的乌德琴。那是一种五弦琴，第五根弦是齐尔亚卜加上的。新琴，再加上他美妙的歌喉，使拉希德大为高兴。然而，他的造诣却引起了摩苏利的嫉恨。演唱结束后，摩苏利即逼他离开巴格达。齐尔亚卜明白，只要摩苏利在，决不会容他施展自己的才华。他决定离乡背井，奔赴安达卢西亚。他的声名先他而至，奥萨特对他欢迎备至，当即赐给他薪俸、宅第和采邑，他成了深受宠幸的宫廷音乐家。

齐尔亚卜的音乐造诣，确实不同凡响，他当时对曲调的更新，无人能够企及。原来的四弦乌德琴，是主要的乐器，每根弦象征一种人的气质，也代表一种物的本质。四种气质是平静、神经质、易怒和冷酷；物的四种本质是水、风、土、火。齐尔亚卜在平静弦和神经质弦中间添加的第五弦，代表灵魂（soul），这就大大丰富了乐器的表现量。齐尔亚卜又是第一个搞合唱的人。他与大队男女歌手一起唱，平时训练很注意对歌曲的处理，如渐强、渐弱以及对声音的控制，都可以说已经中规中矩。齐尔亚卜为安达卢西亚音乐奠定的基础，是值得称道的，因为直到今天，阿拉伯人仍认为，西班牙的音乐是在齐尔亚卜融合了阿拉伯东、西方音乐的基础上发展起来的。

齐尔亚卜不仅是个音乐家。据说，他的记忆力极强，能背出一千多首歌曲的歌词和曲调，而且在社会生活方面也具有独特的鉴赏力。那时代的安达卢西亚人不戴缠头巾，而是习惯于披头散发。齐尔亚卜把满头的头发梳直，整齐地贴在两耳后面，一时间，人们竞相效尤，蔚为风气。齐尔亚卜还首先采用了冬夏有别的服装。在他到来之前，人们不管冬夏，一律穿毛织品。是齐尔亚卜教会了大家夏穿棉布冬着毛。他在衣服的款式、颜色和保护方法上，都有所创新，而且对布置家庭、安放家具和准备宴席，甚至对食物的色、香、味方面,也有独到之见。他曾教安达卢西亚人在食品中放一些丁香,小豆蔻之类吸收气味的东西,以增进食欲。

齐尔亚卜在社会文化生活方面的建树,有助于安达卢西亚的阿拉伯人从游牧生活转向定居和有教养的生活。他的学生,数量甚众,他们到处宣传齐尔亚卜的艺术水平和艺术鉴赏观点,使他的影响深入社会各阶层。齐尔亚卜的成功和奥萨特对他的青睐,招致了朝廷显贵对他的嫉妒。不过,齐尔亚卜机智过人,他从不干预政事,终于得到善终。

在奥萨特豪华的埃米尔宫里,另一位令人瞩目的人物叫叶海亚·本·哈克姆·巴克里,简称叶海亚·加扎勒。

加扎勒(774~864),出身名门,是纯阿拉伯血统巴克尔·本·瓦伊勒家族的后代。不过,他家境清贫,虽然做过几任小官,但处事漫不经心,不按政府制度办事,终于被革去官职。他来到安达卢西亚后,旧习不改,吟诗作文常常伤人,引起了当地人的愤懑。安达卢西亚有不少献身文学的骚人墨客,他们不向诗文讨生活,而是为艺术而艺术,每有抑郁,必一吐而快,不像后来《希世璎珞》的作者伊本·阿卜德·拉比希那样,到处寻觅机会和场合为君王歌功颂德。加扎勒是这类文人中的一个典型。他作的诗不仅诋毁埃米尔,而且经常触犯教律学家,故树敌甚多。他终于从安达卢西亚被撵走,回巴格达居住,却又在出席文学集会时招怨结仇。加扎勒历经坎坷后,仍回到安达卢西亚。埃米尔任命他担任外交使节工作,这是因为他相貌堂堂,一表人才,即席说话有急智,出口成章,毫不作难。他曾先后出使拜占庭帝国、诺曼王国等,均不辱使命,深得奥萨特的信任,是阿拉伯外交史上一位杰出的先驱。加扎勒著有诗集,惜未完整地留传后世。他的一生,反映了安达卢西亚的文化生活,已随着社会的发展而渐趋繁荣。

伊本·阿卜德·拉比希(860~940)比上述两位人物出世要晚。他的出生、逝世和生活的舞台，都在科尔多瓦。年轻时，寻欢作乐，后来悔改。他一生追随君王左右，多奉承邀宠之举。他是安达卢西亚传统文人的一个代表人物，他们研究阿拉伯语言、文学、历史和生活，知识范畴极广。伊本·阿卜德·拉比希把他对阿拉伯文化遗产的一切知识，都收集在著名的《希世璎珞》中。这本作者赖以树立声名的巨著，多达25卷，保存了他所说的前人的诗歌，他了解到的语言学、教律学和历史学的知识。之所以称为"璎珞"，是因为伊本·阿卜德·拉比希视章节如珍宝，每一节围绕阿拉伯文化的一个方面，从阿拉伯人的日子谈到市场，谈到给马的信号，马的种类及其有关传说，谈到蒙昧时期和倭马亚时代的诗人，谈到传说中关于慷慨、尚武和德行等奇闻轶事。伊本·阿卜德·拉比希大量引证阿拉伯东方的作品，旨在向安达卢西亚人展示阿拉伯东方的文化硕果，这对安达卢西亚的文化建设无疑具有促进作用。应当指出的是，这部阿拉伯文明史的重要参考书，提到安达卢西亚的只有寥寥数页，读者甚至感觉不到它是在科尔多瓦写成的，而会怀疑是阿拉伯东方的作品。由此可见，当时安达卢西亚的文化气氛，与阿拉伯东方几乎没有什么差别。

伊本·阿卜德·拉比希还著有其他文学作品，但未能留传至今。

两伊青年盼和平[①]

今年开春去伊拉克,一下飞机就问来接我的同志:"在巴格达能感觉得到战争的威胁吗?"他们回答说:"好像感觉不到啊。"我猜想,这也许是他们平日忙于工作,疏于顾及形势的缘故。随着访问的深入,我不仅参观了首都巴格达的市容和其他几个城市,而且注意阅读报刊,与人交往。事实告诉我,战争的阴云仍明显地笼罩在伊拉克和伊朗两国的上空。

位于人口密集的老区拉希德大街上的中央银行,去年被导弹击中的屋顶创伤,仍然还在;底格里斯河畔的伊拉克通讯社,曾被夷平,现重新修筑,还未竣工。总统府大门一些大桥的中段和郊区的高地上,戒备森严,架着机枪、高射炮。伊拉克国内的不少大型工程,也都驻有部队,荷枪实弹地防卫着。报纸的第一版,报道战争的消息占据着最主要的地位。战争对伊拉克人的生活,产生着深刻的影响。据估计,伊拉克每月用于战争的开支高达十亿美元左右。虽然有海湾阿拉伯国家的援助,但它的经济建设已经呈现出"心有余而力不足"的情况。市场上,国营商店每当供应一些平价商品时,门前就会排起长龙。伊拉克人引为骄傲的"苏美尔"牌

[①] 载于《青年报》,1986年3月28日。

烟,主要供应部队,市面上根本买不到。

两伊战争持续五年多了。青年人即使是工程师、艺术工作者,也都得服兵役。在迪瓦尼亚一家机械厂工作的中国同志告诉我,他们那里一个伊拉克工程师,工作非常卖力,对外国的技术人员和工人要求严得可以说是近乎"苛刻"。他接到了入伍通知后对中国译员说:"想不到我工作这样努力,还是得上前线……假如我能平安归来,希望再同你们合作,我一定会好好地对待你们。"据说,接到入伍通知,第一次可以不去,第二次就不能不去报到,因为待收到第三次通知,无论去与不去,都要被处决。与当地的工程师、商店营业员、出租汽车司机攀谈,他们盼望和平的心情都溢于言表。报纸上的评论文章,也都直言不讳地在宣传"致力于和平""要进行和谈"。然而,要让这场旷日持久的战争停下来,毕竟还需要一定的时间和具备必要的条件。

2月9日是我国的春节,伊拉克南方重镇巴士拉附近战火又起。在我即将离开伊拉克的时候,听说双方都已动用了特种部队,战争十分激烈,又有不知多少伊拉克青年、伊朗青年要在战火中丧生……

此时此刻,我想得很多,但首先想到的是,今年是国际和平年,但愿两伊能借这股东风,用谈判取代战争,用建设取代破坏,让海湾恢复平静,让两伊的人民生活在和平之中。

中国在伊拉克的劳务合作前景如何?[1]

我国实行开放政策以来,大批从事承包工程的劳务人员派到中东地区。其中,承担项目和派出人员最多的要数在伊拉克。我最近到伊拉克,接触了不少我国的劳务人员,从他们的反映中,我感到存在这样一个问题:我们究竟应该维持、扩大还是收缩在这里的劳务合作规模?

两伊战争已进入第六个年头。从伊拉克的报刊报道看,盼望停战的态度是溢于言表的,有的报纸甚至借用美、英记者的谈话来强调伊拉克要求建设和繁荣,两伊应尽快进行和谈。

由于战事旷日持久,加上世界石油价格下跌,伊拉克目前的经济相当困难。许多与外国公司合作的项目,在支付现汇时都出现麻烦。有的通过预售石油的收入来抵偿,更多的则采取延期付款的办法。伊拉克第纳尔严重贬值,按照官价,1第纳尔合3.2美元,实际上是约105～110第纳尔换100美元,连1∶1都不到。到市场转一圈,可以看到商品很匮乏。海关检查之苛刻更令人感到头痛,伊拉克进口的电器不能带出境,理由是这些伊拉克花了外汇购入的商品被外国人用第纳尔买了带走,等于国家

---

[1] 载于《国际问题资料》1986年第4期。

损失了外汇。当地产的稍微紧俏一点的商品，也不能出境，因为这会加剧市场供应的紧张。海关人员翻检旅客箱包，动辄罚款的情况，屡见不鲜。近来，外国公司要增加进口使用的车辆得付押款，每辆车要缴纳 1 万多第纳尔。有人说，这样做，莫非想把外国公司挤走？其实不然。伊拉克当局目前采取的各种严厉的措施是出于无奈，只能说明它需要节省外汇已到了何等迫切的程度。

从 80 年代初至今，我国在伊拉克的劳务人员总数大约在 2 万～3 万左右。现在以承担劳务为主、一度拥有雄厚力量的中建（中国建筑总公司）、中土（中国土木工程公司）等几家大公司人数锐减。其原因，大部分是由于项目竣工，合同期满，但伊拉克方面在支付现汇上却出现捉襟见肘，应该说是一个重要原因。值得注意的是，伊拉克政府官员目前的态度出人意料地强硬。他们认为，前些年外国公司赚了伊拉克的钱，现在伊拉克有困难，外国公司理应帮助伊拉克渡过难关，如果停止合作，那就会损害双方的友谊。因此，外国公司在同伊拉克的交往中，既要着眼于当前的经济效益，也应重视历史上的友好关系，为今后的发展留有余地。

两伊战争看来还是一个拖的局面，伊拉克用于战争上的消耗将继续占据它经济中相当大的比重。但伊拉克从 70 年代以来曾积累了巨额的石油美元，当前沙特阿拉伯、科威特等海湾国家出于共同的利益，也仍然在资助它。它的经济显然还有回旋余地。若干年后，只要局势转为和缓，它的发展将是迅速的。我认为，我国继续开展一些与伊拉克的经济合作项目，接受一些新的劳务合作项目，不仅是必要的，而且是可行的。当前也许不宜问津那些大的承包工程，以免遭到大的风险。有的公司接了一些规模小、工期短的承包工程，显然比较适宜。

巴格达市掠影[1]

1986年春节前后,到伊拉克去了三周。巴格达市的整洁和漂亮,是我先前不曾想到的。巴格达国际机场,由法国人设计,式样与巴黎戴高乐机场相仿,整体建筑宏伟壮观,楼上楼下的大厅,都装潢得富丽堂皇。我上下飞机,都在夜晚,通向灯火辉煌的机场的公路,双侧单向,路面很宽,并排行驶三四辆汽车,不会发生阻滞。路上隔几米有一个荧光点,夜间构成一条黄色光带,这对高速飞驰的车辆极有帮助。

巴格达市人口约500万,占全国人口的三分之一。市内四通八达的立交路,是市政建设的骄傲。由于油价十分便宜,汽车成了伊拉克人主要的交通工具。我打听了一下,全市出租汽车3.4万辆左右,外国公司挂着"海关临时进口"招牌的轿车、面包车、工具车,近2万辆,另外,还有十几条线路的红色双层公共汽车和难以计数的私人汽车。可是,马路上却又不显得拥挤,除老区拉希德大街一带外,市内很少出现车辆堵塞的情况。这是立交路发挥的作用,同时,白天不许载货卡车在市区行驶,也是一条有效的措施。

---

[1] 载于《东方世界》1987年第3期。

巴格达市政当局竭力使市容反映出伊拉克的现代化建设。海法大街两侧的建筑，由韩国的公司承包，楼群式样美观，涂料色彩悦目。萨达姆·侯赛因总统说，要让这条大街成为反映伊拉克 80 年代生活水平的橱窗。著名的庆典广场，坐落在城堡形的社会复兴党总部不远处。广场两侧，各架有一个用轻型金属材料制成的拱架，象征彩虹。检阅台的斜顶，宛如圆盖，因是战时，有武装士兵守卫，不能走近细看。广场分块，都铺有平整的草坪，周围是酒吧、电影院、停车场等，服务设施很齐全。市内，高楼大厦并不多，主要是些大饭店。居民住宅，大都是二三层的小楼，带栽种着柑橘或常绿树木的小院。在街上溜达，人们不会有从成排高楼中穿行的压抑感。

伊拉克人在建设现代化首都的过程中，十分注意保持民族文化的特色。一般的房屋，都是阿拉伯人传统的平顶，窗框、墙饰，带有明显的伊斯兰特色，或古代苏美尔、亚述、巴比伦文化的痕迹。位于底格里斯河畔的巴比伦饭店，外形是按学者们考证的世界七奇之一的巴比伦空中花园的殿宇设计的，大门旁竖立的城市门，仿造今巴比伦遗址的城墙，上面也饰有神话故事中的走兽图形。在巴格达，经常可以见到由两块正方形构成的八角星图案，我多次询问这艺术图案的历史渊源，后来从一位记者给我的资料中看到，那原来是从公元前 3000 年南部伊拉克人喜爱的向日葵的八片叶子演变而来的，象征吉祥、好运。伊拉克是一个伊斯兰国家，巴格达市内的清真寺，数量虽及不上有"千塔之城"之称的开罗，但却都很精致、新颖。清真寺的圆拱顶，多由彩色釉瓦组成美丽的图案，远远望去，宛如我国的景泰蓝，成为游览者摄影的目标。巴格达市内的塑像，也是反映伊拉克重视民族文化的标志。在河畔公园里，立有伊拉克出生的阿拉伯文化名人，如诗人穆泰奈比、医生拉齐等人的塑像，市区有《一千零一夜》故事里山鲁佐德给国王山鲁亚尔讲故事的雕塑；《阿里巴巴和四十大盗》

里女佣玛尔贾娜用沸油浇死躲在油罐里的强盗,既是雕塑作品,又是喷泉,因为玛尔贾娜倒出来的不是油,而是一股清泉;拉希德大街还有20世纪伊拉克著名爱国诗人马鲁夫·鲁萨菲的全身像……

离开伊拉克的时候,我在机场又瞥见了那幅巨大的壁画,画面上的内容是建于公元9世纪的萨马拉清真寺的螺旋形宣礼塔。整个壁画是用现代建筑材料拼镶而成,表面凹凸不平。我想现代化手段和民族文化内容的和谐结合,是否说明巴格达市的文明建设,已超越单纯的模仿,进入更加注重历史,体现本民族特色的阶段了呢?

《当代阿拉伯文字词典》前言[①]

阿拉伯文学是世界文学中的重要组成部分,也是当代文学中的璀璨明珠。

阿拉伯民族从公元7世纪崛起于西亚,在中世纪建立起一个版图横跨亚、非、欧的泱泱大国,在人类文明史上做出了卓越的贡献。14世纪末起,阿拉伯地域沦于奥斯曼帝国的统治之下。进入近现代后,西方殖民主义用坚炮利器打开了阿拉伯世界的大门,瓜分土地,掠夺财富,使阿拉伯国家大都成为殖民地、半殖民地,阿拉伯的民族文化受到严重的摧残。但是,也正是在西方殖民主义的高压政策下,阿拉伯民族开始觉醒、奋起,他们四处求知,上下求索,竭力用现代科学知识武装自己,通过他们中涌现出来的社会改革家、文学先驱,呐喊祖国独立、民族解放,掀起了一次又一次的爱国民主运动。阿拉伯文学也出现了复兴,从奥斯曼时代起就盘踞不去的讲究堆砌词藻追求表面华丽而内容却空洞贫乏的文风,被清新的锐意改革力图振兴之风所荡涤,出现了努力结合社会现实的创作倾向,文学体裁也从诗歌、韵文扩展到小说、戏剧、电影。进入20世纪以后,阿拉伯各国不仅继续重视翻译介绍世界的优秀作品,而且在继承发扬本民族

[①] 此文写于1991年1月,这本文学词典由译林出版社在1991年12月出版。

古典文学和借鉴西方文学的基础上，大力发展具有时代特色的阿拉伯民族文学。公正地说，阿拉伯文学在经过一段曲折的道路之后，到当代已经跟上了历史潮流，再一次成为世界文苑中一枝色彩独特、放射异彩的奇葩。1988年，埃及作家纳吉布·马哈福兹荣获诺贝尔文学奖，这是一个标志，它至少可以表明，阿拉伯当代文学已登堂入室，为世界文坛所承认。

编写一本反映阿拉伯当代文学的工具书，是我国建设社会主义精神文明的需要，也是深入发展我国与由21个国家、2亿多人口组成的阿拉伯世界友好交往的需要。然而，一开始着手工作，我们就感觉到了完成这项任务的艰难。我们从事阿拉伯语工作的人员，出国的机会虽然比较多，但是，在阿拉伯国家众多的书店、图书馆中，却找不到一本可以充作蓝本的工具书。经过多次反复的奔走、询问、寻找，我们终于放弃了原来的设想，转而向阿拉伯国家出版的文学史、文学评论集、专著、文集、诗歌集甚至报刊杂志中去搜索，也同埃及、叙利亚等国的文学组织联系，取得了一些资料。编写人员中从事俄语的同志尤为难能可贵，他们一页页地翻阅苏联出版的《简明文学百科》，从中摘出有关阿拉伯国家的文学词条，编译出来，我们再根据阿拉伯文的零星资料尽可能地进行核对。一晃好几年过去了，这本文学词典经过多次的补充、修改，现在终于定下型来。尽管内容上肯定还有许多遗漏和不尽如人意之处，但我们感到至少可以提供一个参考，或权充一份资料，在征得学者同仁的批评、指正的基础上，将来再求发展和完善。

本词典共选收726条条目，篇后另附按照阿拉伯国家分类编排的目录。译名如《中国大百科全书·外国文学》已有的，我们力求一致，其他除有约定俗成的之外，我们主要依据新华社和中国地图出版社编的阿拉伯语字母译音表译出。

最后，要感谢阿拉伯联合酋长国的迪拜商会，是它给予的支持，才促成了这本词典能早日与读者见面。

约　旦

——金子，靠自己挖掘[①]

今年 7 月，我去约旦开会，临行前，朋友们说："大热天，你怎么往火炉里跑？"殊不知，我在那儿住了两周，大白天晴空万里，车内屋里都有空调，早晚又很凉快，有时 T 恤短袖都嫌单薄。查资料，首都安曼 7 月份的平均气温才摄氏 26 度！

约旦国土不大，仅 9 万多平方公里，人口约 400 万，其中 100 万居住在安曼。境内多沙漠，黄褐色是主色调，就是山峦，也鲜见绿色。水资源匮乏。安曼一周有两天停水，靠供水日贮存在住宅水箱里的水解决饮用、洗濯之需。

约旦与其他阿拉伯国家比，资源相对贫乏，也没有大量可供输出的劳力，但它的人均年收入约为 1200 美元，不能算低。一般认为它有三根经济支柱，即磷酸盐、侨汇和旅游。海湾战争时，约旦由于支持伊拉克，与科威特和阿拉伯海湾国家交恶，30 万技术人员从海湾地区回国，侨汇收入骤降。中东和平进程拉开序幕后，约旦态度积极，去年已与以色列正式建

[①] 载于《文汇报》，1995 年 8 月 9 日。

交。目前，国内的精力都放在经济建设上。高层领导特别是年高体弱的侯赛因国王，频频出访，为国内的大项目拉资金，与沙特阿拉伯关系"冷冻"了五年，近日有改善。国内舆论则强调发挥自身优势，呼吁要大力开发旅游业。有一篇文章讲得很直截了当："约旦既无黄金，也无黑金（石油），要金子，得靠自己发掘，那就是约旦的旅游业。"约以媾和后，已无战争之忧，欧洲国家和以色列来的游客明显增多。安曼冬天有雪，夏天也好过，政策比较开放，治安也好，这对于地处酷热的阿拉伯海湾地区的老财们来说，是颇具吸引力的。安曼市内有不少带家具出租的公寓别墅，供那些阿拉伯的大款们携家带口来消夏避暑，一住数月。

死海与约旦河流域是古代西亚的交通要道，这里留有不少犹太教、基督教和伊斯兰教的古迹，流传着许多有关先知、使徒的故事，被学者们称为"世界历史博物馆"。约以两国分占死海两侧，都有建立旅游宾馆、温泉浴场、疗养中心等设想，更大的蓝图是开凿一条沟通红海与死海的运河，利用海水落差来发电。我在下榻的摄政王宾馆里，看到浴室里放有一小包蓝色晶体，说明书上说，这是死海的盐，供浴用，能使皮肤光洁、滑腻……后在超市里看到有售，合一美元左右一包。沉寂了数千年的死海，似乎随着中东和平进程的节奏，在逐步苏醒，活跃起来了。

佩特腊之对于约旦，就像金字塔之对于埃及。它是一座岩石上凿挖出来的建筑，原是古代阿拉伯游牧部族奈伯特人的京城，后被罗马人占领。现在能看到的主要是玫瑰色山壁上凿成的一系列方形墓室和一个罗马风格的剧场。主建筑，阿拉伯人称为哈齐纳（宝库），实际上是奈伯特王国哈里萨斯三世的陵墓，原藏有大量的珍宝，故称为宝库。这座正面宽30米、高43米的陵墓正门，是约旦王国的标志，现在约旦的官方通讯社，就叫佩特腊通讯社。严格地说，没有去佩特腊一游，就不能算到过约旦。那里，即使非节假日，游客也不少。门票对本国人为一个约旦第纳尔，外国人则要 20 第纳尔（约合 28 美元），但进去后就不再要买别的门票。路不好走，要在沙土、砾石上跋涉 1.2 公里。门口备有 300 多匹马，供租用代步。我见到不少以色列游客，约旦导游能用希伯来语讲解。听人说，犹太人大都自备食品、饮料，当地赚不到他们多少钱。约旦旅游部门已准备在这里盖一个宾馆，创造较好的膳宿、休憩条件，通过综合性服务，使创收上档次。

　　约旦境内还有沙漠宫殿、古城堡和一些宗教圣地。约以建交后，从约旦去耶路撒冷已比较方便，这对世界上为数甚众的穆斯林、基督徒和犹太人，都是很有吸引力的。约旦政府显然想抓住契机，大力改善对外关系，积极开发本国旅游业这个金库，把其他行业带动起来。国内有不少朋友问我，约旦是否有可能成为像东亚新加坡、中国香港那样的经济增长点？我的印象，恐怕还需待以时日，要看国际环境、国内政策等多种因素的配合，但从本国实际出发去挖掘"金子"，应该说总是明智之举。

约旦印象[①]

大约在不到20年前,我曾根据书刊上的资料,编写过一篇关于约旦物产风情方面的文章,发表在《世界地理》上。80年代,侯赛因国王访华,在上海期间,我担任过他的翻译。但这么多年来,却始终没有机会去访问一下这个独具色彩的阿拉伯国家。直到去年,由于国内同行的抬爱和约旦驻华大使纳欧里先生的推荐,我有幸被约旦皇家伊斯兰文明研究院(皇家学会)执行局讨论通过,聘为该院通讯院士,于今年7月赴安曼参加它的第十届年会,多年夙愿,才得以实现。

约旦地处世界热点中东地区最敏感的位置,它与三个阿拉伯大国——沙特、伊拉克和叙利亚接壤,又与以色列、巴勒斯坦相邻。第二次世界大战以来的历次阿以战争、巴勒斯坦难民、阿拉伯世界的每一次分化组合,都波及这个面积仅9万多平方公里、人口约400万的国家。约旦与许多阿拉伯国家比,资源相对贫乏,它既不产石油,又没有大量可供输出的劳务,国民经济主要仰仗三条:磷酸盐、侨汇和旅游,但又不甚稳定,一遇地区冲突或战乱,旅游者便会急剧减少;海湾战争后,约旦和海湾阿拉

---

① 载于《阿拉伯世界》1995年第4期。

伯国家关系紧张,被驱赶回国的工程技术人员达 30 万之众,侨汇随之骤降。然而,在约旦耽上一段时间,会感到这个国家教育程度较高,管理有序,治安良好,安曼市容整洁美观,为阿拉伯城市所少见。约旦的人均年收入在 1000～1200 美元,尽管还不能望海湾产油国家之项背,但比起也门、苏丹、毛里塔尼亚等较贫穷的国家,甚至埃及、叙利亚这样的地区大国来,则宽裕多了。冷战结束以来,中东地区经历了一战一和。在海湾战争中,约旦由于支持伊拉克,处境一度颇为孤立;中东和谈开始后,约旦立即抓住契机,积极参与,于去年与以色列签订和约,成为继埃及之后第二个与以正式建交的阿拉伯国家。目前,约旦仍处于政策调整期。军队的现代化建设和一些大的经济项目如扩建亚喀巴国际机场,开发死海和约旦河谷,开凿红海至死海的运河,利用海水落差来发电,从太巴列湖引水,加快旅游业的发展等,都已正式提出。王国政府在积极改善与美国、欧洲国家关系的同时,尤其重视修复与沙特、科威特等阿拉伯海湾国家的关系,高级官员包括年事渐高的侯赛因国王,频频出访,以尽可能争取资金与技术,迎头赶上世界和平与发展的主潮流。去年,在摩洛哥召开了首届中东北非高级经济会议,规模大,内容多,但地区经济合作尚未见有实质性的启动。今年秋天,第二届会议将由约旦担任东道主,是否能有所突破,安曼将成为人们关注的热点。

70 年代以来,当代伊斯兰运动几乎席卷了整个中东北非,伊斯兰作为国际格局中一股不容忽视的宗教、民族和政治力量,已经引起了人们的高度重视。当代伊斯兰运动在伊斯兰和阿拉伯国家中的表现形式,并不同一,有的已掌握政权,如伊朗、苏丹;有的采取群众运动或民间秘密社团方式,对现政权造成冲击……究竟如何正确认识和把握当代伊斯兰运动的特点和走势,一直为学术界所瞩目。约旦皇家研究院召开的本届年会,议题为"穆斯林与当代世界的文明对话",主要研讨在当今条件下伊斯兰文明应如何发展,与世界其他文明的关系是什么,怎样为新世纪培养新一代的穆斯林等带有鲜明学术性和时代气息的课题。从 1993 年上届年会确定此议题以来,研究院已先后与欧洲的有关学术机构联合,举行过伊斯兰教与天主教、伊斯兰教与基督教的文明对话,题目分别为"青年和公正的价值观""宗教与民族";1994 年 7 月,又召开了当代伊斯兰七大教派的学术会议,讨论"伊斯兰中的天课和社会保障",以协调各教派的看法和做法。约旦执政的哈希姆王室,按照宗谱学,是先知穆罕默德的同族后裔,在阿拉伯—伊斯兰世界中颇具影响。近年来,由约旦王储哈桑殿下担任最高院长的这个研究院,通过它一系列密集的、卓有成效的学术活动,实际上已成为中东地区的一个论坛,不仅有阿拉伯国家、伊斯兰世界的著名宗教学者、大学教授,而且也有世界其他各国的科研、学术机构人士在那里发表意见、讨论问题,形成了一个有影响的舆论辐射中心。

本届年会有 30 个国家的约 80 名代表参加,23 位研究院院士、通讯院士发表讲话。哈桑王储不仅出席了开幕式、闭幕式,在哈希姆王宫设宴款待代表,而且多次讲话。整个会议安排得周到、紧凑,发言、讨论也很严肃、热烈。传媒对会议十分重视,电视、广播、报纸天天都把会议情况当作头条新闻报道。

我除了有个 20 分钟的发言外,主要是倾听别人的见解、争论,阅读为数可观的论文。总的印象,学者们都已深切地感受到伊斯兰文明正遇到两方面的挑战。首先是伊斯兰教的形象近几年来被严重歪曲了,当前必须为伊斯兰教正名。冷战结束后,美国的塞缪尔·亨廷顿教授发表了《文明的冲突》一文,把西亚北非的伊斯兰教和东亚的儒家学说视作苏联解体后西方面临的最大威胁。这种言论经过西方一些政治家和传媒多年来的大肆渲染,伊斯兰教被恶意丑化,当作了洪水猛兽;伊斯兰、阿拉伯国家中出于反对外来干涉、追求社会公正而参加或同情伊斯兰运动的广大穆斯林群众，被说成是原教旨主义者，进而又把他们同极少数极端分子、恐怖分子混为一谈。以哈桑王储为代表的许多学者，都坚决反对接受或传播"伊斯兰原教旨主义和原教旨主义者"这样的表述，他们认为这是"西方社会从自己的生活实际和某些教派、宗派的本质滋生出来的东西，硬按在伊斯兰教头上的"。世界上有 50 多个伊斯兰国家，10 亿多穆斯林，伊斯兰教为人类文明进程做出过重要的贡献，形成了人类社会中独具一格的价值观念和生活方式，这是不容否认和抹杀的客观事实。学者们强调，伊斯兰教不侵略他人，也不向侵略者屈膝；伊斯兰教主张中庸，但不会向暴虐者投降；伊斯兰教看待世界，从社会合作互助、尊重人的自由的角度出发，而不是从仇视他人或宗派主义的角度出发。显然，学者们正致力于恢复伊斯兰教主张宽容、和平、仁慈、中庸和公正的本来面目，在冷战后的世界格局中努力维护自身的存在和价值，保持自己的地位和发展。

第二方面的挑战是来自世纪交替之际培养新一代穆斯林的紧迫性。会议论文中有不少是论述如何应付西方文明挑战的。哈桑王储说："西方攻击伊斯兰社会的途径有两条，一是通过反反复复的宣传来诋毁、丑化伊斯兰文明和文化遗产，使伊斯兰民族的后代不了解伊斯兰在世界文明史和思想史上的地位；二是大力美化和推销西方社会一些低劣的文化典型而不是它的文化精品，使其他民族耳濡目染，逐步适应并接受下来。"西方文化对实行开放政策的发展中国家大举渗透的事实，是与会专家、学者共同关注的问题。他们着眼点首先在自身，即阿拉伯-伊斯兰国家本身要加强对传统优秀文化的教育和宣传，对青少年一代作正确引导，同时也强调要借鉴和学习世界各种文明、文化的成果，包括外国语在内。哈桑王储特别论述了伊斯兰文明在其发展过程中曾从波斯、希腊、印度等文化中汲取营养，他引证《圣训》中的话："学问即使远在中国，亦当求之。"会议的第一发言人，是约旦的杰德恩博士，他透过入世和出世的视角，把佛教、基督教、儒家学说等划分为"表层哲学"和"深层哲学",对世界各种文明做了一个概述。我问他:"伊斯兰文明和这些文明的关系是什么?"他说:"吸收人家的长处,以利自身的发展。"这无疑是科学的态度,因为世界各种文明只能是相互交流、学习,是求同存异,共同发展,而绝不可能听命于什么世界霸主,出现罢黜百家,独尊一家之言的局面。

会议期间,哈桑王储倡议要设计和提出一项以正统的伊斯兰复兴思想为基础的当代文明文化工程,包括经济、社会、教育等方面的发展计划在内,目的是培养出伊斯兰文明的一代新人。实际上,约旦和不少阿拉伯、伊斯兰国家的学术机构,都已经强烈地认识到继承和发扬本国、本民族的优秀文化的重要性,要立于世界民族之林,赢得别国的尊重,首先是立足自身,自尊自强,而非妄自菲薄,或数典忘祖。前些年,约旦皇家研究院已拟定了计划,着手编写规模宏大的约旦国家史、伊斯兰百科全书。伊朗伊斯兰百科研究所的主任告诉我,他负责编纂的伊斯兰大百科,多达几十卷,现在一面继续在编,一面已组织力量将完成的几卷译成外文,首先是阿拉伯文和英文,译成阿拉伯文的已有六卷。摩洛哥皇家科学院院士、著名学者阿卜杜·哈迪·塔齐博士为弘扬阿拉伯大旅行家伊本·白图泰(1303～1377)的成就,正在撰写专著。他为考证《伊本·白图泰游记》中的中国地名,曾来华访问,向中国科学院地理研究所的专家请教。他说,摩洛哥在积极筹备举行"伊本·白图泰纪念会",希望到时候有中国学者参加。

很值得一提的是,今年起约旦皇家伊斯兰文明研究院正式设立了"阿卜杜拉国王世界奖",分技术与应用科学、社会科学和艺术三个门类,每两年为一个门类颁奖,奖金为2万美元。今年获奖的是约旦皇家科协的一项太阳能研究和雅穆克大学土壤和环境科学系的一项增肥保墒剂发明。这与沙特阿拉伯设立的费萨尔国王奖有相似之处,反映了阿拉伯-伊斯兰国家并不只是关注宗教、社会科学的发展，它们对自然科学也十分重视。我在与约旦、黎巴嫩、苏丹等国的代表聊天时，常听他们谈起信息高速公路、电脑的普及、开发等问题，而且都有一定深度。

为了跟上时代的发展，迎接世纪的挑战，学者们应当为培养新一代做些什么呢？哈桑王储说："为了使下一代能够抵御敌意的心理攻击，要用充分的文化知识武装他们，扩大他们对其他民族的了解，研究其他民族的思想和心理倾向，同时要在下一代的心灵深处确立起阿拉伯—伊斯兰文化的文明、人道主义、科学和美学的价值观……"；他还提倡研究工作要有新结构、新框架、新见解，说论文"不能只限于在文本中绕圈子，一味注意引证，而应该调查社会实际，深入实际，诚实坦率地承认所发生的一切，加以观察和分析，以凸显我们积极的典型，又不否认消极面和错误；要承认别人的长处，而不论他们与我们的立场有何不同"。这些意见，实事求是，颇具远见卓识，反映出在形形色色的组织和势力十分活跃的中东舞台上，约旦皇家研究院提供的学术论坛传达出来的，是冷静、客观和睿智的声音。

会议结束后，我由设在安曼的中东贸易投资发展公司的总经理叶水林先生陪同，参观了杰拉什、佩特腊和死海等名胜古迹。叶水林先生是北外毕业生，在阿拉伯国家学习、工作了近 20 年，讲得一口流利的阿拉伯语，且深谙阿拉伯-伊斯兰文化。他开办公司不到三年，由于经营得法，已经颇具规模，并建立起了良好的信誉。我问他："你到过那么多阿拉伯国家，为什么对约旦情有独钟呢？"他列举了约旦的特色：安曼是一座整齐、清洁、美丽的城市，约旦比较开放，也讲法制，而且治安状况良好……我结合自己的耳闻目睹，深感其言不谬。7 月中旬正值约旦第一次开展地方政权机构的直选工作，有不少国家派团考察，结果进展顺利，一次成功。约旦水资源的匮乏是显而易见的，安曼市一周要停两次水，但各家各户备有贮水箱,并未给生活造成不便。安曼市内电话一年打 1000 个小时是免费的。它的交通、邮政、金融、餐饮等各方面的服务,都比较周全、方便。叶先生公司要装卫星电视,请来了两位工人,他们在户外爬上爬下,不多会儿就完成了,还一面讲解,一面把可以接收到的 60 个频道一一调试出来,记录在纸上交给主人。叶先生为别人订购的一批货,国内公司开单时疏忽了,受益人一栏没有填上银行,约旦的银行赶紧约见叶先生,说这样填,货主可以直接把货提走,银行却无法向中国公司付款,叮嘱叶先生务必尽快找到货主拿到现金,以防不测。这些事情都反映出约旦是一个文化教育程度较高的阿拉伯国家,管理得也很有章法。叶先生在那里办公司有一种安全感,这恐怕是很重要的一个原因。

我在约旦住了两周,对那里的人、事、景、物都留有深刻的印象。眼下人们正关注着,随着中东和平进程的深入,西亚是否会像东亚一样形成一个或几个被喻为"小龙"或"小老虎"的经济增长点。这是个大问题,还不能用是或否来简单地下定论。因为中东是各种矛盾交织,情况复杂的地区,从战争走向和平,从相互敌视、猜疑走向谅解、合作,需要国际大环境的配合,要看有关各国政策的调整,决非一蹴而就的易事,特别是巴勒斯坦这个阿以冲突的核心问题目前的解决并不如人意,仍会对地区的稳定和安全继续造成冲击。然而,和平与发展毕竟是大势所趋,从增强国力、造福人民的角度出发,西亚各国致力于经济建设的势头也已难以逆转。我想,从已与以色列签订和约、不再有战争之忧的约旦正全力以赴抓经济的现状看,至少能给人们增添起信心,用审慎的乐观态度逐步取代那些灰暗的悲观论调。

沙特的杰纳迪里亚文化遗产节[①]

对学习研究阿拉伯问题的人来说,沙特阿拉伯王国始终是一个充满魅力、令人神往的国家。我国早期介绍《一千零一夜》时,将其译为《天方夜谭》。这是沿袭中国史书上对阿拉伯的译名——"天方",此词还原成阿拉伯语,是"真主的国度",指的是伊斯兰教的诞生地阿拉伯半岛,亦即今天的沙特阿拉伯王国。今年3月初,沙特方面邀请我国七位大学教授前去参加杰纳迪里亚文化遗产节,这才使我这个从事阿拉伯语教学和研究30余年的非穆斯林教师第一次有机会赴"天方"做一次文化观礼,内心的喜悦和兴奋,自不待言。

杰纳迪里文化遗产节是由沙特王储阿卜杜拉亲王任总司令的国民卫队主办的全国性重大节日,每年一度,历时约一周,今年已是第十二届。我国前些年曾有学者参加,惜未做报道,故不要说读者,就是圈内同行,也鲜有所闻。这个节日冠名杰纳迪里亚,是采用首都利雅得郊区、靠近机场的一个地名。在一片开阔的土地上,建有带豪华观礼台的大赛驼场、大剧场、宴会厅,具有鲜明民族色彩的各式建筑物和由各有关部、省、高校举办

---

① 载于《文汇报》,1997年3月25日。

的展馆。

　　大家知道,沙特是世界上最大的产油国,她的人均年收入,不亚于西方发达国家。从我们所到的利雅得和吉达两市看,无论是建筑、道路、车辆、超市设备这类硬件,还是绿化、市容、管理、服务等软件,沙特都堪称世界一流水平。在经济起飞、加速现代社会文明建设的同时,沙特连续十多年举办这个文化遗产节的宗旨,显然在于教育国民要珍视本国悠久的传统文明。在杰纳迪里亚的大院子里,中间陈放着古代船只、民居模型,四周一间间古色古香的作坊里,手艺高超的沙特工匠们一面出售传统的民间工艺制品,包括用金属、陶土、木头制作的各类器具、织物、鞍鞯、香料等,一面不停地在做示范表演。盛大的赛驼比赛,全程约19公里,前面汽车开道,现场报道赛况,后面是或穿红或着绿的一式小骑手策驼疾驰,场面煞是壮观。沙特人对这个文化节,反响热烈而且投入。两场赛驼比赛,观众如潮;每天到杰纳迪里亚的参观者,络绎不绝,最多时,一天达25万之众。从这个角度看,文化节无疑起着连续昔日与今天的桥梁作用,它对提高国民的自尊和深化认识自己的民族属性,是颇富教益的。

　　文化节期间,活动十分丰富,有诗歌晚会、《古兰经》诵读比赛,书展,工业城市朱拜勒和延布的成就展等。我们最关注的是各类学术讨论会。今年邀请的外宾,约200余名,主要是各阿拉伯国家享有盛名的文学家、思想家,他们不少人年年都与会,也有土耳其、塔吉克斯坦等伊斯兰国家的代表。今年讨论的主题是"伊斯兰与西方",因此,来自英、美、法、德、意、中、俄、加等非伊斯兰文化圈的专家学者,人数也很可观。这届文化遗产节所具有的学术性和国际性,是显而易见的。

　　自哈佛大学塞·亨廷顿教授发表《文明的冲突》一文,把西亚北非的伊斯兰文明和东亚的儒学视作冷战后对西方的最大威胁以来,阿拉伯和伊斯兰国家的思想界、舆论界反应强烈,近年来已有不少文章、著作结合美国的文化霸权主义表现,对此进行评析和抨击。文化遗产节期间发表的"一个世界,多种文明""穆斯林在西方的形象,西方人在穆斯林中的形象"等许多学术报告,显然都不同意亨廷顿的论点,而是明确指出各种文明都有自己生存、发展、繁荣的动因和机制,一种文明不可能凌驾在另一种文明之上,更不可能取而代之。英国的查尔斯王子、德国的外交国务部长席弗的讲演,主旨也是肯定伊斯兰文明的价值和重要性,强调欧洲与伊斯兰世界之间应当建立起信任,加强互相交流。沙特通过一系列这样的研讨会,给人留下了深刻的印象:在世界向多极化格局演化的过程中,任何一种力量都不能漠视约占全人类五分之一的穆斯林的信仰和价值观。作为伊斯兰文明的发祥地,麦加和麦地那两座圣城的保卫者,沙特向全世界特别是美国发出的信息十分明确:反对别有用心的传媒将伊斯兰与恐怖主义混为一谈,反对丑化主张和平、正义、平等、宽容的广大穆斯林的形象,呼吁各种文明间开展对话,提倡不同文明的交流,求同存异,共同发展。

杰纳迪里亚文化遗产节的这种群众性、学术性和国际性,反映了沙特阿拉伯王国一种文化战略上的构思,那就是立足本国、本民族的利益,坚持继承与发扬自己悠久的传统文明,又通过接触和交流,吸收于己有益的现代文明,抵御于己有损的西方文明的渗透和侵蚀。沙特是阿拉伯世界的大国,伊斯兰世界中的大国,她在动荡未定的中东地区所传递出的这种意向和声音,是非常值得重视的。

应当指出,我们中国教授团在沙特访问期间,受到了沙方极为亲切的接待,在国民卫队、新闻部、外交部举行的各种招待会上,在与官员、学者的频繁交往中,我们都感受到沙特方对人民中国的友好情谊。中沙建交时间不长,但两国在政治、经济、文化教育等方面的交往,正在长足向前发展。我们有理由相信,世纪之交的中沙关系,将会是既新且美的一页。

初访利比亚[①]

遥远的国家变得近了

今年3月,一个偶然的机会,我会见了出席复旦大学召开的国际大学校长会议的两位利比亚大学校长。他们很慎重、很坦诚地提出,希望中国高校的阿拉伯语专业教授能组团访利,以加强两国高校间的文化学术交流与合作。经过请示、磋商和联系,由上海外国语大学、北京大学、北京外国语大学、对外经贸大学、中国语言文化大学和北京二外六所高校共九名教授于6月中下旬组团前往利比亚访问了一周。

由于利比亚五年前因为洛克比事件受到禁飞的制裁,我们赴利只能绕道,要么飞到埃及或突尼斯后驱车前往,要么抵马耳他岛后换船驶抵的黎波里港。我们乘汉莎航空公司班机先到德国的法兰克福,住一夜,第二天飞突尼斯市,当天再乘小飞机到杰尔巴岛。利比亚西山大学校长马尔霍夫博士亲自过边境来接,改坐利方提供的礼宾车再连续行驶五六个小时,于半夜零点过后才抵达的黎波里市。一路上足足花了两天多时间!

访问的日程排得很满,除了星期五假日,去游览了萨布拉特的古罗马

[①] 载于《文汇报》海外瞭望,1997年7月16日。

剧场遗址外，都是拜会、参观、座谈。短短的几天，我们会见了副议长、议会外事委员会主任、教育科研部副部长、阿拉伯语言协会主席、作协主席、大学校长、学院院长，以及对外联络部门的亚洲事务和阿拉伯事务的负责官员，宗教系统的主要负责人和经学院的师生。我们确实感到既忙且累，但正是通过这样一次次的谈话和频繁的接触，这个遥远的国家变得近了，我们开始积累起对她的感性和理性认识。

应该说，我们的利比亚之行所到城市不多，接触面也不广，我甚至连博物馆和商店都没有去过，但却留有深刻的印象，概括起来，突出的有以下三点。

印象之一：对中国非常友好

我们这个教授访问团，属民间性质，受到的礼遇却出乎我们预料。我们被安排住在的黎波里市俯瞰地中海的马哈里宾馆。据我使馆同志相告，这是城里最好的五星级宾馆，钱其琛外长访利，便下榻此处，外国使团举行招待会，也常假座这家宾馆，它颇类似北京的长城饭店。政府礼宾部门专拨了一辆轿车、一辆中巴供我们使用，马尔霍夫博士和几位陪同人员，自始至终在帮助我们联系、安排。我们除访问西山大学、四·七（利比亚青年节）大学和法蒂哈大学外，还专门抽出一天前往锡尔特市去拜会议会和教育部的负责官员。

我本来一直认为，利比亚的首都是的黎波里或班加西，这回才知道，利比亚已正式定都在距的黎波里五六个小时汽车行程的锡尔特市。的黎波里是利比亚最大的港口城市，人口约150万，由于各国使馆都还在此，目前仍保留了两个部：外交部和新闻部，政府的其他各部都已迁往锡尔特市了。锡市是卡扎菲的家乡，位于利比亚地中海沿岸的中部，人口约20万。各部的建筑物相对集中，新而且富丽堂皇。城市已建了不少新住宅，还在大兴土木。看来如果当局主意已定，各国使馆早晚得迁，不然联系工作或拜会政府官员就实在太费时间了。

议会的外事委员会主任和副议长接待我们时,都做了长篇讲话。他们一开始都极为热烈地祝贺我国对香港恢复行使主权,我们一面听他们侃侃而谈,一面也深为他们发展中利友好关系的热诚所感动。特别是身居副议长高位的阿卜杜·哈米德先生,曾任驻华大使,在北京生活了六年,对中国事务很熟悉,与我们团中的教授也有过交往。他说,中国与阿拉伯有着悠久的传统友谊。中国有世界上最古老的文明。在当代,中国与阿拉伯之间没有任何利害冲突,而且,人民中国对待阿拉伯人民的事业,一直持有公正的立场,中国是真正代表发展中国家利益的大国。中利应该发展政治、经贸、文化、教育等领域的合作。

午餐后,我们拜会了教育科研部副部长。他对中国教师一口流利、标准的阿拉伯语大加赞赏,对加强双方在文化教育方面的交流满怀热忱。他表示,利比亚教育部对中国教授团的来访,专门开会做了研究,利比亚愿向中国高校派遣教师,赠送图书资料,尽力在中国设立发展阿语教学的基金和表彰优秀阿语教师和学生的奖金,并建议召开一些双边研讨会,讨论有关文学、文化的课题。他引用伊斯兰教创始人穆罕默德的话(亦即圣训)"求知,哪怕远在中国",说:"中国是有学问的,我们非常愿意多派学生去留学。目前,阿拉伯各国在华留学生不到 1000 名,利比亚仅 50 名左右,而阿拉伯赴欧美的留学生,则要高达数万人,这就与我们良好的政治关系很不相称。"他还希望利比亚今后公派或自费去中国的学生,能借助开设阿语专业的高校,以便利比亚留学生们能尽早通过语言关……副校长的这些表态,在利比亚大学校长、院长的其他文化人士的谈话中,我们也曾多次听到。可以认为,加强中利教育、文化的来往与合作,乃是利比亚教育科研和文化部门的共识。

利比亚的阿拉伯语协会和作家协会的会长,是同一位学者——阿里·法赫米·哈希姆博士,他是研究北非柏柏尔语言的,著作等身,谈锋也健。他见到这么多讲阿语的中国教师,显得十分兴奋。他听说我们已见过利比亚的大作家艾哈迈德·伊卜拉欣·法基赫,我国已有人在译他的三部曲时,便直截了当地建议说,要有计划有步骤地将更多的利比亚文学作品介绍到中国去。利比亚作协明年要办一本翻译刊物,希望我们把优秀的中国文学作品译成阿文在上面发表。至于利比亚的阿语协会,他说还处在筹建阶段,不久将正式成立,届时将与埃及、摩洛哥、叙利亚、约旦、伊拉克等国的阿语协会一样,积极开展工作,也将非常乐意与中国的阿语教学研究会开展交流。他对在中国举办文学文化研讨会,心向往之,盼望着在中国再次与我们见面。

印象之二:不甘屈辱,不畏强权

利比亚的国名很长,叫大阿拉伯利比亚人民社会主义民众国。在言谈中,一般简称为大民众国,因为全世界叫民众国的,唯此一国。其政治体制,既非共和制,更非君主制,而是人民大会制。国内不搞三权分立,也不容许结党,主张一切权力归人民,归民众。街上有不少政治口号,如"结党就是叛变""没有人民大会,就没有民主""都是伙伴,没有雇员"等。全国设380个人民大会,据说,大事都交人民大会议决,执行机构是人民大会委员会,负责人称秘书。大学校长叫大学人民委员会秘书,各部委的部长、副部长,正式官职是总秘书、副总秘书。我们一下子改不过来,仍称呼校长先生、部长阁下,他们很随和,对此并不介意。利比亚的国家元首卡扎菲,自27岁执政至今,已28年。他摒弃了总统、主席等头衔,只叫革命领袖,传媒报道时加上"兄弟"两字,即为"革命领袖穆阿迈尔·卡扎菲兄弟"。这或许是源于《古兰经》的教义:天下穆斯林都是兄弟。

利比亚面积不小,约176万平方公里,但人口很少,估计今天的总人口应接近500万,其中一半以上人口是在革命后出生的,是在现在利比亚的绿色国旗下长大的。利比亚正式出版的报纸有四份,电视频道我们只收到两个。从新闻报道看,反美反西方的调子很强烈。这种情绪的形成,既有历史的原因,也有当代的因素。

从中世纪到近现代,阿拉伯利比亚屡遭西方国家的入侵和蹂躏,西班牙、土耳其、意大利、英国和法国都曾侵占或染指这块土地。利比亚在本世纪五六十年代陆续发现丰富的石油资源,蕴藏量为全非洲第一,但石油收入绝大部分都流入了西方石油公司。英、美等国除了搜刮利比亚的石油财富,更把利比亚视作地中海最重要的军事基地之一,如英国有阿德姆空军基地,美国有惠勒斯基地,长达3000公里的利比亚海岸线,曾是向游弋在地中海的美第六舰队提供空中保护的主要战略后方,此外,辽阔的利比亚土地还是英、美试验它们各种新式武器的场所。

在第二次世界大战结束后亚非国家掀起的民族解放运动中,利比亚爆发的1969年革命,对西方的震撼决不亚于1952年的埃及革命和1958年的伊拉克革命。西方特别是美国,对坚决不愿妥协、执意要走自己道路的卡扎菲政权,一直采取敌视政策,双方的矛盾日趋激化。1986年3月和4月,美国里根政府借口打击利比亚的反美恐怖活动,发动了代号分别叫"草原烈火"和"黄金峡谷"的两次袭击行动。

我们参观了当时被美机炸毁的位于的黎波里市军营中的卡扎菲住宅。一切都保持着当时被炸后的原样,包括卡扎菲一岁半养女睡的床上、床单上的血迹。墙上有一幅照片,拍摄的是从女孩身上取出子弹的手术场面。美国的这次军事行动,当时除了英国外,其他西方盟国都不支持,更受到了全世界大多数国家的严厉谴责。其后果是利比亚对美的怨愤越积越深。海湾战争后,美国竭力推行它的中东地区新秩序,把已拥有一定规模军事力量的利比亚,视为心腹大患,于是又借洛克比事件对利进行制裁。但是,从实际情况看,利比亚是中东北非地区的战略格局中的一个活跃而不可忽视的因素。当海湾主要产油国都深受战争重压、尚待恢复之时，利比亚 90 年代初的石油年收入仍高达 120 多亿美元，有的国家希望得到她的援助，有的把从科威特、伊拉克撤出的劳务人员转到利比亚境内。最近，我们看到埃及总统穆巴拉克与卡扎菲宣布埃利之间开展无边境合作的报道，就问利比亚朋友，目前埃及在利比亚的人员有多少。他们告诉我，有将近 100 万埃及人在利工作。而且近几年，利比亚与许多阿拉伯国家和欧洲国家的关系，都有改善。利比亚国内报纸、电视频道虽少，但装有接收卫星电视广播碟形天线的家庭比比皆是，伦敦、开罗出版的报刊也很容易买到。利比亚人民从数百年的屈辱中站立起来，挺直了腰杆，在中东北非地区和世界各地，拥有自己的朋友。利比亚与伊朗、叙利亚等地区大国一直保持着良好的关系。从历史和现实的观点看，利比亚不可能被一两个西方大国所压垮，也不可能长期被孤立。美国在该地区按对美态度划线，把利比亚列为激进国家，这反倒是从一个侧面反映出了利比亚坚决反对强权政治和霸权主义的政治趋向。

印象之三：世界第三理论别具一格

利比亚从人口结构来说，相对年轻。国家这些年大力抓教育，目前已经有 14 所大学。我们访问的西山大学、四·七大学都是近十多年才由法蒂哈大学分出，发展起来的，学生人数都已经达一二万之多。我们接触的大学教授，不少人拿的是欧美大学的博士学位，他们不仅与阿拉伯各国交往频繁，而且经常有机会赴西方国家去参加学术会议或讲学。可以说，文化教育事业正处于一个方兴未艾的阶段。我们会见的各级官员，明显受过良好的教育，读到的文字材料和听到的广播，语言都很规范、纯正——这对阿拉伯人来说，都非易事。利比亚街上没有电影院、夜总会，但妇女穿着自由，游泳池、桑拿浴并不鲜见。总的看，利比亚的知识分子适应而且热爱自己的国家，普通人也习惯而且满意自己的生活方式。这是不容外人置喙的一个基点。

在众多的阿拉伯国家中,利比亚的领导人卡扎菲有自己的独特的理论——世界第三理论。按照利比亚朋友的说法,卡扎菲与穆巴拉克等领导人,是第二次世界大战后继纳赛尔总统之后的第二代阿拉伯革命领袖,他们都是军人出身,经历过地区内各式各样的风风雨雨,形成了自己的治国理论和政策,在阿拉伯世界或国际政坛上具有一定的影响力。所谓世界第三理论,意思是既非西方的资本主义理论,也非苏联的共产主义理论。为了宣传世界第三理论,利比亚出版了《绿皮书》和《绿皮书解释》(共二卷),国内设有《绿皮书》研究中心,此书还译成了多种文字。我们这次访问,也发到了《绿皮书》,听了专人做的宣讲。总的印象,卡扎菲主张利比亚乃至整个阿拉伯世界要建设成为在基本意义上来说是现代化的、繁荣的、社会主义的和伊斯兰的国家。这里应当指出,利比亚并非政教合一的国家,行政和宗教系统是各司其职的平行机构。此外,利方重在介绍自己的意见和主张,借此赢得对方的尊重。事实上,从世界第三理论衍生出来的政府行为,也只有利比亚这样人口少又很富足的国家才能做到。

比如,卡扎菲说:"施舍,基本上是伊斯兰教的社会主义精神的核心","要在人民当中公平地分配国家的资源,要动手消灭贫富悬殊的现象"。访利前,我们曾听说开斋节前后,利比亚曾给全国每家发 5000 美元,这次就问起此事。马尔霍夫博士对我说,不是每家都发,而是按收入分级分批,先发给最低收入的 10 万人,解决后再发给次低等级的 10 万人。因此,这本质上只是一种扶贫帮困措施。就在我们访问期间,又听说政府给每家发了 300 美元,大概实际上也属同样性质。

利比亚近年在农业上除粮食还需要进口外,瓜果蔬菜都已实现自给有余。石油创汇仍很可观,国家的国民经济年收入约在 85 亿~90 亿美元。利比亚国内仍继续贯彻高福利政策,教育、医疗等都实行免费,基本生活用品的油、米、面、糖、奶粉等，国家给补贴、价格极为低廉。几乎家家都有汽车。我问陪同我们的萨利姆先生他那辆崭新的大宇牌轿车合多少美元，他说约4000美元。由此看来，利比亚人民的衣食住行在发展中国家中，应居中上水平，他们对现政权的拥护态度，是可想而知的。

地中海的波涛

我们的归程是走海路到马耳他岛，然后换机经瑞士苏黎士回国。出发前，我到马哈里宾馆周围的地中海畔散步。眺望着波涛起伏的地中海，心里浮起许多遐想。

地中海曾孕育了人类最早的文明。古埃及、古罗马、古希腊，都曾谱写出辉煌灿烂的历史篇章，出现过叱咤风云的伟人，名垂千秋的思想家、哲学家、艺术家……我们研究的对象中东、北非，主要是伊斯兰国家，已经存在、发展了1300多年，也为人类进步做出过重要的不可磨灭的贡献。中世纪的十字军东侵，无法抹杀它们的文化特性，从1798年拿破仑入侵埃及展开的100多年殖民史，改变不了它们的传统信仰。从这个意义上说，阿拉伯的民族属性和伊斯兰教的信仰，是这个地区广大人民抵御西化最强有力的精神武器，就是当世界进入了冷战后时代，这种情况仍不会有根本性的变化。位于地中海南岸的利比亚朋友，也跟我们谈论塞缪尔·亨廷顿的《文明的冲突》，他们当然不同意把伊斯兰教和东亚儒文化视作冷战后西方主要威胁的观点，他们想广交朋友，想参与世界上的各种古老悠久的文明之间的对话。我从报刊中读到，利比亚正在努力加入到已经开展多年的地中海沿岸国家的经济合作圈中去，并在当前形势下，主张阿拉伯国家加强团结，再一次召开阿拉伯国家首脑会议。我们今天来到利比亚，看到她已从一个仰人鼻息的穷国上升为中东北非一个富庶的福利国家，在石油输出国组织，在地区和国际政治生活中，都已具有一定的影响。对于这样一个充满生机又经常做出惊人之举引起国际舆论震动的国家,我总认为应该有一个基本的理解,理解利比亚人民竭力挣脱殖民主义、帝国主义昔日强加给他们的屈辱和痛苦,理解阿拉伯民族缅怀历史上的光荣,渴望重新崛起的民族感情,理解他们虔信伊斯兰教义,追求《古兰经》提倡的平等、博爱等境界的强烈愿望。地中海畔的利比亚与东海之滨的我国,由于民族、信仰、国情、处境等各种原因,会存在认识和做法上的差异,但毕竟都是有着悠久历史和文明的发展中国家,都面临着发展民族经济和文化的任务。我想,在相互理解的基础上,在友好交往的过程中,中利两国是一定会不断加深彼此间的友谊的。

约旦纪行[1]

今年7月下旬,我赴安曼参加约旦皇家伊斯兰文明研究院两年一度的年会。这是我第二次访问约旦了,两年前也是7月,我曾出席这家研究院第十届年会,会后曾由好友叶水林先生陪同,游览了约旦的佩特腊、杰尔什、死海等古迹名胜,留有极深的印象。这次时间短,来回仅一周,只能耽在安曼参加会议,读报、读材料,会后会见朋友,促膝谈心了。

一

约旦皇家研究院第十一届年会,是一次盛会。出席会议的有29个国家75名院士、通讯院士和代表。开幕式在皇家文化宫举行,由侯赛因国王做长篇致辞。应邀莅会的贵宾有埃及爱资哈尔清真寺大教长穆罕默德·赛德·坦塔维和伊斯兰会议组织秘书长伊兹丁·伊拉基博士。今年新聘为院士的是埃及著名文学史教授邵基·戴夫博士和出身伊拉克宗教世家的阿卜杜·马吉德·胡伊教长。皇家研究院与英国迪兰大学中东研究中心联合设立的阿卜杜拉国王奖,由两位埃及学者分享,他们获奖的论文是《阿拉伯文化和伊斯兰文明一元框架中的多样性》。

---

[1] 载于《阿拉伯世界》1997年第4期。

这届年会的主题是"伊斯兰和当代社会问题",分儿童问题、青少年问题、移民和难民问题几个专题,组委会要求学者们从伊斯兰角度去进行分析,提出解决办法。侯赛因国王的开幕致辞实际上是基调发言。他说,学者们须恪守(伊斯兰)正统的恒素,用来指导自己的思想、言论和行为,要与时代精神并行不悖,不落在新事物的后面,因为学者们肩负着建设当前、探索未来的使命。侯赛因国王认为,当前伊斯兰世界缺乏一个建立在伊斯兰信仰和正统阿拉伯文化基本要素之上的、用来解决贫穷、失业和发展等问题的科学而又实际的规划。

侯赛因国王在谈到儿童和青少年问题时,一方面强调他们是社会的弱者,容易受到成人的虐待、忽视,挨饿患病,遭到违背法律规定的剥削和雇用、被绑架、贩卖,以及屈从大众传媒中暴力文化的侵蚀;另一方面,他着重阐述了伊斯兰教对儿童的关注,从小就应爱护儿童,培养他们惯于独立和自力。关于难民与移民,国王认为,这并非新的社会现象,问题在于规模——近30年内被迫离乡背井的难民与移民,大约每天为700人,其中70%属伊斯兰国家,其起因为武装暴力、战争、教派争斗、人为的灾难和人力难以抗拒的自然灾祸。侯赛因国王提出,伊斯兰文明的使命是为保护弱小阶层制订国际人道主义的准则,为制订国家的和世界的有关法律做出贡献。他建议多设立一些机构,如哈桑王储已经倡议的天课和互保国际基金会、国际伊斯兰教基金会等组织,来帮助解决伊斯兰世界的社会问题。

哈桑王储每届年会都在王宫设宴款待与会代表。这一次,在午宴进行到一半时,他也做了即兴发言。他呼吁要加强与周围世界的文明对话,赶上世界互联网络的发展,建立伊斯兰文明知识库,确保伊斯兰文明的存在,强化阿拉伯-伊斯兰的文明属性。哈桑王储这些年,一直十分注意加强与学术界的联系,他不仅兼任着皇家研究院的最高领导,而且还掌管着为数不少的约旦研究机构，是约旦"阿拉伯思想论坛"（Arab Thought Forum）的主席。他虽然不像其兄侯赛因国王那样频繁出访，但凡涉及思想文化领域，如伊斯兰教与基督教、天主教的对话等活动，多半是他具体策划或率队前往。这次，他就侯赛因国王要搞一个规划的意见，正式提出要形成一个伊斯兰行为道德规范作为伊斯兰教中庸之道的倡议。这里应当指出，近年来不少阿拉伯国家的学术界，都很重视中庸之道的研究，论著不断问世。从政治背景上分析，这既是为了与激进的原教旨主义划清界限，也是旨在区别于传统的保守的伊斯兰势力。

会议持续了三天，有 18 篇发言，都各有专家做评述。发言者列举了目前伊斯兰世界存在的严峻的社会问题，有的是因为缺乏有关的青少年保护法，有的是受西方文化的影响，更多的是伊斯兰国家本身的政治问题、经济困难造成的。个别发言带有较强的反西方文化色彩，认为西方文化的渗透，正在抹杀年轻一代的阿拉伯—伊斯兰文明属性，而西方社会中穆斯林遭受的压力就更甚，实际上正在逐步淡化他们的民族、宗教身份。但来自德国、奥地利的通讯院士解释说，单亲家庭、吸毒贩毒、宣传暴力等，也是西方国家力图解决的问题，希望专家们能正确地客观地认识西方社会。目前，在中东和平进程严重受阻甚至倒退的情势下，约旦在地区内的处境十分艰难，它一方面必须站在阿拉伯-伊斯兰一边，反对以色列内塔尼亚胡政府的强硬政策，维护巴勒斯坦人民的权利，并积极改善与阿拉伯海湾国家的关系，希望它们恢复海湾战争前对约旦的援助；另一方面，约旦与美欧日的关系日趋密切，这不仅能获得不定期的援助、赠款，而且有望建立与欧盟的伙伴关系，因此，它在巴以冲突中一直担任着调解角色，发挥着独特的外交作用。本届皇家研究院年会传出了加强伊斯兰法治、民主建设、维护人权等呼声的宣传，也反映出这种谨慎的既不开罪阿拉伯-伊斯兰传统势力，也不正面与西方冲撞的政策走向。

二

我是从曼谷转机赴约旦的。一坐进约航班机，就从报上读到了约旦军事法庭审理达卡米萨枪杀以色列女中学生案件的报道。

在约旦的一周内，传媒对此案的跟踪报道仍在持续。显然，对地处阿以冲突前沿的约旦，面对目前停滞不前的中东和平进程，这案件的处理，无疑是舆论关注的热点。

案件的经过是约旦驻守在约旦河边境的一等兵艾哈迈德·穆萨·穆斯塔法·达卡米萨在今年3月13日枪杀了七名以色列女中学生旅游者，另有多名受伤。惨案发生后，世界各国为之震动。侯赛因国王事后曾亲自去以色列，向死者家属表示慰问、哀悼。按理说，凶手达卡米萨在案发当场被捕，现场又有约旦、以色列的多名目击证人，此案似乎并不难审理，但事实上，由于阿以矛盾冲突由来已久，民族、宗教积怨之深，决非几份协议所能化解。因此，约旦当局在审案过程中，是颇感棘手的。

此案的判决是，被告达卡米萨违抗军令、破坏最基本的军事纪律，判处终身苦役。

达卡米萨是个1986年参军的老兵。他起意枪杀以色列普通公民，并非始于今年。早在1993年，他就计划进入约旦河西岸，袭击以色列巡逻兵，后因调防，未能实施。今年3月7日，他回家乡休假四天后，临别郑重地向妻子辞行，还一反常态地一一吻别自己的孩子。从营地出发去行凶前，他托同伴还清他欠一位军官的借款。从精神状态上，表现出了一种"壮士献身沙场"的况味。他作案的时间是在早上8点过后，举枪扫射时，距离目标很近，完全看得清楚她们只是一群穿着统一校服的十二三岁的孩子！因此，达卡米萨的几位著名辩护律师声称，被告作案是因为性格不稳定，这实在令人感到太过牵强。

尽管如此，约旦报刊在报道此案审理时，都极为详尽，往往连占几个版面，并配有大量照片，既有审判现场，记者采访约旦官员的情景，也有达卡米萨微笑着向大家挥手致意，他在默读《古兰经》，他的家属和人群在为他呼喊、哭泣等画面。我曾问及一起开会的约旦朋友对此事的看法，他们都只是耸耸肩，脸上做个表情，让我自己去体会。

在中东地区，阿拉伯以色列的冲突，是第二次世界大战结束至今半个多世纪的核心问题。以色列的立国，巴勒斯坦人离乡背井，沦为难民，几次战争，以色列又侵占了阿拉伯的领土，在耶路撒冷城问题上，又多次擅自做出决定，不断伤害和刺激阿拉伯人和穆斯林的民族、宗教感情。论国力，是以色列小而强，阿拉伯国家多却弱。1991年召开的马德里和会，使阿以双方坐到了谈判桌前，以"土地换和平"的原则来解决双方的分歧。1993年，巴勒斯坦解放组织与以色列签订建立巴勒斯坦自治区的原则协议，1994年，约旦与以色列签约，成为继埃及之后第二个正式与以建交的阿拉伯国家。然而，中东地区的矛盾毕竟年深日久，1995年底，拉宾总理遇害，1996年5月底，内塔尼亚胡当选总理，执政的利库德集团与强硬的宗教势力联手，实行"三不政策"——不停止扩建犹太定居点，不归还阿拉伯被占领土，不同意巴勒斯坦立国。一年多来，中东和平进程的势头已被阻遏，以色列境内的阿以冲突连续不断，内氏提出的"有安全保障的和平"，实际上无法实现。我今年上半年接连访问了几个中东国家，阿以相互攻击的舆论都十分强烈，要营造一种谈判的气氛都已很难做到。在这样的情势下，连已与以色列正式建交的约旦，都竟然出现了现役军人枪杀以色列平民的惨案。

达卡米萨一案，给人两种感觉，一方面是约旦当局目前仰仗美国和欧盟之处正多，必须按照国际准则和法律，进行审判，对西方和以色列作出交代；另一方面，达卡米萨在普通民众中，虽然不能说被视为"英雄"，但肯定与别的杀人犯有区别，甚至还有部分人同情他。我在回国前，就听说他的律师团已经仔细地研究了军事法律,将再次提出要求总参谋长予以赦免。

这几天,又发生了巴勒斯坦激进组织"哈马斯"在耶路撒冷制造的流血事件,致使经过多方斡旋刚有可能恢复的谈判,再次戛然而止。中东地区的矛盾实在是错综复杂,如果当政者继续置"土地换和平"的基本准则于不顾,不历史地客观地理清头绪,逐步地公正地解开问题的症结,那么,平民遭殃的惨剧就不可能减少和停止,中东地区也不可能融入全球和平与发展的主潮流。

三

约旦皇家研究院共聘有 100 名院士和通讯院士,实行终身制。我作为目前该院聘任的唯一中国代表,这里谈一点参加年会的感受。

年会开幕式上,院长纳西尔丁·阿萨德博士在做两年工作报告时,专门提到了北京大学刘麟瑞教授等在这期间故世的院士和通讯院士。会后,阿萨德博士握着我的手说:"刘教授是一位可敬的教授。"他对刘先生的归真表示深切的悼念,真诚地祝祷真主赐刘先生慈悯。

这次,我结识了一位美国学者萨瓦伊教授。他实际上是约旦人,十多年前赴美留学,现与美国著名的中东问题学者威廉·匡特在同一所弗吉尼亚大学任教,不过他教授的是中东语言文化。听说中国有那么多大学开设阿拉伯语专业,他很盼望能与我们建立起交流关系。一次会议休息时,他来找我,说有一位英国教授想见我。那是一位老先生,个子不高,80多岁了,但精神很饱满。他叫戴维·科恩(David Cowan),阿拉伯名是哈吉·达伍德·科恩。他拉我坐下,抽出皮夹子里面的照片给我看,那是30年代他留学爱资哈尔大学时与中国留学生的合影。他说,他知道刘麟瑞先生,更熟悉中国第一批留埃及学生,如沙国诚、张秉铎、马坚等先生。他特别提到张秉铎先生,说当年大家都是小青年,住在一起,关系极为密切。

他讲述那时与中国留学生交往的一些故事,脸上流露出明显的眷恋和怀念。我告诉他,这几位中国留学生后来大都是中国阿拉伯语的大学者、大教授。我60年代从北大毕业,就是受业于这些老师,他们中有的虽没有直接教过我,但我一向把他们当作老师,怀有很深的敬意。张秉铎先生的阿文造诣极高,我原来的同学谢贻明生前在国际电台与张先生共事,就多次对我称道张先生的业务功力;教我的刘麟瑞先生也不止一次在课堂上赞扬张先生准确、流畅的阿拉伯语译文。科恩先生说,80年代他曾在阿尔及利亚开会时见过张秉铎先生一次,知道他在译《古兰经》,不知完成了没有?我说,这件事我也听说过,张先生治学严谨,逐词逐句的斟酌、推敲,需要时间。科恩先生再三托我,一定要向张秉铎先生,向当年与他同窗的中国留学生致意。科恩先生对中国同学的勤奋、聪明、敬业的感佩,对中国阿拉伯语教学和伊斯兰学术研究的关切,溢于言表。我把这些写在这里,把请萨瓦伊教授替我们拍摄的合影刊登在本期《阿拉伯世界》的封二上,俾以转达一位英国老学者对他的中国同学——我们德高望重的老一辈阿语专家——诚挚的问候!

还有一件值得一提的事。我今年春天曾收到摩洛哥文化大臣的邀请,去丹吉尔参加伊本·白图泰国际学术研讨会。大概花了一个多月时间,我紧张地赶写出了论文。摩方多次通过电话、传真告诉我,嘱我到中国国际航空公司上海办事处去领机票,还注明了机票号码。我多次去国航办事处,却就是拿不到机票。原来国航不承认电话、传真,一定要通过电传,但国航的电传却是坏的,而且似乎并不想修好。事实上,他们除国航系统内部外,并不开展"国外付款、国内取票"的PTA业务。摩洛哥文化部筹委会眼看会议临近,我却去不了,就来电要我自己垫款购票飞过去,务必赶上会议发言。几经周折,我终于在会议开幕的那天乘飞机由沪飞京,准备经巴黎转机赴卡萨布兰卡,再乘汽车到丹吉尔。不料,国航的飞机到达北京后即发生机械故障，要修理或换机。眼看着时间一分分地流逝，候机室里的法国人说怪话，装鬼脸的实在不少。我心急如焚，就去找值班人员问究竟还得等多久。他说至少得四五个小时。我一算，巴黎飞非洲的航班都安排在奥利机场，我从戴高乐机场转过去，最快也得一个多小时，这样，无论如何是赶不上飞卡萨布兰卡的航班了。摩洛哥文化部官员说好在卡市等我，我却滞留在巴黎换航班，就算勉强赶到丹吉尔，研讨会也闭幕了。于是，我只得办理退票手续，无奈地返回上海。

在约旦开会，碰到了倡议邀请我赴会的摩洛哥皇家科学院院士塔齐博士。他说："接到你中止飞行的传真，我和文化大臣真是笑死了，这个故事跟伊本·白图泰的旅行一样有趣。"他说已收到我后来寄去的论文，希望下次再找机会安排。他带了一套加注释的《伊本·白图泰游记》让我浏览，征询一下我的意见。塔齐博士是联合国世界地理名人，为考证《游记》，多年来遍访各有关国家的研究机构和学者，真正是呕心沥血，皓首穷经。现在的加注本，一共五册，附有各种手抄本影印件、照片，几乎每页都有脚注，颇为详尽。因时间短，不及细阅，只感到加注本对读者极有帮助。我对这位摩洛哥教授为弘扬本国民族文化，在发掘、整理文化遗产方面做出了前无古人的卓越贡献，由衷地表示叹服。塔齐博士问我："你知道最近对马可·波罗的评论吗？"我说只看到过一些美国方面的报道，英国不列颠图书馆中国部的弗兰西丝·伍德写了一本书，她问"马可·波罗到过中国吗？那是一个美丽的故事，不过是个神话"。我认为，学术上的反诘，需要有更充分的资料。塔齐博士说，他需要中国方面协助一起考证"伊本·白图泰真的到过大都（北京）吗？"这样一个由怀疑马可·波罗中国之行连带出来的问题。我告诉他，我读过一些中国史学家的有关论文，大家不怀疑伊本·白图泰到过中国，但他从泉州到北京再回泉州的时间表似值得商榷。塔齐博士年纪比我大许多，但性子比我还急，他一听马上就要我写文章,传真给他。我只得表示歉意说今年实在不行了,因为手上编了好几年的《简明汉阿词典》今秋必须看完校样交出去了,论文的事明年再联系吧。

年会期间,总部设在摩洛哥拉巴特的伊斯兰教科文组织的秘书长图韦杰里博士,备受各方重视。他是沙特人,干练、活跃。在一次攀谈中,我问他,沙特国民卫队的负责人、曾在自己庄园招待过我们的艾哈迈德·图韦杰里是他的什么人?他说那是他的堂兄。图韦杰里博士谈起伊斯兰教科文组织正计划编纂一部《世界伊斯兰百科全书》。我告诉他,我国在1994年已出版了《中国伊斯兰百科全书》,那是国家的重点科研项目,有数十位著名的穆斯林学者经过多年的考证、整理、研究才完成的巨著。图韦杰里博士表现出了浓厚的兴趣,问我是否可以作进一步联系,让他了解具体的情况。说实话,我是担心将来的《世界伊斯兰百科全书》里中国伊斯兰这一部分,外国学者不可能像中国穆斯林学者那样,编写得如此可靠、准确,最稳妥的是把《中国伊斯兰百科全书》中的有关部分译成阿文。但这里牵涉到知识产权、版权,不是谁可以说了算的。

我把这些情况写在这里,请参加这部著作定稿的、我认识的中国伊协的杨宗山院长、马忠杰教授能会同有关部门商处。

短短的几天会,还碰到了当年访问过上外的埃及米尼亚大学阿拉伯研究院院长伊卜拉欣·阿卜杜·哈米德博士,他已转到赫勒万大学去任教了。谈到上海、杭州等他到过的地方,谈到他当年去也门萨那大学教过的中国留学生,他充满怀念和向往。与我交往的马来西亚、苏丹、文莱、新加坡等国学者,都对我国这些年的发展和进步,表现出了浓厚的兴趣。

特别应当提到的是,会议结束后,我还有幸会见了我驻约旦刘保来大使、张崇福文化参赞和杜忠主任等官员。他们对约旦的情况十会熟悉,剖析问题鞭辟入里,给了我许多启发和帮助。他们的热情和招待,实际上体现了我国高级外交官员对学术界人士的尊重、关心和支持，对我来说，这已成为我深铭在心的中国外交特色之一了。

最后两天，我住在叶水林先生的公寓里。他的业务发展顺利，已经从约旦扩展到周边国家，经营范围也从外贸延伸到大项目的投标了。年轻的商务处三秘周春林、王蕾夫妇陪同我去游览了安曼市内的大清真寺、市场和几处正在修缮的古迹。他们的真诚、亲切乃至体贴，会使每一位教过他们的老师心里获得一份温馨和慰藉。我一向珍视这样的时光：听着当年的学生回顾学习的生涯，讲述他们奋斗的历程和对前景的展望，看着他们朝气蓬勃、精神抖擞的神情，真像是在给自己注入活力，在焕发起自己的青春。教师的职业是艰苦的，同时又是那样的美好。与刘麟瑞教授比，我自忖不敢望其项背，只能不时提醒、鞭策自己努力。新世纪的重任已落在年轻一代的肩上，我在1997年教师节撰写此文时，谨望我们年轻的阿拉伯语专业的教师，热爱这"传道、授业、解惑"的职业，协力同心，铸造出辉煌，把我国的阿拉伯语言文化的教学和研究事业不断推向前进。

访问伊本·白图泰的故乡[①]

4月中旬,我应摩洛哥王国文化事务部的邀请,从远东的上海飞往远西(摩洛哥史称"西马格里布",直译即为"远西")的卡萨布兰卡做学术访问。摩洛哥,对上海人来说,并不陌生,上海医疗队多年来以勤奋出色的工作,长期为摩洛哥人民送医送药,在中摩两国都享有很好的声誉;上海与卡萨布兰卡结为友好城市,已逾十年;去年底,摩洛哥首相访华,电视节目中对他的上海之行做过详细的报道,但对我来说,却是第一次去,而且是在一再受挫后才终于成行的。此事,还得从公元14世纪的摩洛哥大旅行家伊本·白图泰说起。

塔齐博士与《伊本·白图泰游记》

1995年7月,在约旦皇家研究院的年会上,我有幸结识了摩洛哥皇家科学院士阿卜杜·哈迪·塔齐博士。他是十卷集《摩洛哥外交史》的作者,阿拉伯世界遐迩闻名的大学者。他主动找我询问《伊本·白图泰游记》中文版的情况。我们从事阿拉伯语言文化研究的工作者,可以说是无人不晓这位堪与意大利马可·波罗相匹的摩洛哥大旅行家。伊本·白图

[①] 载于《文汇报》海外瞭望,1999年6月7日。

泰(1303～1377)出生在摩丹吉尔城,曾两次出外游历,前后长达30年,足迹遍及非、亚、欧三大洲。他于元顺帝在位期间,到过我国的泉州、广州、杭州、北京等城市,对城乡、物产、法制和社会生活做过描述和议论。阿拉伯人至今把我国的泉州称为橄榄城,是始于伊本·白图泰之口。他的世界见闻由伊本·朱赞笔录,原本后被巴黎国家图书馆收藏,另有多种手抄本,散藏于世界各国图书馆。19世纪中叶起,阿拉伯文版和西方文字版陆续问世,伊本·白图泰遂被公认为中世纪阿拉伯-伊斯兰世界最伟大的旅行者。

1980年秋,我赴宁夏银川市参加西北五省区的学术研讨会期间,曾应当时宁夏人民出版社资深编辑杨怀中先生(现宁夏社科院名誉院长)的咨询,推荐了我北大的老师马金鹏先生自30年代起就直接从事阿拉伯文《游记》全本的翻译工作。为了让读者对这本著作的内容和价值有所了解,我答应向马先生索要《游记》中的"中国部分",先在我负责的《阿拉伯世界》杂志上刊出。杨怀中先生此后曾几度专程赴京,与马先生共商共酌,终于使这本持续翻译、积压了近半世纪的学术著作得以在1985年面世。

塔齐博士闻讯后,当即要求我参与对《游记》的考证工作,撰写论文,出席摩洛哥正筹备举行的国际研讨会。四年时间,塔齐博士通过摩洛哥文化部先后向我发出过四次邀请,其中两次,我都已办完一切手续,坐进了飞机,却分别因国航和法航班机发生机械故障被迫推迟起飞,我计算巴黎转机时间,发现已赶不上会期而只得放弃,另一次又遇我出国在外,看到邀请信时,会议期限已过。今年一月下旬,我参加沙特阿拉伯的"百年庆典",正巧与塔齐博士下榻在同一饭店。他高兴极了,告诉我邀请信已传真发往上海,他又给我一份拷贝,望我尽早办妥手续,务必成行。

摩洛哥极为推崇和珍视自己的文化名人伊本·白图泰。1963年12

月下旬,周恩来总理访问摩洛哥,哈桑二世国王在欢迎宴会上致辞时,特地提到了曾访问过中国的伊本·白图泰。周总理在宴席交谈时提出,如果时间允许,他想去丹吉尔拜谒一下伊本·白图泰的陵墓。去年12月,为庆祝中摩建交40周年,摩洛哥首相率团访华,听外交部同志说,江泽民主席会见尤素菲首相时说,他曾读过《游记》,知道这位摩洛哥大旅行家……

我在摩洛哥访问的八天里,摩洛哥文化大臣、司长、处长无不与我谈伊本·白图泰,报刊、电台、电视台采访我时也都提及伊本·白图泰。

塔齐博士将他花费25年、走遍世界著名图书馆收集手抄本,与包括我国在内的各国史学家切磋讨论后做了详细校订注释的五卷本《游记考证本》赠送给我,他告诉我这套书已成为哈桑二世陛下赠送外国贵宾的礼物,到了机场,要我随身携带,不要作为行李托运,以免遗失。我驻摩洛哥大使穆文接见我时说,他正在读《游记》的法文版;文化参赞张献如问我,泉州有没有伊本·白图泰的后代……

我深深地感到,伊本·白图泰是中摩友好往来的见证和标志,我的摩洛哥之行得以实现,实在是应该感谢摩洛哥的大旅行家伊本·白图泰,感谢《游记》的校订者、当代的伊本·白图泰、年已八旬的世界地名会议主席塔齐博士!

地缘政治中的摩洛哥王国

摩洛哥在阿拉伯及伊斯兰世界中,是一个颇具特色的国家。这次访问时间虽很短暂,却给我留下了深刻而美好的印象。哈桑二世国王在1973年12月的一次演讲中说:"摩洛哥位于两海(大西洋和地中海)交汇之处,它必须考虑它的欧洲政策;摩洛哥地处非洲左侧一角,它在非洲有着漫长而光荣的历史,它必须考虑它的非洲政策;摩洛哥是一个阿拉伯国家,它得考虑它的阿拉伯政策;它又是一个伊斯兰国家,又须考虑它对待伊斯兰国家的政策……"哈桑二世自1961年登基以来，制订了摩洛哥第一部宪法，在复杂的地区和国际环境中，奉行温和灵活的内外政策，既坚持自己的国家利益，又善于应对，长期保持着社会的稳定和发展。

第二次世界大战结束以来，阿以冲突成为中东局势的核心问题，摩洛哥尽管远离阿以对阵第一线，但它是世界犹太人的主要聚居地之一。以色列建国后，摩洛哥对境内犹太人的移居政策比较宽松，据统计，以色列籍的摩洛哥犹太人（包括他们的子女），迄今已有70万之多，其中不乏政要，如曾任沙米尔政府和内塔尼亚胡政府外长的利维·戴维，就是1956年移居以色列的摩洛哥犹太人。王国政府在对以色列总政策上与阿拉伯各国趋同，但也经常发挥它独特的作用。1976年和1977年，哈桑二世国王曾先后与以色列总理拉宾和外长达扬举行过秘密会谈，1986年7月当中东和谈陷入僵局之际，又与当时的以色列总理佩雷斯举行了三轮会谈，力求通过和谈解决争端。冷战结束后，以色列先后与巴勒斯坦、约旦签订了有关协议，摩洛哥则率先于1994年10月作为东道主成功地举办了中东北非经济首脑会议，第一次正式形成政治谈判与经济合作相辅相成、双轨并进以推动中东北非地区和平发展主潮流的模式。摩洛哥移居美国的犹太人数量也不少，他们迄今与摩洛哥王室保持着良好的关系。摩洛哥的朋友告诉我，哈桑二世国王访美时，美籍摩洛哥犹太人领袖们怀着感激之情去拜会他。国王嘱咐他们不要忘了他们的故土，经常回摩洛哥去看看。近来，摩洛哥已擢用原驻美大使本·伊萨为外交大臣，在他的提议下，摩洛哥邀请了克林顿总统夫人希拉里和一批美国会议员访摩洛哥，反映出摩洛哥对美关系方面的走向。

摩洛哥与欧洲有着漫长的历史渊源。1995年起，欧盟15国实施建立欧盟-地中海伙伴关系战略，在地中海沿岸的亚非12国中，摩洛哥是最先与欧盟签订"联系协定"的南地中海国家之一。协议规定，欧盟逐步减少在摩洛哥水域作业的捕捞船只的数量和吨位,向摩洛哥提供约 6.5 亿美元的渔业补偿和摩洛哥发展渔业科研、人员培训的资金。摩洛哥是一个农业国,它的蔬菜、瓜果和鲜花主要向欧洲出口。摩洛哥与欧盟的贸易额,要占其总进出口额的 60％强。今年,欧盟 11 国已正式启用欧元,摩洛哥已决定将它与这些国家的外贸结算改用欧元,以避免汇率差造成的损失。旅游业是摩洛哥的支柱产业之一,每年访问摩洛哥的外国旅游者,约有 200 万人,其中多数是欧洲人,这既是因为摩洛哥拥有丰富的旅游资源,也由于在摩洛哥游览几乎没有语言障碍,各地的摩洛哥人大多通晓法语、英语或西班牙语。为了扩大摩洛哥在欧洲的影响,我从电视上看到,摩洛哥出资 5000 万法郎在巴黎协和广场修建了一座曼苏尔城门,并同时举办将历时一年的"摩洛哥王国文物展"。

我在摩洛哥期间,正值阿尔及利亚大选,原布迈丁执政时的外长布特弗利卡在时隔 20 年之后复出。他当选总统后即在记者招待会上谈到了与摩洛哥长期存有争执的西撒哈拉问题,他表示,"西撒哈拉问题应根据联合国、非统组织的计划和决议,以及(1997 年 9 月摩洛哥与西撒哈拉人阵达成的)休斯顿协议予以解决","阿尔及利亚与摩洛哥的关系应建立在睦邻基础之上"。哈桑二世国王随即致电视贺布氏当选,强调要"恢复和加强摩阿两国人民间的兄弟关系"。由此看来,随着阿尔及利亚局势的稳定和好转,摩阿关系也有望趋缓。此外,因洛克比事件遭受联合国长达七年制裁的利比亚,已交出两名嫌疑人赴荷兰受审,利比亚开始走出困境。这样,沉寂多年的阿拉伯马格里布联盟兴许会在妥善处理各种双边关系的基础上,恢复磋商合作的机制,推动马格里布地区向和平、稳定和繁荣的方向发展。

摩洛哥王国正是凭借着它在地缘政治中的独特地位,注意把握机遇,适时调整政策而始终在中东北非地区保持着活力,成为一个令各种国际力量瞩目的特色国家。

从茶、桑到文化交流

摩洛哥竟然也种茶、种桑,这无形之中就令我这个长于杭嘉湖畔的中国浙江人产生了一种亲切感。在整个非洲大陆,唯有3000万摩洛哥人是喝绿茶的。当地人谈到茶往往也就会提到中国。摩洛哥方官员和学者都告诉我,中摩建交与茶有关。50年代,摩洛哥从进口中国绿茶开始了与我国的接触和交往,建交后,中国专家组远赴摩洛哥帮助种植茶叶,摩洛哥从一个茶叶纯进口国转为也产自种绿茶的国家。只是摩洛哥人的喝法与我们不同,他们习惯加入糖和薄荷后煮了喝。我在北部农业区参观了几座城市,途中见到过茶林。摩洛哥因气候炎热干燥,茶树不像我国多种在山坡上,而是植于其他高大乔木的庇荫下,以满足它生长必需的湿度。

摩洛哥境内的树木有栎树、软木树、柑橘树、橄榄树,也有桑树。陪同我的摩洛哥文化部穆罕默德·齐恩先生,热情而且友善,他一边驾车一边向我指明沿途的各种树木、庄稼和花卉,特别几次三番地谈到桑树,原来他的小儿子在养蚕,一定要他摘点桑叶回去。听齐恩先生说,摩洛哥的小学生不论男女,养蚕的居然还不少!我们在沙夫沙温市作了停留,这里有个中国养蚕专家组,可惜要赶路,不及去拜访了。在整个阿拉伯世界,恐怕只有摩洛哥一国像中国一样,既种茶也养蚕。

摩洛哥人民对我国的友好之情,几乎处处可以感觉到。这次,在摩洛哥驻华大使迈蒙先生、摩洛哥文化部官员和塔齐博士的倡议和关心下,我与卡萨布兰卡市哈桑二世大学的校长、各学院院长探讨了建立校际合作的意向。他们均为在两市已建立友好城市的基础上,又形成高校间的交流,将有机会在文化、教育领域相互沟通和合作而感到高兴。席间,他们热情地谈到中国歌舞团去年10月的访摩演出,对中摩文化交流表现出了很高的兴致。

摩洛哥既珍视本国文化,也很愿意开展交流。我会见了摩洛哥"诗歌之家"主席和副主席。他们说,诗歌在摩洛哥兴起只有二三十年历史,但发展很快。去年举办了第一届诗歌节,在官方和民众的支持下,开得隆重而成功。组委会为每位代表准备了一个大镜框,里面有他的个人像、简历和几行诗,都用美工装饰,挺漂亮。他们认为,再经过十年的努力,摩洛哥或许就能形成自己的诗人群体和诗歌珍品。他们已建议联合国教科文组织设立"世界诗歌日";还希望明年的摩洛哥诗歌节举办时,能有一位中国学者参加,向摩洛哥喜爱诗歌的人介绍中国诗歌的情况。

我在摩洛哥文化部做报告前,首先拜会了摩洛哥文化大臣穆罕默德·艾什阿里阁下。他是上届作协主席,也是一位已经出版了七本诗集的诗人。大臣讲得一口流利的阿拉伯标准语,他说:"摩中关系一直很好,首相去年底访华,取得了圆满成功。这次,希望通过你的访问,我们开展一些文化上的合作。听说你已与'诗歌之家'、作协有过接触,我们的文化合作是否可以从翻译做起呢?"大臣说,摩洛哥文化部已与哥伦比亚、巴西、西班牙等国开展了文学翻译方面的合作。他认为,翻译的作用很大,因为书是永存的。他希望在摩洛哥文化部的帮助下,中方能翻译一些摩洛哥的学术、文学著作,让中国了解摩洛哥;也希望将中国的优秀作品译成阿拉伯文在摩洛哥出版,摩方愿意承担费用。即使每年出一本,五年就是五本,如果作品吸引人,也可以每年不只出一本。摩洛哥经常参加开罗、突尼斯等地的书展,中国图书可以通过摩洛哥走向整个阿拉伯世界。他还表示,如果通过中国学者的努力,能出版一批摩洛哥的作品,他愿意到中国去参加新书发布会。

齐恩先生从头到尾陪同我参观、访问、座谈。他说,他真想带全家到中国去旅游一次,在实现这个计划之前,他愿意经常为《阿拉伯世界》撰稿,提供各种资料。从他领我参观非斯城的巴特哈博物馆和寻访丹吉尔市的伊本·白图泰陵墓时所作的介绍、说明看,他无疑是一位很有学识教养的文职官员。临别时他还送了我两本他编的书。我从齐恩身上强烈地感受到,摩洛哥确是一个文化之邦,一个有着悠久历史和灿烂文明的阿拉伯国家!

我迄今还留有深刻印象的是矗立在卡萨布兰卡大西洋岸边的哈桑二世清真寺。这座占地9公顷、历时6年于1993年建成的大寺,极其宏伟壮观。寺内的礼拜殿长200米,宽100米,高60米,可容近万人,寺外宽阔的广场则可容8万人同时礼拜。进入礼拜殿内,地面平滑光整,地下装有供暖装置,冬天不穿鞋的礼拜者,脚底有暖感。屋顶是活动的,5分钟自动开闭一次,作空气调节用。铺设柱子用的大理石有各种颜色,美观考究,全是摩洛哥产品,木质地板也是国产货。清真寺的宣礼塔高100米,也是灯塔,晚祷后灯光打开,可照方圆30公里,为航行在大西洋的船只指向导航。摩洛哥朋友说,这是仅次于麦加禁寺和麦地那先知寺的世界第三大寺,创意和布局都出自哈桑二世。它实际上已成为当代摩洛哥的标志——古典与现代的结合,信仰与科技、艺术的结合。

我不由地想起那屹立在东海之滨上海的东方明珠塔。中摩两国人民、上海与卡萨布兰卡两座城市,都在90年代树起了高大雄伟的建筑,正好位于亚非两大洲的东西端点,相互辉映,既闪耀出民族复兴之光,更烛照着新世纪的历程。

政局纵横

海湾危机管窥[①]

20世纪90年代,第二次世界大战结束后建立起来的雅尔塔体系已趋解体。在旧的世界格局已被打破,新的格局尚未形成的过渡阶段,一方面各种力量都在进行调整,巩固已有地位,寻求发展,借以发挥更重要的影响;另一方面,过去长期被遏制的地区性矛盾骤然升温、激化乃至爆发出来,成为国际政治的热点。伊拉克今年8月2日悍然出兵侵占科威特,6天后即宣布科威特为它的第19个省,就是一例。伊拉克这种赤裸裸的侵略行径,这种企图通过武力手段谋取地区霸权的尝试,理所当然地激起了全世界绝大多数国家和人民的反对。3个多月来,联合国已通过了10项决议,谴责伊拉克对科威特的占领,并对伊拉克实行全面的制裁。这反映了国际社会伸张正义的声音。目前,伊拉克已陷入空前孤立的境地,但仍在顽抗,仍未做出无条件撤出科威特的表示。海湾危机究竟如何解决,成为当今世界最令人关切的问题,海湾危机所引发的政治、经济、文化价值观念等方面的矛盾,则更是值得人们去深思和探讨的重大课题。

[①] 载于《当代国际问题研究》1990年第4期。

一

　　海湾危机的前景究竟是战是和，现在依然众说纷纭，扑朔迷离。近一段时间来，对峙双方的调门都很高，爆发战争的危险越来越大，而与此同时，国际社会要求和平解决的呼声也越来越强烈。是把局势进一步引向战争边缘，还是推动危机的和平解决，固然要由各国政府做出抉择，但更重要的是要看事态的发展，看以美国为首的西方国家，与伊拉克之间是否有一方已下定决心孤注一掷，诉诸武力。

　　自海湾危机爆发以来，以美国为首的西方国家，通过联合国决议的合法途径，对伊拉克进行谴责、制裁，同时又迫不及待地向海湾地区派出军队，并不断加强它们的军事力量。所采取的策略是"以压待变"，即采取各种手段扼住伊拉克的咽喉，集结足够强大的陆、海、空兵力，摆出不惜同伊拉克打大仗的架势，其目的是激化伊拉克内部的矛盾，促进伊拉克国内反政府力量的发展，最终颠覆推翻萨达姆·侯赛因政权。

　　但是，美国这次对待海湾危机，反应之所以那么快，主要还是为了它本身的利益。美国自1979年伊朗爆发伊斯兰革命以后，就失去了在海湾的立足地。海湾地区由于盛产石油，一直是西方工业国家至关重要的能源供应地，维系着它们的经济命脉。据估计，西欧50%、日本70%的石油靠从海湾进口。即使美国本身，它今年第一季度的石油净进口量为每天766.1万桶，其中206.4万桶也来自海湾。这次借海湾危机，得以大规模地重新返回海湾，特别是进入伊斯兰教传统根深蒂固的沙特，美国终于实现了它多年的夙愿。眼下不管事态如何发展，是战是和，美国都想控制海湾，因为这是保障它本国利益的需要，也是它今后对严重依赖海湾石油供应的西欧、日本施加影响与维持其超级大国地位战略利益的需要。这一点，现在已为越来越多的人所看清。中东地区出现了要求外国军队撤出海湾地区的呼声，由阿拉伯人自己解决海湾危机的主张，越来越显示出它的合理性。

面对强大的国际压力,萨达姆·侯赛因政权采取的策略则是"以拖待变"。它到处派出高级官员,去解释它侵占科威特的所谓"理由",不断接待来自西欧、日本派遣的使者。一会儿赞成法国总统密特朗9月24日在联合国大会上的讲话,释放了法国人质;一会儿又散布消息,说萨达姆梦见了伊斯兰教的创始人穆罕默德,明确了伊拉克军驻扎的正确地点应是布比延、沃尔拜两岛,从而制造一种伊军似乎会从科威特本土撤走的烟幕。应该看到,这段时间来,国际制裁已经产生效果。伊拉克国内困难重重,粮食、糖、食用油等不少生活必需品已实行凭证供应,而且其配额还在不断减少;作为外汇主要来源的石油出口被卡断,国内汽油由于需进口的添加剂无从补充,也只能定量供应;许多工厂停工,工业濒于停滞,而且武器的零配件断了货源,只能拆掉20%,保证另外80%的完整。然而,伊拉克的反制裁能力也在增强。它的粮食储备,据西方外交人士10月份的估计,至少可以维持3~8个月,年产约40万吨的椰枣已到收获季节,这是阿拉伯人历来作为食用的主要食物,再加上伊拉克当局通过塞浦路斯、伊朗、土耳其等边境地区拉起了走私网,能够取得一些它急需的物资。萨达姆政权迄今还没有做出要放弃科威特的明确表示,它所采取的各种措施:谈判、打人质牌、发表态度强硬的谈话等,无不经过精心策划,显得既有耐心,也很有手腕。因为目前的局面拖得越久,对保住它的既得利益就越有利。

对峙的双方都在"待变",都还没有做出最后的"军事抉择",其原因,双方都明白,一旦大动干戈,将对世界经济和世界战略格局产生不可估计的巨大冲击。就目前海湾危机已经造成的后果看,发展中国家已经首当其冲,蒙受的损失极其惨重。非产油国因油价的急剧上涨而导致了进口费用大幅度增加。中东劳务市场顿形萎缩,东亚、南亚和埃及、也门、约旦等一些阿拉伯国家大批在伊拉克、科威特、沙特的劳务人员被迫返回,国内失业人员骤增。同时,西方国家尽管千方百计地转嫁危机,提高贷款利率,尽可能地从国际石油市场多购石油,增加自己的石油储备,但是国际金融市场的剧烈动荡、股票下跌、金价猛涨、通货膨胀率上升,也都使它们的经济受到巨大的冲击。因此,如果海湾危机失去驾驭,进而爆发战争,那么,不论战争的结局孰胜孰负,海湾油田都必遭浩劫,这是西方国家和美国都不愿看到的事,更重要的是,整个世界和平、发展的总趋势也将会严重受挫。

当前,最急迫的任务,一方面当然要对海湾危机的发展及时做出判断,要有各种精确的分析,以便于应付种种复杂的局面;另一方面,哪怕只有一线希望也应千方百计地争取危机的和平解决。因此,我国从独立自主的和平外交政策出发,自发生海湾危机以来,既义正词严地谴责伊拉克的侵略行径,又积极地主张和平解决,保留了向各方做工作的余地,也很主动,这无疑是正确的。

二

为什么正当美苏实现缓和、柬埔寨组建民族团结政府、两德统一等国际问题都取得令人瞩目的进展时,伊拉克竟然冒天下之大不韪,公然吞并科威特这样一个海湾富国呢?

概括起来,伊拉克侵占科威特大约有以下一些原因。

历史原因。公元 7 世纪当阿拉伯的帝国崛起时,整个西亚、北非都处于哈里发政权的统辖之下,没有伊拉克、科威特之分。在 14 世纪末起建立的庞大的奥斯曼帝国时期,今天的伊拉克是帝国统治下的巴格达省、摩苏尔省和巴士拉省,而于 1756 年建国的科威特酋长国,到 1871 年则被划为奥斯曼帝国巴士拉省的一个县。当时,土耳其政府曾授予科威特酋长陆军中校的头衔,但这个荣誉头衔只在土耳其方面使用,在科威特内部从来没有使用过。从实际情况看,奥斯曼帝国的势力并未能使科威特纳贡称臣,这是可以从史料中找到佐证的。以后,1920年,伊拉克沦为英国的"委托统治地",1921年作为一个国家获得独立。科威特于1939年正式成为英国的"保护国",1961年,科威特终于独立。彼此间不存在从属关系。

伊拉克向科威特提出的领土要求,从第二次世界大战结束以来,几乎就没有停止过。1958年伊拉克发生卡塞姆领导的"自由军官组织"政变,推翻了费萨尔王朝统治。卡塞姆政权在科威特独立后不久立即宣布科威特是伊拉克不可分割的一部分。1968年伊拉克复兴党上台,第二年就提出要求科威特割让、租借岛屿。1973年,伊拉克的军队曾侵入科威特北部境内。80年代,伊拉克处于两伊战争之中,也仍没有放弃过对科威特的领土要求。

伊拉克在海湾危机爆发以后,派出高级官员四出游说,陈述它侵占科威特的主要理由,仍是奥斯曼帝国时期科威特曾划归巴士拉省管辖。然而,事实上,1922年伊拉克已承认伊拉克和科威特两国之间的现有边界。1963年10月,伊拉克复兴党政权又承认科威特独立。因此,伊拉克目前凭借的历史理由是站不住脚的。

地理原因。伊拉克虽然濒临海湾,但它的海岸线只有50公里,即从阿拉伯河河口的法奥至布比延岛以东一段既短又浅的入海口。伊拉克对这一条狭窄的处于别国监视之下的出海通道,从来就不甘心。伊拉克的复兴党执掌政权后,亟欲得到科威特的沃尔拜、布比延两岛,后因遭到科威特、沙特和伊朗等国的坚决反对而中止。1979年7月萨达姆·侯赛因上台,为了取得阿拉伯河的控制权,不惜废除1975年的阿尔及尔协议,向伊朗开战,进行了一场持续8年之久的两伊战争。阿拉伯海湾国家对伊拉克久怀戒心。1981年,海湾六国沙特、科威特、阿联酋、卡塔尔、巴林、阿曼成立海湾合作委员会,加强区域合作,就把伊拉克排斥在外。这种做法，实际上就是不承认伊拉克是个海湾国家。伊拉克这种地理位置，对于它急欲称雄海湾，进而控制海湾经济命脉的战略，无疑是个障碍。侵占科威特，不仅可以占据它丰富的石油资源，而且能取得长达 213 公里的海岸线，这是伊拉克梦寐以求的目标。

经济原因。伊拉克打了 8 年仗，约欠下 750 亿美元的债务。在战争期间，海湾王室政权出于阿拉伯民族利益的得失考虑，又怕伊朗搞伊斯兰革命输出，用共和制来取代它们的王室统治，一直站在伊拉克一边，从各方面特别是从经济上给予支持。伊拉克光欠科威特一国的债务，就有 150 亿美元。只是萨达姆·侯赛因政权并不领阿拉伯海湾国家的情，它认为与伊朗作战是伊拉克流血牺牲，保卫了整个阿拉伯民族，它当年举债之时并没有想到要偿还。战后，各债权国纷纷索债，伊拉克乃要求正式免除这笔债务，遭到科威特等国的拒绝。于是，伊拉克反过来指责科威特偷采伊拉克石油，向阿盟秘书长告状，要求科威特赔偿 24 亿美元，并指责科威特不遵守石油输出国组织分配的限额规定，大量超产，致使油价下跌，使伊拉克蒙受了巨大损失。在这些理由的背后，伊拉克长期以来一直觊觎科威特这个名列世界前茅的产油富国，它吞并了科威特，就获得了世界油库的 21% 以上。在世界经济中石油显得越来越举足轻重的今天，萨达姆·侯赛因政权决心要集军事大国和经济大国于一体，终于铤而走险。

伊拉克国内原因。经过两伊战争的伊拉克，它的兵力已从战前的 24 万人激增至 64 万，现在已达 100 万之巨。坦克、装甲车、火炮、各类作战飞机、直升飞机、导弹、舰艇等武器装备，不仅数量增加，而且也更加精良、先进。伊拉克自称已成为世界第六号军事强国，在整个阿拉伯世界中，它的军事实力更是首屈一指。然而，两伊战争给伊拉克和伊朗人民带来了惨重的损失，双方死亡约 100 万，伤 150 万人，经济损失高达 9000 多亿美元。伊拉克债台高筑，经济发展迟缓，它的国民经济人均收入，1980 年为

2740 美元，到近年则在 1200～1500 美元之间徘徊，加上国内物资供应匮乏，人民不满情绪上升，国内矛盾在加剧。

由于是伊朗总统哈梅内伊于 1988 年 7 月 18 日首先写信给联合国秘书长，正式表示接受安理会 598 号决议，促成了当年 8 月 20 日两伊全线停火，宣告了两伊战争的结束。伊拉克的宣传机器遂把萨达姆·侯赛因说成了"战争与和平的英雄"，是挡住了伊朗什叶派的革命输出的中流砥柱。十多年来，萨达姆·侯赛因集党政军大权于一身。他的照片、讲话、活动，几乎天天见诸报端。部下稍有异常言行，便遭坚决清洗。在巴格达市无名战士纪念碑地下室的军事博物馆里，他被说成是伊斯兰教创始人穆罕默德堂弟兼女婿阿里的儿子侯赛因的后代，而什叶派圣人侯赛因的后裔，千百年来在穆斯林心目中一直具有无可争辩的权威地位。这一切，显然都是为他争当阿拉伯盟主在制造舆论，准备条件。

国际原因。美苏搞缓和，苏联在中东的力量和影响明显下降，出现了力量的不平衡。接踵而来的是苏联犹太人向以色列大量迁移，从而引起了阿拉伯人民的普遍不满。阿拉伯国家的舆论对苏联和东欧的急剧变化并不欢迎，认为这只对以色列有利。阿拉法特领导的巴解组织这些年来做出了重大让步，它接受了联合国安理会 242 号、338 号决议，承认以色列的存在，要求召开国际和会解决阿以冲突。但是，美国对此反应并不热烈。布什总统主张解决中东问题采取小步走，不急于拿出方案。以色列利库德集团的沙米尔上台后，态度更趋强硬。在巴解组织和一些阿拉伯人看来，政治努力既然失败，那就只能指望武力解决，而能够在中东地区与以色列抗衡的，可以说是非伊拉克莫属。此外，阿拉伯世界穷国与富国、共和体制与君主政体、外来劳工与本国居民之间，一直存在着矛盾，斗争日趋尖锐。目前，萨达姆·侯赛因打出的旗子是反美、反霸、反以色列，进行圣战，目的是想激起并利用阿拉伯人民的民族情绪与宗教情绪，这也是他迄今为止依然强硬、依然有恃无恐的重要的精神支柱。

三

　　海湾危机又一次吸引了全世界的视线。中东这个动荡不定的地区，自第二次世界大战结束以来，始终是全球的一个热点。那里，盛产石油，战略地位重要，是超级大国角逐的场所，而中东各国出于政治、经济、民族、宗教等各种原因，矛盾错综复杂。五六十年代，纳赛尔领导的埃及"七·二三"革命首开先河，中东掀起了波澜壮阔的争取民族独立运动的高潮，各国先后挣脱殖民主义的枷锁，摆脱封建王朝的羁绊，走上了发展民族经济文化的道路。在国际舞台上，阿拉伯世界同广大发展中国家一道，在倡导不结盟国家运动，促进亚非拉各国反帝、反殖，争取民族解放等方面，都曾发挥过积极的作用。然而，由于阿以冲突长期得不到全面公正的解决，超级大国在这一地区的争夺愈演愈烈，中东各个国家之间，一国内部的各阶级之间，矛盾往往无法及时缓解。七八十年代除阿以冲突继续存在之外，又出现了黎巴嫩内战、霍梅尼革命、两伊战争、埃及总统萨达姆遇刺、利比亚与美国的冲突、利比亚出兵乍得，等等。这些事件一次又一次地证明，中东地区非常不平静。普通的阿拉伯人实际上已感觉到了超级大国企图操纵他们的命运，有些当权者只知道谋取私利，却漠视人民的根本利益。广大人民群众中间有一种失望的情绪在滋长，他们缅怀昔日的光荣，寄希望于伊斯兰教。因为在中世纪，特别是在阿拔斯王朝（750～1258年）鼎盛时期，政教合一的阿拉伯帝国乃是世界上的泱泱大国，版图横跨亚、非、欧三洲，它的文明火炬曾照耀还处在黑暗时代的欧洲。因此，本世纪70年代起，中东出现了伊斯兰复兴运动，这是丝毫不奇怪的。激进的穆斯林把宗教当作济世良方，结成形形色色的宗教组织，通过各种手段来表达他们的感情，以求达到他们的目的。在这种背景下，这么多年来，中东不仅有战争、革命、政变，也有扣押人质、劫机、劫船等风波迭起的事端，它成了一个几乎天天都有爆炸性新闻的多事地区。事实证明，研究中东问题，还必须重视阿拉伯人的想法和观点，了解他们用以判断、处理问题的标准和价值观念，只有这样，才能深化我们的认识，对复杂的情况做出更客观的分析。

与美国、苏联都保持一定距离的叙利亚领导人，是如何看待伊拉克入侵科威特一事的呢？今年10月上旬，叙利亚副总统马沙拉卡在纪念1973年10月战争17周年的演讲会上说："伊拉克过去向伊朗开战，是用阿拉伯民族主义反对伊斯兰教，今天它侵占科威特，则是用伊斯兰教反对阿拉伯民族主义。"他认为，伊拉克的入侵行动，旨在阿拉伯民族主义和伊斯兰教之间制造争斗和矛盾。由此可见，阿拉伯民族主义和伊斯兰教的利益，迄今仍然是阿拉伯国家许多领导人用以观察问题、采取行动的重要标准。

伊拉克入侵科威特，违背了国际关系准则，应当受到谴责和制裁。但是，随着西方军队大批拥入海湾地区，阿拉伯世界的抵触、反感情绪也在增长。海湾是海湾地区人民的海湾，伊拉克企图称霸，应当反对，但如果美国企图借海湾危机，长期盘踞不走，借建立海湾安全体系之名，行控制海湾之实，那么，阿拉伯人民的反美行动将会持续不断地高涨，美国将成为众矢之的。阿拉伯民族主义和伊斯兰教，是阿拉伯人民用以达到他们实现阿拉伯统一目标的力量，是两股有分有合，合多于分，时隐时现，但始终在起作用的强大力量，就近年来的趋势看，这两股力量都还在上升。这是十分值得注意的现象。

海湾危机出现在世界向着缓和与发展的方向前进的时刻，虽是一次地区性争端，但已牵动全局。它一方面表明伊拉克的萨达姆·侯赛因政权迫不及待地企图谋取地区霸权，充当海湾和阿拉伯世界的盟主，采取了鲸吞主权国家科威特的不义行动；另一方面，也是中东地区各种矛盾又一次激化的表现。它提醒我们，在世界战略格局转换之际不仅要考虑大国，分析世界发达国家的综合国力,而且也应重视广大的发展中国家,重视处于中介地带,石油资源极其丰富,由 20 多个国家和地区、2 亿多人口组成的阿拉伯世界。黎巴嫩出生的美国东方学家菲力浦·希提在他的著名的《阿拉伯通史》中说:"讲阿拉伯话的各国人民,是第三种一神教的创造者,是另外两种一神教的受益者,是与西方分享希腊-罗马文化传统的人民,是在整个中世纪时期高举文明火炬的人物,是对欧洲文艺复兴做出慷慨贡献的人物,他们在现代世界觉醒的、前进的各独立民族中间已经有了自己的位置。他们有着丰富的文化遗产,有着无比的石油资源,他们对于人类的物质和精神进步,一定会做出重大的贡献。"我以为,这是一个全面而精辟的概括,有助于我们多角度地认识、分析、了解海湾、阿拉伯世界乃至中东地区的种种战祸、动乱和事件,从而形成我们自己的见解和结论。

从埃以和谈到阿以和谈[①]

1991年,中东地区至少发生了两件举世瞩目的大事,一是海湾战争,伊拉克被多国部队击溃,它侵略科威特的行径被国际社会制止,科威特恢复了自己的独立和主权;二是在美国的实际主持下,10月30日终于在马德里召开了阿以冲突有关各方的和谈。

中东地区在第二次世界大战结束以来,一直是世界的热点。它地处战略要冲,资源十分丰富,但各种矛盾错综复杂,仅较大规模的地区战争就已发生了7次之多,包括4次中东战争、1982年以色列出兵侵略黎巴嫩、两伊战争和最近的海湾战争。因此,中东地区能否追随世界缓和、发展的总趋势,能否全面、公正地解决这诸种矛盾中的主要矛盾阿以冲突,实现中东和平进程,成了当前人们普遍关心的一个国际政治问题。

历史的经验值得注意。在探讨今天阿以和谈前景的时候,回顾一下70年代末的埃以和谈的进程,是有借鉴意义的。

埃及是4次中东战争中阿拉伯方的主力军,为了实现纳赛尔总统提出的"阿拉伯统一、非洲统一、伊斯兰统一"的目标,埃及一直处于阿拉伯

[①] 载于《当代国际问题研究》1992年第1期。

世界的中心地位，具有举足轻重的影响。然而，连续不断的战争使埃及付出了巨大的民族牺牲和惨重的经济代价，在不到 30 年的时间里，它死伤了 10 万余人，损失了约 500 亿美元。萨达特担任总统后，面对中东"不战不和"的局面，两个插手中东事务的超级大国，他从本国的利益出发，决心不通过武力来解决阿以之间的问题，为埃及赢得和平环境，医治战争的创伤。萨达特曾说，他从 1968 年起就开始考虑要同以色列和谈了。在 1973 年 10 月战争之后，他力排众议，着手一步步地贯彻他的和平主动行动。1974 年 1 月和 1975 年 9 月，在美国的斡旋下，埃以签订了两个军队脱离接触的协议。1976 年埃及废除《埃苏友好合作条约》，取消了向苏联海军提供的便利。1977 年 11 月萨达特果断地访问以色列，在以色列议会上发表呼吁和平的演说。1978 年 9 月，在美国卡特总统的撮合下，他与以色列贝京总理签订了《关于实现中东和平的纲要》和《关于签订埃及同以色列之间的和平条约的纲要》，这就是举世闻名的戴维营协议。1979 年 3 月，埃、以、美三国共同签署了埃以和约。1980 年 2 月，埃以正式建立外交关系，互派大使。

埃以和谈从 1977 年 11 月萨达特提出中东"和平倡议"算起，到两国建交，前后花了两年多时间，应该说是进展顺利，历时不长。当时，除埃及迫切需要和平之外，美、以也从各自的利益出发，急欲使和谈成功。美国的卡特政府上台后，一方面千方百计地排挤苏联在中东的势力，另一方面竭力通过埃以和谈渗入埃及，扩大它在阿拉伯世界的影响。以色列从成立之日起，就处于高涨的阿拉伯民族主义压力之中，面对的是要"把它从地球抹掉""赶到海里去"的阿拉伯邻国。在美国和西欧国家的支持下，它坚持强硬的黩武主义路线，对周边国家进行侵略扩张，占领了大片的阿拉伯土地，保持了军事上的强大，但毕竟整天生活在惶恐不安之中。所有的阿拉伯国家都抵制它，它感到没有安全的保障，而且是它酿成了巴勒斯坦人民流离失所的悲剧，始终受到世界人民的谴责，在国际社会中十分孤立。为了摆脱这种局面，分化阿拉伯阵营，削弱阿拉伯世界的力量，当时虽然是利库德集团的右派贝京掌权，但也还是同意了用土地换和平，逐步撤离了它占领的埃及领土西奈半岛和塔巴，换来了与埃及的建交和西线无战事。应该说，埃以和谈的成功，反映了埃、以、美三国当时的意愿，它们各有所得。

但是，萨达特单独与以色列媾和在阿拉伯世界引起的震动和反响之强烈，是许多人始料未及的。阿拉伯联盟内部因此发生了严重分裂，叙利亚、利比亚、伊拉克、阿尔及利亚和巴解组织宣布成立"拒和阵线"，连沙特阿拉伯、突尼斯、摩洛哥这样的温和国家也反对萨达特的"和平主动行动"，阿盟总部从开罗迁到了突尼斯；绝大多数的阿拉伯国家与埃及断交，埃及在阿拉伯世界内部处于孤立状态。1981年10月6日，萨达特被伊斯兰教的极端分子杀害，他为中东和平付出了生命的代价。从中东地区的和平发展势头看，萨达特顺应了历史潮流，他与以色列媾和是中东国际关系史上的重大事件，这意味着对以色列存在问题上的偏激政策进行修正，对过去解决阿以矛盾只能兵戎相见的程式是一个突破。但是，埃以媾和没有解决阿以冲突的核心巴勒斯坦问题，没有充分地估计阿拉伯各国的民族情绪和宗教情绪。我当时生活在埃及，虽然认为和谈是解决阿以矛盾的正确途径，但也深为埃以和谈引起的强烈反对的社会舆论和民族情绪所震撼。

1977年萨达特访问以色列，与贝京进行谈判，到现在的马德里和会，已经15年过去了。如果将埃以和谈与阿以和谈做个比较，会发现两者有一些相似点，也有不少不同之处。为双方牵线搭桥，尽力促成的仍然是美国。马德里和会，说是美苏共同主持，实际上苏联只是摆摆样子，并不起什么作用。美国打赢了海湾战争，苏东已经发生了剧变，作为抗衡力量的苏联已不复存在,对西欧不构成威胁,美国在西欧的军事存在也失去了理由;长期作为欧洲侧翼的中东,在美国的全球战略中,分量加重了。因此,它决心在中东推行它的国际新秩序,实施两极体制不复存在后由它一家主宰局势的设计方案。中东是发达国家的能源供应地,如果有朝一日,西欧、日本欲与美国分庭抗礼,那么,控制了石油输送线,不啻是掌握了欧、日经济命脉的王牌。美国对中东的战略,在海湾危机之后,已经越来越明显地呈双轨倾向,一方面继续袒护以色列的利益保持以色列必要的强大,另一方面,也积极改善与海湾国家、叙利亚等阿拉伯国家的关系。为了促成阿以和谈,贝京国务卿八下中东,大力做叙利亚、以色列等强硬国家的工作,甚至不惜推迟给以色列贷款,硬逼着沙米尔同意与会。这一切,当然不表示美国真是和平的天使,因为在对待巴勒斯坦人民的合法代表巴解组织,在建立独立的巴勒斯坦国等核心问题上,美以的态度仍然是完全一致的,美国需要的是阿以和谈得按照它的意图发展,由它充当中东地区和或战的主宰。

　　阿以和谈的主要议题,同埃以和谈时一样,仍是"土地换和平",即以色列撤出它侵占的加沙地带、约旦河西岸、东耶路撒冷、戈兰高地和黎巴嫩南部,让巴勒斯坦人民通过自治逐步过渡到立国,以色列与叙利亚、黎巴嫩、约旦建立起正常的关系,如能做到这一点,沙特等海湾国家都答应取消对以色列的长期抵制。然而,以色列已今非昔比。在伊拉克萨达姆政权的军事机器遭受重创以后,纵观以色列的周边国家,已没有能与它抗衡的力量。叙利亚军队数量(40万)比以色列(14万)多,但人员素质和装备都不占优势。以色列的经济在80年代也有很大的发展,它已从一个以农业为主的国家转变成了以出口工业品特别是精密仪器和高科技产品的国家。此外,在海湾战争中,以色列采取了"低姿态、不介入"的态度,遭受了伊拉克"飞毛腿"导弹的袭击,却克制住了没有还手,这博得了世界舆论的同情，也改变了它的孤立处境。沙米尔代表的利库德集团，虽然也想同阿拉伯国家建立外交关系，但从它一贯的强硬立场看，至少目前它还无意做出重大的让步，还不想归还它侵占的阿拉伯土地，去换取阿拉伯国家给予它的和平。沙米尔表示，解决中东问题不是什么"土地换和平"，而是只能以"和平换和平"。这反映了以色列自恃强大，不愿妥协的强硬姿态。

与埃以和谈显著不同的是，这次阿拉伯方面参加谈判的有叙、黎、约、巴勒斯坦四家，和谈也没有立即激起阿拉伯各国的强烈反对，没有因此导致阿拉伯阵营内部的重新分化组合。究其原因，有国际总的缓和气氛的影响，有苏联急剧衰退，不再扮演对抗美国的角色的因素，整个80年代，巴解组织力量严重削弱，已无力与以色列做军事对抗的现实。此外，1982年9月，阿拉伯联盟第十二届首脑会议在摩洛哥通过的"非斯方案"，明确提出"由联合国安理会保证这一地区所有国家的和平"，从而含蓄地承认了以色列的存在以来，阿拉伯国家在解决阿以冲突的立场已逐渐趋于一致，即主张以联合国安理会242号、338号决议和有关国际法准则为基础进行谈判，而不是诉诸武力。事实上，马德里和谈是一件具有划时代意义的重大事件，是中东阿以双方从对抗走向对话的转折点，从根本上说，它符合阿拉伯人民和以色列人民的利益，因此，受到了世界绝大多数国家的欢迎和支持。

然而，这次和谈似乎有关各方都有些仓促上阵，准备并不充分。萨达特总统提出和平主动行动，是谋定而动，百折不挠。以色列在海湾危机到海湾战争中，从物质利益到世界舆论，都是受益者。随着苏联的解体，大批犹太移民正在和将要涌入境内，为在今后三五年内接待近百万的移民，沙米尔政权必须做出安排，加上以色列工党近年来一蹶不振，构不成对利库德集团的威胁，因此目前要沙米尔政权改弦易辙，拱手交出它长期侵占的阿拉伯领土，是十分困难的。从以色列参加马德里和谈和华盛顿谈判的种种表现看,它是迫于美国的压力,迫于世界要求和平的舆论,显得勉为其难,缺乏主动性和积极性。

在埃以已经媾和、伊拉克庞大的军事机器已基本被摧毁的今天,阿拉伯国家中唯一能与以色列抗衡的是叙利亚。这次叙利亚表示愿意参加,实际上是马德里和谈得以举行的关键。叙利亚在海湾危机过程中,失去了它的重要支持者苏联,但改善了与埃及和沙特等海湾国家的关系,它通过1991年5月签订的叙黎特殊关系条约,加强了对黎巴嫩的控制,并且已在着手改善与美国和西方国家的关系。现在与以色列媾和,叙已不会冒当年萨达特那样大的风险,而且还有利于提高它在中东的地位。但必须看到,叙利亚在漫长的阿以冲突中一直是持强硬路线的抵抗国家,它反映的是激进的阿拉伯民族主义和伊斯兰教势力的观点。今天,与宿敌以色列坐在一起谈判,虽说是为了收复戈兰高地,但国内长期形成的舆论,国际上与伊朗、利比亚等国家的传统关系,都还有待调整。就目前而言,叙利亚不像埃及已从美国和西方国家那里得到军援、经援或免除债务等"实惠",甚至连许诺都没有,它的基本态度是走一步,看一步,决不会在和谈中充当首先妥协的出头椽子。

阿拉伯参加谈判的黎巴嫩、约旦、巴勒斯坦三方中,黎巴嫩受叙黎特殊关系的约束,得与叙利亚保持一致;约旦出于国内局势的需要,一向小心谨慎;真正怀有迫切愿望和要求的是巴勒斯坦。关于巴勒斯坦自治问题,早在埃以和谈进行时就已列入了谈判内容,当时双方最根本的分歧是关于约旦河西岸和加沙地带巴勒斯坦自治机构的性质、职权、最终前途和耶路撒冷未来的地位。那时,以色列坚持自治的概念只是指居民的自治,不包括领土的自治,声称耶路撒冷是以色列"永久和不可分割"的首都,实际上在这个问题上打了死结。同时,约旦和那时还有一定军事实力的巴解组织反对埃以和约,拒绝参加谈判,巴勒斯坦自治问题遂被冻结了起来。80年代,巴解组织由于内部的多次分裂,与一些阿拉伯国家之间的冲突,处境十分困难。以阿拉法特为首的主流派阵线发生了战略性的变化,开始重视通过政治和外交斗争,争取实现巴勒斯坦人民的民族权利。1988年11月15日,巴勒斯坦全国委员会特别会议宣布巴勒斯坦国成立,确认巴勒斯坦接受1947年11月29日联合国大会通过的181号决议,亦即巴勒斯坦分治决议,确认通过和平途径解决地区和国际冲突,谴责对别国使用武力威胁、侵犯和进行恐怖主义活动,明确宣布接受联合国安理会242号决议和338号决议,等等。人们可以看到,巴解组织在海湾战争以后,继续采取原则性与灵活性相结合的政策,在与约旦组成联合代表团,由谁代表巴勒斯坦人民等方面,都做出了重大的让步,通过各种渠道向美国表示了积极合作的意愿。遗憾的是,从美以竭力把巴解排除在中东和谈之外的态度看,巴解的这些努力还没有获得应有的反应。

从埃以和谈到阿以和谈,人们看到了中东地区一线和平的曙光。马德里和谈结束,第二阶段在华盛顿的一轮谈判中断了,迄今为止还没有什么实质性的进展,各方仍有巨大的分歧,都要维护自己的利益,谈判将是漫长的。美国为召开和会,对它一向的盟国以色列施加了罕见的压力,但1992年是美国的大选年,争取其国内犹太人势力的支持,对布什连任总统至关重要。当年卡特总统促成了埃以和谈,但在大选中民主党仍遭败北。要布什继续扼着沙米尔走,是一种奢望,逼急了,沙米尔政权完全可能采取提前大选的办法,把阿以和谈搁置起来。阿拉伯国家在海湾战争以后,总的力量被削弱了,对美国做出了一次又一次的让步,阿拉伯阵营内部既不稳定,也不一致,各方参加和谈都是有条件的。如果当权者不充分考虑广大阿拉伯伊斯兰民众的传统价值观念,寄希望于对方的怜悯,乞求和平,那就必然激化国内的民族宗教情绪,动摇政权的基础。另一方面,以色列目前的强硬,阻遏不了它国内和平势力的增长。以色列是中东地区人口受教育程度最高的国家。对于与本国安全无关的军事行动,对于一直生活在与阿拉伯人激烈对抗的环境之中,已有越来越多的犹太人表示不满。应该看到,不仅阿拉伯人民需要和平,以色列人民也需要和平。

由萨达特总统开创的埃以和谈为先河,阿以和谈现在接了上来。埃以和谈历经艰难,阿以和谈更是铺满荆棘,但毕竟采用了和平谈判的途径,避免了流血战争给人民增加新灾难的方式。阿以谈判由于内容非常广泛,题目难度很高,因此将是漫长的,巴勒斯坦人民要赢得自己的民族权利,中东各国要想生活在和平安宁之中,不可能一味妥协,而须加强自身的团结,开展有理、有利、有节的斗争。阿以冲突已经持续了44年,马德里和会能否真正成为一个转折点,为中东带来和平,既要看和谈各方的共同努力,也得看整个国际社会的配合和支持。

中东初显和平曙光　　只待叙以谈出名堂[①]

巴勒斯坦解放组织和以色列签署了巴勒斯坦人自治原则宣言,阿拉法特与拉宾历史性的握手,将会给中东带来什么样的影响呢?为此,记者走访了中东问题专家、上海外国语大学阿拉伯语系主任、中国中东学会副会长朱威烈教授。

朱威烈教授认为,这是著名的戴维营协议以来第二份阿以间的和约。尽管这份协议本身远没有达到"全面公正"的标准,但是,长时期领导巴勒斯坦人民正义斗争的巴解组织,在1988年11月15日于阿尔及尔宣布成立巴勒斯坦国以来,第一次可以回到自己的故土,这毕竟是一件值得庆幸和高兴的事。

朱教授介绍说,冷战时代结束后,中东地区的两极对峙格局已成为历史,以美苏为背景的阿以长期冲突,已被美国与诸如伊拉克、伊朗这样的地区大国间的矛盾,以及伊斯兰原教旨主义运动的蓬勃兴起所冲淡。海湾战争后,美国一直在中东地区惨淡经营它所主导的新秩序,除了加强它在海湾地区的军事存在,继续控制石油产地和具有战略意义的通道外,强

[①] 载于《解放日报》专访,1993年9月16日。

化它与以色列间的战略同盟关系,以对付伊斯兰激进势力的挑战,在美国的中东政策中越来越显得突出和重要。今年3月,克林顿与以色列总理拉宾会谈,表示要把美以的"战略伙伴关系提到一个新水平"。而去年上台的以色列工党政府,急于摆脱它在中东地区的孤立和被占领土上持续了多年的动乱,面对着始终反对它的伊拉克、伊朗等地区大国和至今否认它合法存在、坚持称它为"犹太复国主义实体"的伊斯兰原教旨主义势力,它能做的选择有限,思前虑后,只能把它长期反对、一直不予承认的巴解组织作为谈判对手。

中东和谈另有三组,即以约(旦)、以黎(巴嫩)和以叙(利亚)。其中,以约之间实际上已有协议,只是因为约旦不愿做"出头椽子"而拖延下来;黎巴嫩受到与叙利亚之间特殊关系条约的制约,黎南部与以发生武装冲突的真主党背后,是伊朗与叙利亚,因此,黎巴嫩的进退,得视以叙谈判的进展而定。朱教授认为,居中东和谈阿拉伯方面关键地位的是叙利亚。

朱威烈教授指出,中东是个各种矛盾集中并相互交织的热点地区,阿以间积怨之深,绝非一纸和约所能化解。然而,巴以和约毕竟是中东近半个世纪战乱后的一抹和平曙光,虽然微弱,却值得人们珍惜和赞赏。

海湾战争后中东形势的变化[①]

一、新旧矛盾交织中的动荡地区

中东地区自第二次世界大战结束以来,一直是一个举世瞩目的热点地区。它战略地位重要,又盛产石油,是超级大国角逐争夺的重要场所,加上中东各国在政治、民族、宗教等领域的千差万别,造成矛盾极其错综复杂,冲突、战争连绵不断,长期处于激烈的动荡之中。

当世界走出冷战,进入格局转换期的 90 年代后,中东明显地处于力量失衡状态。这是因为,一方面,苏联困于内政,在中东的力量和影响急剧下降;另一方面,地区大国争雄势头不减,日益壮大的伊斯兰原教旨主义运动又冲击着越来越多的国家,西方大国在中东地区又各有利益,它们的政策、步调也难以与美国趋同。这一切,都直接构成了对美国主导地位的严重挑战。具体反映各种力量在中东新格局中走向的,是 1990 年以来中东出现的一战一和。

1990 年 8 月 2 日伊拉克悍然入侵科威特引发海湾危机,到 1991 年终

[①] 本文是哲学社会科学"八五"国家规划重点课题《跨世纪的世界格局大转换》中的一章,写于 1994 年。该专著于 1996 年 12 月由上海教育出版社出版,获 1998 年上海市哲学社会科学优秀成果一等奖。

于导致了海湾战争。海湾战争是美国以联合国安理会决议为后盾,集结 34 国共 70 余万兵力,坚决粉碎萨达姆·侯赛因称霸海湾地区企图的武力行动,它大大加强了美国在海湾和中东的地位,促成了阿拉伯世界新的分化组合,同时,也进一步刺激了中东国家的民族意识和宗教感情,激化了地区内部固有的矛盾。

美国在打赢海湾战争以后,立即着手推动中东和平进程。1991 年 3 月 6 日,美国布什总统向国会两院联席会议提出了解决中东问题的八点主张,6 月初,又致函埃及、叙利亚、约旦、以色列,贝克国务卿曾八访中东,不遗余力地促成了 1991 年 10 月 30 日马德里和会的召开。中东和谈可谓步履艰难。阿以双方兵戎相见 40 多年,积怨深,猜疑重,内部又多有牵制,双方公开谈判、私下接触、谈谈吵吵、断断续续,直到 1993 年 9 月 13 日,由克林顿总统一手操办,巴以两方才算首先取得突破,在华盛顿签署了《关于巴勒斯坦人自治原则宣言》,这被认为是取得了阶段性的成果。

中东和谈,是中东地区一件具有划时代意义的重大事件,是阿以双方从大规模对抗走向对话的转折点。从根本上看,它适应了世界和平与发展的大潮流,符合阿拉伯人民的利益,也符合以色列人民的利益,因此受到了世界绝大多数国家的欢迎和支持。

海湾战争和中东和谈,不论是过程还是效果,都清楚地体现了美国竭力在中东地区确立它主导地位的战略意图。海湾战争严重削弱了伊拉克的萨达姆·侯赛因政权,遏制了地区大国谋求局部霸权的雄心,美国得以放手加强它在海湾地区的军事存在,并获得了向海湾国家倾销军火的良机。仅 1990~1991 年财政年度,沙特就向美国购买了 219 亿美元的武器装备,科威特为 20 亿美元,阿联酋为 25 亿美元。中东特别是海湾地区,成了美国最主要的军火出口对象。中东和谈虽然几易地点,马德里、莫斯科、奥斯陆、巴黎、开罗……有的秘密会谈,如巴以奥斯陆密商,双方都未向美国先行通报，但驾驭全局的主线始终掌握在美国手里，阿以谈判的主会场也总是放在华盛顿。每遇挫折，和谈难产或被迫中断之时，如以色列利库德集团沙米尔政权在一段时间里对和会的再三抵制，又如1994年2月在约旦河西岸发生的希伯伦惨案，使和谈受阻，也还只有美国出面斡旋和施加影响，才能启动或维持中东和谈的进程。这说明，中东在美国对外政策中，地位十分突出，也说明美国在冷战后的中东，具有举足轻重的作用。在观察和研究中东局势时，必须注意把握美国中东政策的走向。

然而，影响中东局势还有几股不容忽视的力量，如经济实力已取得长足进展的西欧、日本，独树一帜、处处敢与美国顶撞的伊朗，一贯态度强硬，正在千方百计争取阿拉伯世界领袖地位的叙利亚，以及决不可能听命于美国的颐指气使或接受美国推行的西方价值观念的伊斯兰原教旨主义势力。事实上，90年代的中东地区仍是几股力量相互较量的竞技场，美国虽然强大，但决不可能主宰全局，为所欲为。

美国在击败伊拉克以后，因为顾虑彻底摧毁伊拉克会使已拥兵60万的伊朗和一向与伊拉克交恶的叙利亚趁机崛起，造成地区力量的失衡，遂把目标定在推翻萨达姆·侯赛因政权上。海湾战争后，美国策划了向伊拉克北部库尔德族聚居区派驻联合国维和部队，把伊拉克南部的什叶派地区划为禁飞区，企图将伊一分为三，利用伊内部的民族、宗教教派矛盾来颠覆现政权，但它的意图并未实现。萨达姆·侯赛因依靠对内的铁腕统治和穆斯林群众的同情，仍然艰难地维持下来。美国在海湾战争后的1991年3月，曾邀集海湾合作委员会六国和埃及、叙利亚，搞过一个"大马士革宣言"，由埃、叙出10万人组成海湾维和部队，海湾六国每年支付140亿美元军费并向两国提供军援。这个海湾安全体系的构想，后因土耳其、伊朗和一些阿拉伯国家的坚决反对，这八国之间意见也不统一，至今仍束之高阁。

此外，中东地区与西欧、日本、俄罗斯等历来在政治、经济、军事等方面联系密切，它们的动向是非常值得注意的。日本、西欧想通过海湾危机来确立自己在未来世界格局中的大国地位，用意十分明显。当英、法派兵参战，日本、德国忍痛分担战争费用之时，它们无不考虑到战后海湾国家重建项目中的份额，考虑到要在海湾地区保持自己的影响力和发言权，日本更是迫不及待地试图通过向海湾派出扫雷舰队来树立自己的大国形象。1991年3月，欧共体在布鲁塞尔召开外长会议，再次提出建立"地中海-中东安全合作会议"，力求通过环地中海的政治、经济合作，占据在中东地区的优势地位。在中东和谈的过程中，西欧、日本也都表现出强烈的参与意识，一直保持着与阿以双方的联系渠道，不甘心被排除在圈子之外。日本与中东各国的经贸往来是全方位的，如提供财政援助，开发、提炼油气，扩大贸易额等。1992年，日本已是海湾合作委员会最大的贸易伙伴，即使是让欧美均感棘手的伊朗，日本也已投资钻探石油，将产品大举打入伊朗市场。俄罗斯在90年代初期，正值内部问题成堆之时，当它缓解过来之后，便不愿仅充当美国形式上的伙伴，囿于地区大国的地位。它开始积极向伊朗、利比亚、叙利亚等国销售武器，换取它急需的大量外汇，并注意与中东国家开展广泛的经济合作，开拓商品市场，力图恢复它的军火出口和早先苏联的影响，恢复它在中东和谈中与美国并列的主持者地位。因此，尽管美国仍是西方国家的头，它在中东地区仍保持着明显的军事优势，但美国与西欧、日本、俄罗斯等在中东的利益矛盾势必继续存在，而且会更趋尖锐。

海湾战争是美国自第二次世界大战以来第一次打赢的大规模战争，也是美国成功地启动了中东和谈，它已成为中东炙手可热的势力。不过，美国没有也不可能赢得中东民众特别是广大穆斯林群众的民心。美国对待阿拉伯国家和对待以色列的政策，长期来采取双重标准的做法，更激起了阿拉伯人民的强烈不满。中东悠久的历史、文化传统,雄厚的资源财富和桀骜不驯的民族特性,必然会形成新的大国向美国的霸权地位挑战。从1979年伊朗伊斯兰革命取得胜利以来,埃及、苏丹、约旦、马格里布等国的反对派和伊斯兰原教旨主义势力进一步抬头,游行示威、罢工罢课甚至流血冲突,均接连不断,表面上是反对现政权,实质上矛头却是指向以美国为首的西方对中东地区的干预,指向西方文化对该地区的渗透。随着阿以从对抗走向对话,中东地区爆发大规模战争的可能性虽已经减少,但旧的矛盾远未解决,阿拉伯国家之间的矛盾,美国与谋求地区盟主地位的中东大国间的矛盾,以及以美国为首的西方与反对西方价值观念的中东伊斯兰各国人民间的矛盾又突出起来,新旧矛盾交织,局势更趋扑朔迷离。这说明,中东地区在世界格局转型期间还不会降温,它的振荡起伏,仍将受到全世界的关注。

二、阿以和谈道路上荆棘与希望并存

1. 巴以协议

1993年9月13日,由美、俄牵头,克林顿总统一手主持,巴以双方在美国华盛顿签署了《关于巴勒斯坦人自治原则宣言》。从1991年的马德里中东和谈算起,将近两年间,经历了波澜迭起的十轮会谈,总算有了一个突破,多灾多难的巴勒斯坦被占领土终于迎来了一抹和平的曙光。

这份巴以协议的签署,是巴勒斯坦人民、阿拉伯人民坚持长期斗争,又采取灵活、务实政策的成果,同时也清楚地显示了冷战结束后美国中东政策的走向,反映了美、以、巴解现阶段的政治需要。

自柏林墙倒塌、苏联解体以来,美国一直在致力于建立它的国际秩序,力量严重失衡的中东地区,成了它树立美式秩序样板的试验场。海湾战争和中东和谈,美国或打联合国的旗号,或拉俄罗斯作形式上的伙伴,但不论是战是和,美国都当仁不让地充当导演兼主角;而一涉及经济,美国就缩在后面,让西欧、日本、海湾等国家掏钱,要国际组织分担。这是一种既要独揽霸权、左右世界事务,又十分精明、讲求实惠的模式,同时也反映了美国的力不从心。

美国竭力推动中东和谈进程,力促巴以签约,有多方面的原因,但最根本的是因为冷战后的中东地区,美国与地区大国间的矛盾,与坚决反西方的伊斯兰激进势力间的矛盾,在不断上升。为了确保它对这块石油产地和国际战略通道的控制,能够在新的挑战面前稳操胜券,它能指望的,迄今为止仍只有以色列,正如阿拉伯报界所称:"尽管一些阿拉伯大国转到了美国一方,但历任美国领导班子都未能从它们中间找到可靠的盟友。"[1] 而以色列也只有摆脱几十年来阿以冲突的羁绊,才能与美国站在一起,联手对付伊拉克、伊朗等地区大国的崛起,对付蓬勃兴起的伊斯兰原教旨主义运动。

以色列自1948年建国以来,一直处在非常敌对的阿拉伯国家包围之中,阿以之间前后爆发了五场战争,阿拉伯国家包括海湾战争中参加多国部队的所谓温和国家,仍继续对它实行经济制裁;而且以色列国际声誉不佳,据统计,联合国通过的不利于以色列的决议有400多项,在联合国中,以色列是唯一不能参加联合国的区域组织、不能作为非常任理事国进入安理会的成员国。[2] 此外,1987年底被占领土开展的巴勒斯坦人民起义,已经持续了六年多,在加沙和西岸的伊斯兰激进势力哈马斯运动,其影响和国际联系逐年扩大,那里接连不停的动乱,事实上已成为以色列社会和经济发展的一个沉重阻力。拉宾政府在以色列拥有绝对军事优势的前提下,要实现发展科技、加快经济建设、增强综合国力的战略目标,在中东和

---

[1] 叙利亚《前进周刊》,1993年10月16日。
[2] 叙利亚《前进周刊》,1993年10月16日。

谈的几组对手中寻找最软弱的对手巴解组织签订和约,无论从什么角度看,都是利大于弊、得大于失的。

经历了海湾战争的阿拉伯世界,正处于第二次世界大战以来最软弱的状态。各国政府对伊拉克的萨达姆·侯赛因政权看法分歧,国内又都有发展经济、缓和阶级、民族、宗教、社会等方面矛盾激化的难题。在过去几次中东战争中出钱的产油富国,有的忙于医治战争的创伤,有的还受着联合国的制裁,打仗的主力埃及自与以色列签订戴维营协议后,早已退出了对以前线国家行列,伊拉克又新败不久。因此,阿拉伯阵营既不可能同仇敌忾,用一种声音说话,也不可能组成统一战线,用武力对付以色列。可以说,当年阿拉伯方面之所以能够参加到中东和平进程中来,是看到了诉诸武力不啻是缘木求鱼的前景。在参加对以谈判的叙、约、黎、巴四方中,要算巴解组织最缺实力,也最拖延不起。以阿拉法特为首的巴解组织自1983年从黎巴嫩的最后一个据点特里波利撤离以来,内部分裂,力量已严重削弱。海湾危机爆发后,阿拉法特的主流派支持萨达姆·侯赛因,站错了队,进一步失去了阿拉伯海湾国家的财政资助,相对哈马斯运动在被占领土上力量的增强,阿拉法特处境更趋困难,法塔赫在巴解各组织中的领导地位,阿拉法特的巴解组织执委会对被占领土的控制能力,都面临着严峻的考验。因此,巴解组织急于媾和,以挽颓势。

由此可见,美、以、巴解三方都有达成协议的动机和需要。现在这份被称为"加沙和杰里科首先"的自治方案,美、以方比较主动,收益明显,而巴解组织表面上有了进展,终于有可能返回故土,但巴解各组织要冒的风险也大。

巴勒斯坦被以色列占领的土地共三块:加沙、西岸和耶路撒冷东城。加沙是哈马斯运动的根据地,大约80%的清真寺为哈马斯运动所控制,那里经济落后,失业率高,巴以冲突频繁。1993年3月起,以色列就宣布封锁该地区，禁止巴勒斯坦人出入，现在把它交给巴解，是甩掉了一个包袱。西岸的杰里科位于约旦河与死海之间，并非战略要地，有桥通往约旦，与加沙则相距 100 多公里，没有交通联系。以色列拿出杰里科，作为西岸的一个象征，完全不影响以色列在军事上对西岸全境和占以色列目前用水 25% 的西岸地下水资源[①]的控制。至于耶路撒冷，以色列议会曾在 1980 年 7 月宣布它为以色列"永久和不可分割的首都"，在现在的部分自治原则宣言中，也是与以色列撤出加沙和杰里科分开的，列为像难民、定居点、安全措施、边界、与邻国的合作关系等一样的遗留问题，包括在谈判内容之中，以色列并没有做出任何实质性的许诺。巴以协议名义上是贯彻安理会 242 号和 338 号决议"领土换和平"的原则，但实际上可以说是以最少的领土换取和平的范例了，它与当年的埃以和约，以色列完全撤出西奈半岛包括双方存有争议的塔巴换来的相互承认，差距非常明显，用"全面公正"的解决标准衡量，更有一段漫长的距离。

　　对于巴以协议，总的看，美国和西方国家的舆论要比中东特别是伊斯兰国家热烈，一般民众要比穆斯林乐观。巴以签约后，以色列与约旦迅速草签了一个和谈框架协议，拉宾又旋即访问摩洛哥和埃及，积极扩大影响，以求各个击破，争取尽快与阿拉伯国家次第建交；美国则出面张罗让西欧、日本、海湾产油国以及一些国际组织出钱，资助加沙和西岸的经济发展，以阻遏伊斯兰激进力量的增长。但是，另一方面，伊朗、苏丹、伊拉克、利比亚等国已明确表示反对巴以协议，处于中东和谈关键地位的叙利亚，也对协议持批评态度，哈马斯运动认为美国促成的这份协议是要让以色列成为中东地区的宪兵。协议及其附件的许多提法，是一向以民族主义和宗教信仰为精神支柱的中东国家和民众，很难认同的内容。舆论上，

[①] 黎巴嫩《事件周刊》，1993 年 4 月 9 日。

对阿拉法特及其伙伴的谴责颇为激烈。巴以协议产生前后,始终伴随着冲突和流血事件。人们对阿拉法特领导的巴解是否能顺利回到被占领土,是否真的能得到美国许诺的高额和平红利,实现由加沙和杰里科自治过渡到巴勒斯坦全面自治,最后建立巴勒斯坦国等,都存有疑问。因为这众多的难题,是客观存在的。就外部环境而言,伊朗、伊拉克、利比亚、苏丹等国反对美、以的立场,仍很坚定,伊斯兰原教旨主义运动,年年有动作,年年在壮大,不仅反对美、以旗帜鲜明,而且对待亲西方的阿拉伯势力和组织,也毫不容情。美、以指望埃及、约旦在巴勒斯坦部分自治上配合协助,海湾产油国能慷慨解囊,殊不知,这些国家自身都有一本难念的经,眼下要它们全力以赴地支持阿拉法特,又谈何容易!因此,说阿拉法特举步维艰,巴勒斯坦的这抹曙光还很脆弱,应该说并非夸张之言。

阿拉法特面临的难题也不少,既要与以色列政府进行激烈的讨价还价,力求向全面自治和最后立国的目标过渡,又承受着内部的巨大压力。哈马斯运动一直在用各种手段谋求政权,由巴勒斯坦人民党、民主联盟、共产党人和一些颇具声望的温和派人士组成的第三力量,已悄然出现,而且影响越来越大。这些都构成了对以阿拉法特为首的巴解自治当局的严重挑战。尽管巴以双方经历了艰苦的谈判,于 1994 年 5 月签订了落实加沙和杰里科自治原则宣言的最后协议,有关条款的实施基本顺利,但是,必须看到客观存在的更大的障碍,在于巴以之间数十年冲突形成的根深蒂固的对立情绪。巴以签约以来,在加沙和西岸,双方相互袭击、杀戮,流血事件几乎从未有过间歇。以色列人中反对和约、反对撤出被占领土的所占比例也不小,官方对以哈马斯运动为首的伊斯兰激进力量,更是视若洪水猛兽,动辄便用暴力对付。1994 年 2 月 25 日发生在西岸希伯伦(阿拉伯人称为"哈利勒")的惨案,便是一起骇人听闻的暴行。当时正值穆斯林斋月期间,一个定居点的犹太人闯入伊卜拉欣清真寺开枪扫射,杀死正在礼拜的巴勒斯坦人数十名,受伤人员多达 400 余人。这次血腥屠杀,令国际舆论哗然,联合国安理会通过了 904 号决议,予以强烈谴责。3 月下旬,以色列士兵又把 6 名巴解组织成员当作哈马斯运动激进分子开枪杀害。接着,哈马斯组织立即还以颜色,组织了阿富拉事件,造成了数十名以色列平民丧生。此后,零星的冲突、流血事件仍接连不断。如此血雨腥风,反映了双方隔阂、敌视之深,各自的安全问题顿显突出。这对竭力想尽早实施协议的巴以领导层来说,无疑是巨大的牵制,他们得时时刻刻重视营造贯彻协议的环境和气氛,避免突发事件的发生,并审慎地寻找双方可以回旋的余地和接受的界限,使和平进程不致中途夭折。但步履维艰是客观存在的事实。

2. 约以和约

1994 年 7 月 25 日,约旦侯赛因国王和以色列拉宾总理在华盛顿白宫南草坪上签署了结束两国长达 46 年战争状态的《华盛顿宣言》。之后,侯赛因国王亲自驾机越过以色列领空,拉宾总理第一次访问约旦,约以之间的关系开始有实质性的起动。这是中东和平进程取得的又一重大突破,它反映了经济因素在阿以和谈中越来越占重要地位,并导致了中东地区和平发展趋势的明显增长。

《华盛顿宣言》的成功签署,主要是约旦审时度势,主动调整其和谈政策的结果。约旦自海湾战争支持伊拉克的萨达姆政权后,处境一直十分困难。一方面,因得罪了美国和海湾产油国,失去了长期占据国民经济重要地位的经援和军援;另一方面,巴以协议签署以来,巴勒斯坦在加沙和杰里科的自治尽管举步维艰,但总的看应属基本顺利,阿拉法特正在进一步要求尽早讨论耶路撒冷的地位、犹太定居点和难民问题,而全世界又都认为美以关心的重点是叙以谈判。约旦明显感到被冷落在一旁。从约旦的角度看,无论是要摆脱经济困境、改善军备,还是防止占据国内居民

60％左右的巴勒斯坦人和将建在约旦河西岸的巴勒斯坦政权对哈希姆统治家族构成的威胁，以及确保约旦对耶路撒冷传统地位的需要，它都必须早做打算，自找出路。至于以色列方面，工党政府也处在拖延不起的境地，因为从1995年起，它必须倾全力投入大选准备工作，作为工党政府主要政绩的中东和平进程如无进展，势必产生消极影响。以色列与约旦之间本无太复杂的问题，多年来两国实际上已是和平共处，能争取到约旦这个阿拉伯主权国家的承认，比同意巴勒斯坦人在以色列原来占领的加沙和杰里科实行自治，无疑更具国际影响。此外，面对巴解屡屡提出耶路撒冷问题，如要通过圣战解放耶路撒冷，要求将耶路撒冷作为巴以共同首都等，都是以色列国会很难通过的方案。以色列在这种情况下，当然宁可与约旦打交道。在这份《华盛顿宣言》中，以色列又表示愿意考虑约旦在东耶路撒冷的特殊利益，这样就引发了约巴矛盾，有利于以色列在大选之前将耶路撒冷问题搁置起来。因此，以色列同约旦媾和，既符合它一贯的对阿拉伯阵营各个击破的战略，也是出于眼前战术上的实际需要。

美国克林顿政府入主白宫后，由美国起主导作用的中东和平进程，可以说是它屡屡受挫的全球外交中的一片绿洲。它在策略上，往往根据情况的变化，对巴以、约以、叙以的谈判，做有侧重点的推动。约以之间曾在1993年9月签订了谈判议程的框架协议。1994年6月，美国许诺，只要侯赛因国王与拉宾总理公开会晤，加快和谈步伐，美即可免除约旦7亿美元的欠债，并帮助约旦军队的现代化建设。约旦有4个作战师，其苏式装备早已落后过时，美答应约旦在缩减成3个师后，改用美式装备。美国还表示可向约旦提供其他经援。这对外债高达120亿美元、经济发展相对落后的约旦来说，是极有吸引力的。此外，约旦也明白，只有改善了与美关系之后，它才有可能争取到海湾产油国的资助。

约以之间存在的主要问题,是边界划分、安全保障、水资源分享、难民回归、环境保护等。较迫切的是归还土地和水资源分享两条。以色列占领约旦的土地,根据1994年6月22日约旦报刊发表的地图,一共5块,总共380平方公里。这一点,实际上以色列工党政府在1992年上台时就已表示可以归还。水资源是约以的共同难点。约旦指责以色列使雅穆克河改道,还超额使用了约旦河用水,要求重新分配水源。以色列则表示可以共同寻找增加水源的途径,如建造水库、海水淡化等。这一点,随着约以经济合作的开展,应有望逐步获得解决。

约以之间的经济互补性较大。以色列在中东地区科学技术领域中占据领先地位,约旦是阿拉伯世界中文化程度相对较高的国家,一旦改善了与美国和海湾产油国的关系,在争取能源和资金方面都具有优势。美国总统国家安全事务助理莱克1994年5月17日提出,美国必须联合其他肯合作的国家,建立抵制伊斯兰极端主义的堡垒,必须积极寻求阿以和平,积极遏制那些支持极端主义的国家和组织,并帮助建立一个以自由市场、扩大民主和控制大规模毁灭性武器为目标的中东国家共同体。以色列争取到了继埃及之后第二个阿拉伯国家约旦的承认,进一步缓和了阿以矛盾,甚至像伊拉克那样的政权都已秘密地或公开地在与它接触,这十分有利于逐步解除阿拉伯国家对它实施的长达40余年的抵制,也有助于它急于振兴经济的战略意图。1994年7月下旬,约、以、美三方面会谈,已决定设立几个委员会,讨论贸易、金融和约旦河谷经济合作项目。其中,约旦河谷(8年)发展计划拟投资30亿美元。约以还讨论了在以色列南部埃拉特和约旦亚喀巴市建立自由贸易区的问题。三方在会后宣布,将铺设从约旦经以色列到埃及的公路,在约以接壤处从南到北修四条高速公路。约以声称将在贸易、金融、旅游、民航、环境等方面进行更为广泛的联系。因此,从乐观的角度看,《华盛顿宣言》的诞生,适应了美以建立一个中东国家共同体或中东自由市场的需要,为西亚地区形成一个新的全球经济增长点创造了较有利的客观条件。

3. 叙以谈判

叙以和谈的走势受到国际舆论更大的关注。拥有重兵的叙利亚是阿拉伯国家中的军事强国,在苏联退出中东舞台后,叙失去了一个依靠,但它与伊朗、利比亚的关系一直很好,不同之点在叙执政的复兴党并不积极主张宗教救国或者政教合一,而是一个民族主义色彩较为鲜明的政权。叙参加中东和谈,就本国利益而言,是为了收复1967年被以色列侵占的戈兰高地,为了改善与西方的关系,达到引进美、日、西欧的资金和技术来发展经济的目的。近年来,美国对叙态度有所缓和,如表示考虑不把叙列为支持恐怖主义国家,注意表现出对叙的重视,美国务卿访问中东都很认真地倾听叙的意见。1994年1月16日,美、叙最高级会谈在日内瓦进行,克林顿和阿萨德的主要议题之一就是发展双边关系。迄今为止,叙虽还没有得到西方卓有成效的资助,但它与阿拉伯国家特别是海湾产油国的关系,已有明显的改善。这次叙利亚对约以和谈的反应是耐人寻味的。约以之间的会晤和谈判,叙均未做干预,采取了默认既成事实的态度,当报道克林顿总统主持约以双方签署《华盛顿宣言》时,叙第一次允许国家电视台转播实况。叙原来坚持的全面签署阿以和约,已被它一向反对的个别解决所取代,叙能影响的只剩下了黎巴嫩一国。尽管叙以之间还互不信任,在"撤军""和平"孰先孰后的问题上争执,叙以均在竞相购置武器,叙的军费占其国民经济总支出的40%,但叙以之间毕竟不可能爆发战争。和谈之所以陷入僵局,仅在于双方都有内部牵制,不愿率先做出让步罢了。经过克里斯托弗的斡旋,叙以已对实质性的问题进行探讨。以提出5~8年将军队撤出戈兰高地,叙第一次表示以军全部撤出后可以实现关系正常化。阿萨德总统在位已20余年,眼下的阿拉伯世界和中东,一方面是风起云涌的伊斯兰原教旨主义运动,直接对各国政权形成威胁;另一方面,各国都在千方百计地抓经济,置国家利益于首位。叙的经济发展依然不如人意,如何在对以谈判中以最小的代价换取最大的实惠,是叙必须正视的迫切问题。而以色列目前的地位得到了加强,在时间和空间上都有更大回旋余地,它与科威特、摩洛哥、突尼斯、阿曼、卡塔尔、沙特等国的关系,都在进一步松动,已有可能积极争取与这些阿拉伯国家次第建交,在对叙谈判中估计还不会做出太大的让步。但应当指出,中东外交历来是公开谈判和秘密磋商并行不悖的,巴以、约以的谈判均通过双轨进行,就是明证。叙以还有美国的态度都很谨慎,认为叙以短期内签约有难度。然而在发展经济已成为各国刻不容缓的任务时,叙以必然会反复地权衡利弊得失,秘密接触、高峰会晤等各种有助于推动和谈车轮的动作,都不能排除。

《华盛顿宣言》对美继续推行其中东政策是有利的,因为约以和谈的成功,巩固和扩大了美国在中东地区的影响和既得利益,从中东局势的发展看,美国仍会起相当重要的作用,但也将受到西欧、俄罗斯、日本诸方面的挑战,特别在经济领域要想独霸中东显然是力不从心的。

约以和约虽然仍遭到中东激进势力的反对,但约以双方已有可能迅速地将经济合作提上日程,用实际的经济进展来减缓中东激进势力的反对声浪,势必成为约以当局的政策走向。从这个意义上说,《华盛顿宣言》无疑是整个中东和平进程中的又一重要转折。

尽管中东和平进程符合中东国家包括以色列人民的根本利益,但是应该充分看到和平解决中东问题的复杂性和艰巨性,充分估计到右翼势力的作用,因而不能完全排除中东和平进程短暂的倒退和停滞不前的可能,尤其是以色列利库德集团再度执政的可能及由此带来的影响,都必须注意观察。

三、群雄竞相崛起势头不减

纵观中东历史，这块地区自古至今是大国争霸的舞台。马其顿的亚历山大大帝由此东侵印度，罗马帝国与波斯帝国曾逐鹿阿拉伯半岛，近代拿破仑于 1798 年攻占埃及，进军叙利亚，接着，英、法、意等列强竞相在中东划分势力范围，到第二次世界大战以后，美苏两强相争，各拉当地国家作为支撑，也长达数十年。中东地区本身也产生过不少大国，且不说古代这块土地上出现的古埃及王国、古巴比伦王国、亚述帝国、新巴比伦王国、古波斯帝国和希伯来王国，都曾强盛数百年甚至几千年，是世界上的泱泱大国，即以纪元后的千余百年而论，波斯的萨珊朝、阿拉伯的倭马亚、阿拔斯、法蒂玛诸王朝和奥斯曼土耳其帝国，也均绵延几个世纪，版图辽阔，雄视八极，别国都不敢撄其锋。第二次世界大战以后，纳赛尔领导"自由军官组织"推翻埃及法鲁克王朝后，以民族民主革命为旗帜，支持伊拉克、也门、苏丹、阿尔及利亚、利比亚等国反对君主政权和殖民统治，成为叱咤中东风云的力量。80 年代，萨达姆·侯赛因集伊拉克党政军大权于一身，自称世界第六强国，不惜启战端，动干戈，欲问鼎海湾和阿拉伯世界。1979 年霍梅尼领导的伊朗伊斯兰革命胜利后，更是公开宣扬要输出伊斯兰革命。霍梅尼说："伊斯兰不仅拒绝承认伊斯兰国家之间有任何差别，而且认为它也是一切被压迫人民的倡导者。"他强调："这次人民的革命，这次伊斯兰的起义，这次神圣的行动，不应该仅仅局限在这块土地上，应该向世界各地输出革命……哪里有弱小民族，哪里有霸权主义铁蹄下的弱小民族呼救，伊朗就要去援助它。"[①]显然，以霍梅尼宗教-政治思想为指导原则建立起来的伊朗伊斯兰共和国，关注的不只是属于东方伊斯兰文化圈的本国，而是整个伊斯兰世界，乃至全球。由此可见，像埃及、伊拉

---

① 伊朗《新闻周刊》，1993 年 1 月 19 日。

克、伊朗这样的地区大国,都已经表现出了欲执掌中东政坛牛耳的倾向。事实证明,地区大国始终缅怀着它们历史上的光荣,总是不甘屈居人后,总是千方百计地要争取成为区域、民族或宗教性的盟主国,进而成为世界强国之一。即使世界进入冷战后时代,中东依然存在着大国争雄的势头,仍怀着登上世界舞台、占据多极格局中一极地位的抱负。

从争当地区大国的运作轨迹看,中东国家沿袭的是扩充军力、扩展政治影响、加快经济建设的道路。

1. 扩军备战势头不减

中东地区长期冲突、战乱不停,对军火的需求量极大。各国的工业基础均相对薄弱,但却有一批产油富国,资金充足,即使是不出口石油的国家,如埃及、以色列等,往往也能凭借它们的战略地位而获得美、苏、西欧或产油国的捐赠、贷款,而成为重要的军火输入国。以色列外长佩雷斯在1992年年底说:"中东每年在武器上要花费500亿美元。"此言不谬。在冷战时代,中东既充斥着美、苏武器装备,又是英、法、西德、意大利等欧洲国家甚至是第三世界的巴西、阿根廷等国的军火倾销地和试验场。这些特点到了冷战后时代,并未发生根本的变化,因为地区大国必须拥有凌驾在别国军事实力之上的武器装备,才能确保自己的地位,维护自身的政权。海湾战争给产油富国的一个重要教训,是必须建立自己的防御体系。海湾合作委员会成员国这些年进口武器的步伐大大加快。1992年,沙特在把原先的7.5万兵力增加一倍的基础上,从美国购置了72架F15战斗机、6架武装直升机、700枚"爱国者"导弹和14个导弹发射架,价值达50亿美元;阿联酋、科威特、巴林向美国购买了70亿美元的"爱国者"导弹,阿联酋另外还从美国采购了18亿美元的坦克。地区大国的军费开支均很可观。埃及1992年从美国购买了30多亿美元的军事装备。叙利亚从俄罗斯和独联体国家进口了20多亿美元的尖端武器,包括24架米格24

和 48 架米格 29 战斗机,萨姆 10 和萨姆 11 地对空导弹。土耳其从美国购入的各类武器和军用器材,达 40 多亿美元。伊朗从俄罗斯购入大批米格 24 和米格 29 战斗机,3 艘潜艇,以及远程火炮、坦克等,它还在抓紧研制核武器,研究经费已从 1991 年的 2 亿美元增加到 1992 年的 8 亿美元。以色列的军力一直具有明显优势,它 1992 年的国防预算高达 67.6 亿美元,光美国的军援就有 18 亿美元,据最近报道,以色列拥有的核弹头,已有数百枚。[1] 由此可见,中东地区大国激烈的军备竞赛,至今还在上升,这种争当军事大国的趋势,在新的历史条件下,仍表现得十分突出。

2. 力图扩大政治影响

追求政治上发挥影响,是中东大国努力的目标。埃及在 70 年代末签订埃以和约以后,依然抓住恢复巴勒斯坦人民合法权利这一核心问题,在整个 80 年代,埃以就巴勒斯坦自治问题的谈判,从未有过间断。巴以签约以后,埃及更是积极推波助澜,力促"加沙-杰里科先行"协议得以实施,开罗和西奈半岛的塔巴成为巴以谈判的重要场所。希伯伦惨案发生后,是埃及出面斡旋,巴以双方通过在开罗的会谈,以方加快了从被占领土撤军的步伐,才签订了实施协议,挽救了岌岌可危的局面。用穆巴拉克总统的话来说,他首先是一个埃及人,一切决定得出自埃及的利益;他又是一个阿拉伯人,不管阿拉伯人有多大分歧,埃及的阿拉伯属性是不容置疑的。[2] 埃及关注的,首先是它在阿拉伯阵营、在非洲、亚洲、伊斯兰国家、不结盟国家和第三世界中的地位和影响,同时也十分重视与欧美国家的合作。它的副总理加利,已成为第一位担任联合国秘书长的阿拉伯人、非洲人,埃及对跻身联合国的常任理事国,对参与联合国派出的维和部队,都

---

[1] 叙利亚《新闻周刊》,1994 年 2 月 16 日。
[2] 万光、陈佩明:《变动中的埃及——来自金字塔下的报告》,世界知识出版社 1985 年版,第 52 页。

表现出强烈的兴趣。埃及通过各种圈子的区域外交,逐步向全球政治扩展的努力,应该说是稳健而有成效的。

伊朗和土耳其,都具有地缘政治的优势。它们有差别,伊朗是一个政教合一的共和国,在当今中东,伊斯兰的旗帜举得最高;土耳其则为世俗政体,是北约组织的成员国,与西方保持着密切的关系。但它们也有地区大国的共性,对任何被排除在外的地区安全体系安排,如《大马士革宣言》主张的6+2海湾安全体系,它们均持反对态度,对波黑穆斯林的境况,也都竞相表示支持和关切,甚至要组织人员前往参加对塞尔维亚人的战斗。在苏联解体以后,伊、土两国向中亚的哈萨克斯坦、乌兹别克斯坦、土库曼斯坦、吉尔吉斯斯坦、塔吉克斯坦5国和外高加索的阿塞拜疆,又都竭力施加影响。伊朗通过经济、宗教、语言(波斯语)等渠道,倡议建立里海合作区和中亚共同市场,帮助塔吉克斯坦培训传教人员,修建清真寺,设立总部在德黑兰的波斯语协会,吸收乌兹别克斯坦、土库曼斯坦、阿塞拜疆和哈萨克斯坦这些讲突厥语的国家参加,因为它们的文化与波斯语有联系,借助文化合作以产生政治影响,从而促使这些国家走伊朗模式的道路,用伊朗的伊斯兰革命来填补它们意识形态方面的空白。土耳其在苏联解体和海湾战争后,战略地位和重要性都上升了。土耳其前总统在1992年春曾明确表示:"欧洲的强国是德国,本地区的强国乃是土耳其。"华约散伙后,北约的首要任务已从遏制苏联转向制止地区冲突,土耳其成了西方干预中东事务的桥头堡,许多方面需要有土耳其的配合。西方担心伊朗在中亚的影响增长,特别顾虑伊斯兰原教旨主义在中亚蔓延,因此支持土耳其与中亚各国发展关系。中亚约6000万穆斯林中,60%左右都同土耳其人有血缘或语言上的联系。近年来,中亚五国与阿塞拜疆均已与土耳其签订了经济文化协定。土耳其政府还建议成立黑海合作区,筹建突厥语国家联盟,大力推广"土耳其的发展道路",借以与伊朗对抗,其影响已不可等闲视之。

3. 发展经济以求崛起

以色列虽然国小人少,却始终是中东的一个军事强国,与美国也始终保持着战略同盟关系。冷战时代它是遏制苏联在中东扩张的主力,冷战后时代则成为对付伊斯兰激进势力最可靠的"不沉的航空母舰"。以色列在海湾危机中奉行"低姿态、不介入"的政策,几次遭伊拉克"飞毛腿"导弹的袭击,也未还手。近年,它通过参加中东和谈,同中国、印度和15个东欧、非洲国家建交,国际形象和声誉已有改善。它与阿拉伯海湾国家虽还未建交,但已积极地在发展关系,参与卡塔尔、阿曼等国举行的限制军备、海水淡化等多边会议。以色列数十年来饱经战乱,对"和平""安全"这些概念有自己的理解,在漫长的阿以和谈过程中,它不会轻言让步,如放弃耶路撒冷、允许巴勒斯坦立国等,在打击哈马斯运动,反对伊斯兰激进势力方面,它显然与美国同进退。面对苏丹伊斯兰原教旨主义政权在非洲大陆出现,形成与伊朗遥相呼应的态势,美国在1994年3月中旬已表示支持苏丹南部的独立倾向,以色列则向那里的反政府组织输送武器,目的当然是为了打击和削弱喀土穆政府。以色列还向非洲的乌干达、刚果、扎伊尔等国广泛提供军事教官,除推销本国军事装备外,更主要的是扩大以色列的政治影响,争取世界上各地区的支持。以色列目前的战略目标是尽快振兴经济。冷战期间,以色列几乎每年都能得到美国约30亿美元的军援、经援,海外的犹太社团也经常向以提供赠款。以色列在中东各国中,受教育程度最高,科学技术也最先进。刚走出中东1973年10月战争后不久的1977年,埃及、约旦、叙利亚和伊拉克4国的国民生产总值是以色列的4倍,但15年后的1992年,以色列的国民生产总值已达670亿美元,而埃及为300亿美元,叙利亚是145亿美元,伊、约两国分别是93亿和39亿美元,以色列已处于遥遥领先的地位。这段没有重大战事的经济发展时期说明,只有消弭战争,才有助于以色列成为经济大国。然而,直至今日,以色列仍无法轻装前进。它每年的军事预算,大约要占国内生产总值的十分之一,境内动乱接连不停,每年有大量的犹太移民需要安置,阿拉伯国家长达40余年的经济制裁,已造成以色列将近500亿美元的经济损失,最近才趋缓解。因此,以色列在冷战后的基本设想,是与周边各国签订和约,与阿拉伯各国逐个建交,从而摆脱发展国内经济的羁绊,尽可能建立一个中东统一市场,把以色列的高科技同海湾的石油、资金,埃及、约旦丰富的劳力资源结合起来,真正成为一个雄踞西亚的大国。

伊拉克在海湾战争中遭到重创,现在的经济状况十分悲惨,城市居民的失业率已达三分之二以上,物价比战前上涨了120多倍,第纳尔的币值比战前下跌了近300倍。多年的联合国制裁和禁运,使伊境内的粮食、药品等必需品严重匮乏,已有数十万人死于饥饿和疾病。即使联合国能减缓或取消制裁,伊拉克的复苏也将持续一段相当长的时期,它的大规模杀伤性武器,受到联合国的严密监视,国际声誉又不佳,它在本世纪末绝不可能成为经济大国、军事大国或政治大国。

当前很值得注意其发展动向的是叙利亚。它是一个文明古国,位于中东的中心,介于西面的尼罗河流域和东面的两河流域之间,是沟通这两大文明的枢纽。从有文字记载的历史年代初期起,各民族在此混杂相处。叙利亚人不仅一直具有地理上的优越感,而且一向认为他们的混合血统对邻国和其他人在天赋和智力上拥有不言自明的优越性。从本世纪初开始,叙利亚涌现出不少旅欧、旅美的有影响的知识分子,他们接受新事物较快,在叙利亚发展起来的民族主义潮流中,对意识形态和党派政治的形成,作用巨大。其中最突出的是留学巴黎归来的米歇尔·阿弗拉克。他于1940年创建的复兴党,对叙利亚、黎巴嫩、伊拉克的当代历史,有重要的影响。复兴党既是一个政治组织,又是一种理论。它的章程采用彻底的民族主义原则，即要形成一种不可分割的政治-经济-文化实体的一个阿拉伯国家，自认为负有更新人们的价值观、助长进步与和谐的永久使命。复兴党认为叙利亚面临的挑战，主要是政治和社会问题，提出了重新分配社会财富、工业国有化、工人参加企业管理等一系列带有社会主义色彩的主张，同时也力求团结占国内和中东地区绝大多数的穆斯林，把伊斯兰教说成是阿拉伯主义的基础组成部分，使伊斯兰教和阿拉伯民族主义融为一体。已四次连任总统的哈菲兹·阿萨德，他的政权一直保留着这种在阿拉伯各国中独树一帜的党派政治色彩，他视大马士革为阿拉伯世界的中心，也不会向任何人交出他心目中的叙利亚在阿拉伯世界中的领导地位。

海湾危机发生后，叙利亚派兵进驻沙特阿拉伯，参加对伊拉克作战，与阿拉伯海湾国家关系大有改善。沙特向叙无偿提供 25 亿美元，使它的武器装备得以加强；美国对叙的态度有很大转变，无论是组建多国部队，还是中东和谈，都主动与它磋商。叙利亚目前拥有的作战飞机 650 多架，坦克 4000 多辆，与以色列相差不多，军队人数达 40 多万，几乎是以的三倍，但素质和装备质量方面，显然不及以色列。它是眼下唯一能够在军事上与以色列颉颃的阿拉伯国家。

叙利亚这些年特别注意巩固与发展同黎巴嫩、约旦、埃及等周边阿拉伯国家和海湾阿拉伯产油国的关系。在 1994 年 1 月中旬与美国举行日内瓦首脑会议前，叙邀集了海湾六国和埃及外长在大马士革开会，统一看法和口径，与黎总统更是事前磋商，事后通报。出席叙美峰会的阿萨德显然不仅是叙利亚的总统，而且俨然是相当一部分阿拉伯国家的代言人。叙利亚在冷战后时代的这些政策走向，清楚地表现出了它谋求中东政治大国的强烈意识。叙利亚明显的不足，是它正倾注大力积极在抓的经济。它自 90 年代初颁布十号投资法以来，已办起上千家企业，总值在 30 亿美元左右。欧洲、日本、加拿大等国的实业家也纷至沓来，谈项目、签合同，欧共体更表示愿向叙提供援助款项。叙利亚的农业改革已初见成效，粮食年增长率为8％，实现了自给，棉花产量5年内增加了3倍，已成为棉花出口大国。但是，叙利亚军费开支庞大，外债负担也十分沉重，要想实现经济起飞，达到增强综合国力的目的，还有许多困难。当目前全世界都关注着中东和平进程，把叙以谈判看作是焦点的时候，应当指出，从现代战争的手段看一块高地，它的军事意义毕竟有限，何况拉宾政府已在1993年8月表示同意从戈兰高地撒军。双方的几次中断和谈，大都起因于巴勒斯坦问题，如以驱逐415名巴勒斯坦人、希伯伦惨案等。客观地看，巴以虽然最先签订协议，但最后决定中东和平进程成败的仍将是阿以冲突的核心巴勒斯坦问题，叙以、黎以、约以之间的谈判只是间奏曲，而构不成主旋律。这一点，相信逐步会成为人们的共识。因此，说叙将不断地审时度势，通过反复的讨价还价，尽可能地把收复戈兰高地与实现它的大国目标或复兴党的纲领结合起来，应是合乎逻辑的。

综上所述，中东地区在冷战后时期，仍是群雄争霸的局面，它们或是以宗教相号召，或是凭借政治、外交优势扩大影响，或是企图树民族主义的大纛成为领袖……事实上，地区大国已经是客观存在，它们与地区内的各种势力或世界上美、俄、欧、日诸强之间必然会形成各种组合，影响和左右中东政局。问题在于在未来多极化的世界里，中东会不会有哪一国将成为一极？从目前中东像海湾合作委员会、阿拉伯马格里布联盟等区域集团和地区大国的意向看，不能完全排除这种雄心壮志。但是，在可以望见的时期内，中东地区大国无论是政治大国、军事大国还是海湾合作委员会那样的经济大集团，都还有不少颇难逾越的障碍。要达到堪与美国、欧共体或日本一比高低的经济发展水平，不能只看人均国民收入，也不能光统计拥有的兵力和军事装备。要成为能够对整个国际战略产生重大影响的超级大国或世界性大国，靠的是国家的综合国力。中东确实是全世界的能源供应地，据1994年初伊朗的报道，中东的石油储藏量占世界总储藏量的75％。在过去的十年里，世界石油日产量为6000万桶，其中三分之一来自中东。只是目前全球的石油的供需处于基本平衡的状态，海湾战争后，阿拉伯海湾合作委员会六国1992年的财政赤字达172亿美元，在单一经济的状况并未改变的情况下，它们只能靠多产多销石油。伊朗的经济也基本上是依赖出口石油。由于持续的供大于求，国际油价一直十分疲软，欧佩克内相互指责超产，争执不休。中东另外一些产油气大国如伊拉克、利比亚和阿尔及利亚，不是因为受到制裁，就是国内政局不稳，油气的生产、出口均受到制约，一旦恢复正常，又将进一步冲击油价。因此，在90年代后半期，中东不会聚敛起70年代那样滚滚而来的石油美元。此外，中东各国还普遍存在着人口增长过快，外债累累，生产力水平不高等状况。就是作为国民经济基础的文化教育事业，也还很不发达。阿拉伯各国约2.3亿人，有1亿人不识字。伊朗和土耳其的文盲也分别高达49％和26％。

中东地区进入90年代后，每年约有1500亿美元的进出口贸易额，占据世界军火贸易三分之二的需求量，以及难以数计的经济建设项目，这无疑对所有的发达国家都具有巨大的吸引力。西欧、日本、俄罗斯等受本身利益的驱动，在美国经济、外交越来越力不从心的形势下，它们与美国在中东的争夺已日趋激烈，至少，美国试图一家说了算，独揽胜场，已经很难得逞了。中东地区大国的崛起和西方诸强密切介入的态势，还在发展。尽管目前中东还不致出现多极格局中占据一极的强国，但是，假以时日，在各种变数的刺激和影响下，通过内外力量不断发展变化的排列组合，这块重要的地区极有可能会充分显示出它的潜力来。

四、当代伊斯兰运动的特点和走向

1. 运动的兴起

在中东地区,伊斯兰教根深蒂固,是民族文化最主要的核心。每当外来压迫和奴役加剧、统治政权腐败而造成经济停滞或衰退,社会矛盾尖锐的时候,伊斯兰教就是广大穆斯林最后的寄托和最有力的武器。早在18世纪中叶,奥斯曼帝国政权趋于骄横、腐败,法、英、奥、俄势力开始对这庞大的帝国展开了掠夺、肢解的竞争,阿拉伯半岛上产生了由穆罕默德·伊本·阿卜杜·瓦哈卜(1703～1792)创立的一神论——瓦哈比派,他们主张清除一切异端邪说,恢复最接近罕百里教派的原始伊斯兰教和戒律。这场严格的伊斯兰复兴运动,以先知穆罕默德和《古兰经》所规定的正统派的理论和实践,团结阿拉伯半岛各部族,驱除异教徒和非正统穆斯林的土耳其人。以后,瓦哈卜与沙特家族相结合,经过多年征战,逐步建立起了瓦哈比派的国家——沙特阿拉伯王国。

这个成功的范例,对处在贫穷、落后、衰弱地位的中东各伊斯兰国家的人民是一个启迪,更是一种鼓舞。中东地区后来掀起的反殖民主义和腐败政权的运动和起义,几乎都以伊斯兰相号召,如利比亚塞努西(1791～1859)创建的伊斯兰教团,阿尔及利亚阿卜杜·卡迪尔(1808～1883)开展的反法斗争和苏丹穆罕默德·艾哈迈德(1840～1885)领导的马赫迪全民大起义等。从上世纪末到本世纪初的哲马鲁丁·阿富汗尼(1839～1897)及其弟子穆罕默德·阿卜杜胡(1849～1905)宣传的泛伊斯兰主义来看,前者强调政治革命,后者鼓吹宗教觉醒,但都主张伊斯兰教与社会改革相结合,革除毒害信仰的迷信和异端,改变穆斯林社会的落后状况,以对抗西方基督教国家对伊斯兰世界的入侵。直到本世纪中叶,中东地区的民族解放运动风起云涌之时,各国仍高举伊斯兰的旗帜。埃及纳赛尔总统在他的革命哲学中,在强调泛阿拉伯主义、泛非主义的同时,也重视对泛伊斯兰主义的宣传。不少中东国家都提出了社会主义的口号，但这种社会主义基本上都是以伊斯兰信仰为基础，以坚持伊斯兰教的精神伦理原则和固有传统为特点的。

当代伊斯兰运动，在国外有各种叫法，如"伊斯兰复兴运动""伊斯兰原教旨主义""伊斯兰革命"等，近年，中东各国也沿用"原教旨主义"（Fudamentalism）一词，用以称呼这场震撼有关国家政权，影响政治、经济、军事、文化各领域的宗教运动。

处在冷战格局中的中东国家，都曾探索过走民族主义的道路或接受西方文化，但政治上的腐败和专制，未被有效地铲除或遏制，经济上的两极分化，不见缩小反更扩大。这个地区，既有人均收入名列世界前茅的海湾富国，也有常年居于联合国统计最贫穷国之列的也门、苏丹、毛里塔尼亚等国；就是在一国之内，高官显爵、富商巨绅与苦苦挣扎的劳动阶层之间，收入差距不是几倍、几十倍，而是几百倍、几千倍。社会分配的严重不公，道德风气的每况愈下，国际舞台上的从属、附属地位，再加上对以色列战争的屡屡受挫，使广大穆斯林群众深感屈辱、失望和愤懑。他们急欲改变现状，只能再一次以伊斯兰教为精神武器，不惜用各种手段去摧毁现存政权，以实现他们理想中的伊斯兰社会的政治经济制度和价值观念。当代伊斯兰运动正是在这样的背景下，应运而生的。

当代伊斯兰运动是以1979年伊朗伊斯兰革命成功，建立起国家政权为标志的。在这之前，埃及成立于1928年的要求建立一个纯伊斯兰国家的穆斯林兄弟会，其领导人曾遭纳赛尔驱逐，在70年代期间开始陆续回国，形成一支不可忽视的力量，并逐步向叙利亚、约旦、南北也门等国扩大影响，直接对当地政局产生影响。黎巴嫩1969年组建的"最高伊斯兰什叶派委员会"，发起组织"被剥夺者运动"，到1975年演变为"阿迈勒运动"，是黎十余年内战中反对黎基督教势力的重要武装力量。伊朗霍梅尼革命成功后，中东地区的伊斯兰运动进入了一个更广泛、更深入也更具影响的阶段。如80年代初阿富汗爆发的大规模的群众性反抗苏联入侵的武装斗争，各游击队无不打着伊斯兰的旗号，经过9年抗战，最后像伊朗一样，也建立了一个伊斯兰共和国。阿尔及利亚1989年3月建立的伊斯兰拯救阵线，在1990年的地方选举中获得多数，1991年12月又在全国议会第一轮选举中取得压倒多数的胜利，几乎就要登上政坛。伊朗伊斯兰革命成了一股动力，向中东各伊斯兰国家辐射，与各种各样的伊斯兰教派相结合，从不同的条件和需要出发开展斗争，从而形成了波澜壮阔的当代中东的伊斯兰运动。

2. 运动的特点

这场伊斯兰运动具有一些明显的特点。首先，各国的伊斯兰运动都含有"原教旨主义"的因素。所谓原教旨主义，指的是强调遵守伊斯兰教信仰中原始的、根本的、正统的信条，把现实社会中的一切弊端、国家、民族的一切失败和灾难，都归咎于宗教精神淡漠，伊斯兰教义没有得到贯彻。

埃及的穆斯林兄弟会主张按《古兰经》原则处理国家事务和社会问题，强烈反对西方的消费观念和道德价值，也反对共产主义意识形态。它发展很快，在国内至少有10万名积极分子和100多万支持者，在高等学校、工会和专业团体中影响极大。穆斯林兄弟会一直企图与其他政党联合参加议会选举，通过合法途径取得政权。它打出的是"伊斯兰是一切的解决办法""真主的使者是我们的领袖，《古兰经》是我们的宪法"等宗教色彩强烈的口号，在埃及政治生活中，已有不可低估的影响。

苏丹的尼迈里政府从80年代起就宣布推行伊斯兰化，实行伊斯兰法，禁酒，禁止男女接触，禁止利息，提出宪法修正案，尼迈里要自任苏丹的伊马姆,建立一个政教合一的伊斯兰国家。由于这场运动解决不了苏丹严重的经济危机,1985年尼迈里被黜。但是,目前掌权的苏丹军政府依然奉伊斯兰为济世良方,与伊朗加强了联系,对内全面实行伊斯兰化政策,对外已成为东北非传播、推广伊斯兰原教旨主义的重要基地。

当然,说是回归到穆罕默德时代(公元7世纪)的伊斯兰传统制度和传统风尚,并不是真的要复古,因为当代伊斯兰运动的原教旨主义,只是强调伊斯兰原旨教义及其精神,是要使伊斯兰教与当代人们的思想和社会生活相协调。事实上,中东的各伊斯兰宗教团体都以一种相当积极的姿态参与社会生活,也都有明确的政治目标。

当代伊斯兰运动的第二个特点,是它并不限于某种政体、某个教派或某个阶层,而是具有明显的广泛性。埃及的伊斯兰组织多达近百个,参加的成员既有工人、农民、学生、军人,也有从事自由职业的中产阶级,甚至官员和政治家。突尼斯是个逊尼派居民占99%的国家,独立后,布尔吉巴总统曾大刀阔斧地搞社会改革,实行非殖民化和世俗化,取得了不少成就。然而,禁止或限制一切以政治为目的的宗教运动,将清真寺名下的土地收归国有,废除宗教法和宗教法庭,将伊斯兰教经学院改作教育部所属的国立学校,以及禁止女大学生戴面纱上学等一系列全盘欧化、漠视伊斯兰传统利益的做法,引起了国内原教旨主义者的巨大不满。随着伊朗伊斯兰革命的成功,他们积极起来效法,成立组织,开展反政府活动,从而不断造成武力冲突和流血事件。

为了适应这场几乎席卷整个中东的伊斯兰运动,不论是沙特这样的王室政权,还是埃及那样的共和制国家,一方面要对付国内极端激进的原教旨主义者,采取严厉镇压的手段,另一方面又都积极地在国内外支持发展伊斯兰事业,如向中亚扩大影响,直接过问阿富汗内战等。埃及的执政党民族民主党,近年来通过的党纲、党章和政策宣言,都强调自己的伊斯兰属性，注意宣传伊斯兰精神。伊拉克的复兴党是一个具有激进民族主义特点的政党，现在也在党的文件中突出本国的伊斯兰特性，强调继承和发扬本民族的伊斯兰遗产和传统。此外，土耳其青年学生中的原教旨主义已经抬头，已颇具影响的繁荣党，把原教旨主义的意识形态体制称为"正义的体制"，把原教旨主义的经济体制称为"正义的经济体制"，竭力推出一套既非资本主义也非社会主义的社会形态来；阿尔及利亚的伊斯兰拯救阵线虽已转入地下，但势力已渗入士兵和中下级军官，在经济停滞、社会严重不稳定的局势下，成为与当局对峙的重要力量。

由此可见，当代伊斯兰运动不仅在以什叶派为主的国家伊朗夺取了政权，而且也对以逊尼派为主的国家产生了重大影响，它不仅使基层的穆斯林群众发生骚动，而且，也迫使掌握政权的上层——王室、政府、政党——想方设法高举伊斯兰的旗号，力求争取主动，驾驭住这股狂澜。

当今世界上特别是西方的舆论，把伊斯兰原教旨主义视作洪水猛兽，甚至将其与恐怖主义等同起来。这是以偏概全，并不符合事实。因为投身伊斯兰运动的绝大多数普通的穆斯林群众，是出于改变不合理的社会状况，要求摆脱自身的贫穷，排除外来的干涉和渗透，振兴自己民族和国家的愿望。从当代伊斯兰运动内反腐败、外反霸权的角度看，它有一定的积极因素。只是在急风暴雨式的群众斗争中，一般信徒的良好愿望和合理要求容易被极端分子和教权主义者所利用，这构成了当代伊斯兰运动的又一个特点。

80年代，原教旨主义在中东流传已经很广，但绝大多数原教旨主义者只是抨击国家生活脱离了伊斯兰教的教法，因此造成了社会上的贫困、压迫、不公和道德堕落的现象。他们一般不直接反对政府。只有极端分子借口要实现全面贯彻宗教的信条和规定，必须由他们接管政权，才主张不择手段，倾向于诉诸暴力。如1981年10月6日刺杀埃及总统萨达特的"赎罪与迁徙组织",就曾计划在全国进行武装暴动,夺取政权。突尼斯的"伊斯兰复兴运动",以清真寺与学校为据点鼓吹暴力,曾在 1984 年和 1987 年两次制造混乱。进入 90 年代后,中东地区的暴力事件有增无减。埃及的宗教极端组织不仅屡屡袭击外国旅游者、投资者,对埃及的经济造成严重的损失,而且有明显的夺权目的,已经多次与当局发生武力冲突。它们一方面积极地向军队、警察渗透,另一方面明目张胆地袭击政府的局长、省长、部长,甚至把总统、总理都列入了暗杀名单。阿尔及利亚的伊斯兰极端分子,在军方取消了 1992 年 1 月伊斯兰拯救阵线即将取胜的第二轮选举后,公开宣称要"用枪杆子来取代会谈",他们暗杀最高国务委员会主席布迪亚夫,在机场和首都市中心引爆炸弹。至今,各地大约已有 3000 多人丧生。一系列的暴力袭击事件还殃及无辜的外国人。在阿尔及利亚工作、经商的外国人员纷纷撤离,致使阿的经济状况更趋恶化,而外部支持伊斯兰原教旨主义的势力则加紧向里插手。阿尔及利亚政权处在风雨飘摇之中,已有相当一个时期,如无法与越来越难控制的对立派达成妥协,国际社会又爱莫能助的话,90 年代中后期的阿尔及利亚就颇有可能成为北非第一个政教合一的国家。由于在夺取政权的问题上,极端的原教旨主义者从不让步,这也使暴力行为难以消除。阿富汗人民经过 9 年艰苦抗战,迫使苏联撤军,进而又推翻了纳吉布拉政权。但是,从 1992 年 4 月以来,总统拉巴尼(以伊斯兰组织马苏德领导的军队为后盾)和总理希克马蒂亚尔指挥的伊斯兰党游击队,在究竟由谁执掌政权的问题上,发生了激烈冲突,这牵涉到不同的民族、宗教派别和政治目标,它们背后又各有不同的国际势力。为了权力,双方都毫不迟疑地诉诸武力,动用大炮、坦克、火箭、飞机等重武器。阿富汗事实上已深陷于一场痛苦的内战之中。

3. 运动的走向

当代伊斯兰运动一直在扩大,目前已遍及整个中东地区,除上面述及的一些国家外，科威特、沙特、巴林、伊拉克、黎巴嫩、叙利亚和巴勒斯坦被占领土等地也都有规模不等、或明或暗的组织。只要中东地区外来的侵略与争夺、严重的贫富不均、政治腐败等基本矛盾不趋于缓和，当代伊斯兰运动的发展势头就不会减弱。它将在整个 90 年代或者更长的时间内，构成对中东乃至世界的挑战。

当代伊斯兰运动十多年来的发展轨迹，明白无误地表明，它正在迅速地走向国际化。伊斯兰教在千百年来的传播过程中，一向不受国界、民族、文化等框框的限制。早期，从麦加向四方发展到整个阿拉伯半岛，继而到西亚、北非乃至西班牙，他们传播的载体，穆斯林学者称为"征服"；以后，传播方式有所变化，主要通过移民、经济活动，深入到欧洲、日本、美国。当霍梅尼宣称要搞"伊斯兰革命输出"，在非伊斯兰世界掀起轩然大波时，穆斯林却并不感到意外，因为这类讲话没有违背圣战的定义："为主道而战"，只不过在方式上侧重于"斗争"或蕴含有暴力的成分罢了。从 80 年代迄今，"圣战"的口号频频出现，以"圣战者"命名的组织也不鲜见。当代伊斯兰运动又一次大张其鼓地在向各地扩展，但在目的和方式上，已与过去截然不同。原先穆斯林的移民活动，明显带经济色彩，如在海湾地区、拉美的巴勒斯坦人，绝大多数从事商业活动；伊朗人利用日、伊之间 3 个月内不需签证的协议，大量涌入日本，虽因巨大的文化差异使他们难以融入日本社会，成了日本当局深感棘手的一个社会问题，但他们的基本目的是打工挣钱；在美国的穆斯林近年已逾 1000 万，有的购买地产、企业，进入商界、金融界，也有的跻身教育界、科学界。而现在，随着伊斯兰原教旨主义运动的迅速蔓延，国际社会已越来越担心它的政治企图。在中东，伊朗与苏丹已成为西亚、北非最重要的据点。1991 年 4 月，由苏丹出面召开的伊斯兰国际学术会议，参加者有 55 个国家著名的伊斯兰原教旨主义者，会议通过的宣言，主要强调伊斯兰教的真主要比美国和西方更强大。

这种联合各国伊斯兰原教旨主义者的趋势,当然不是为了学术研究,而是要代表全球约 10 亿穆斯林登上国际舞台,欲领时代的风骚。事实上,伊斯兰原教旨主义者的视野,已经全球化了。极端分子利用到美国政治避难,把美国当作宣传、组织恐怖活动的基地,爆炸纽约世界贸易中心案,说明极端分子已进入西方世界的腹地。苏联解体后,中亚地区的穆斯林宗教情绪空前高涨。乌兹别克斯坦的清真寺,已从 1989 年的 300 座,激增至目前的 5000 多座;哈萨克斯坦的宗教意识一向比较淡薄,现已有 900 多个伊斯兰组织;塔吉克斯坦的伊斯兰复兴党更是挑起了旷日持久的内战。这一方面是这块地区的穆斯林(人数占总人口的 60% 左右),长期受到限制和压抑后的一种反弹;另一方面,也是更主要的,是与外部宗教势力的直接插手,力图把中亚拉入伊斯兰世界有关。波黑冲突多年,各伊斯兰国家在穆斯林与塞尔维亚族的交战中,明确站在穆斯林一边,输送武器,提供资助,除已有它们的志愿人员参战外,伊朗更提出了要以联合国的名义派遣一万名维和人员。不管波黑冲突最后如何划分穆、塞之间的疆界,那里成立起来的穆斯林国家,都将与中东的主要伊斯兰国家保持密切的联系,原教旨主义者也都将认为那是伊斯兰教在欧洲取得的胜利和进展。

当代伊斯兰运动另一个趋势是集中力量攻埃及。埃及地扼亚、非、欧三洲要冲,历来踞阿拉伯世界和中东地区的心脏地位,近当代中东发生的重大事件,几乎都有埃及参与,从地缘政治的角度看,它无疑是中东的中心环节。第二次世界大战后,纳赛尔 1952 年 7 月 23 日领导的推翻法鲁克王朝的民族民主革命,在整个中东地区引起的连锁反应,人们记忆犹新。也是埃及首先与以色列签订了戴维营协议,拉开了中东和平进程的序幕,然后才有 90 年代的马德里阿以和谈、巴以协议和约以协议。在穆巴拉克时代,埃及在国际舞台上更加活跃,进入 90 年代,无论是海湾战争还是阿以和谈,乃至巴以自治的实施协议,埃及的作用均十分突出。因此,当前伊斯兰原教旨主义势力在埃及的夺权活动已呈紧锣密鼓之势。伊斯兰势力夺取政权的方式,较突出的是以下几种。一是像伊朗那样通过大规模的群众运动,把军队中的士兵和中下级军官都争取过来,造成巴列维国王的完全孤立,不得不拱手交出政权;二是试图通过合法的议会选举道路执掌权柄。穆斯林兄弟会是一个跨国组织,它在埃及和约旦的派别都曾努力由合法参政过渡到上台,但在90年代先后遭到失败。在伊斯兰拯救阵线在阿尔及利亚选举中的胜利成果被军方剥夺以后,这种议会和平方式已被越来越普遍的暴力手段所取代,那就是伊斯兰极端组织目前在埃及广泛采用的企图以武力夺取政权的方式。

埃及的伊斯兰极端势力有明显的国外背景,埃及国外的一些极端组织,已是半公开地在支持和策划颠覆穆巴拉克政府的活动,更有经受过阿富汗战争洗礼的原教旨主义分子潜入埃及境内,利用对经济贫困不满或反对阿以媾和的群众,不断地向埃及当局发起冲击,使暴力和恐怖活动明显上升,同时抓住政府高层官员的腐败丑闻进行宣传,声势越来越大。只是,目前这股反政府势力的武器装备还远不及政府军,根本无力做正面较量。极端分子更多的是寄希望于暗杀、爆炸、流血冲突等突发事件,以谋求在乱中夺权。

当代伊斯兰运动的产生和发展不是一种孤立的现象,在中东地区新旧矛盾交织,局势依然动荡不定的冷战后时期,它也不会很快地沉寂下去。因为,它既与有关国家的社会矛盾演化有关,也与地区和国际格局的变化相连。

综观90年代的中东地区局势,各种矛盾——政治的、经济的、领土的、民族的、宗教的和社会的争执、纠纷,依然复杂而尖锐,有时呈犬牙交错状,或酿成社会动乱,危及国家政局的稳定,如阿尔及利亚、埃及的宗教极端分子对现政权形成的冲击,或激烈地外化为流血冲突甚至兵戎相见,如阿富汗、也门的内战,以色列与真主党在黎巴嫩南部的冲突等。因此,中东仍将是一个充满诸多不稳定因素的动荡地区。然而,在当前世界和平与发展主趋势的影响下,原先最突出的阿以矛盾,正随着中东和平进程的推进,随着有关国家和人民越来越突出地感受到发展经济的重要性和迫切性,逐步通过政治谈判和平地加以解决。中东地区虽然还不可能在短时间内消弭基本分歧,形成像欧共体那样的综合实体,成为多极世界中的一极,但是,西亚、北非地区如果能够抓住当前有利时机,各国之间真正做到相互尊重、平等对待,实现和平共处,实现彼此在高科技、资金、能源、劳动力等方面的优势互补,综合地利用、开发,那就有可能形成一个新的全球经济增长点。这对于缓解中东地区的各种矛盾,稳定中东政治、社会局势,无疑都是一个极为重要的机遇。这里,当然必须排除大国在政治上、经济上和军事上对中东地区的控制与干涉,排除地区大国谋求霸权行为的干扰与影响。只有这样,通过一系列条件的配合,在有关国家的共同努力下,冷战后的中东才有可能逐步地向着和平、稳定、繁荣发展的方向转化。看来这将是进入21世纪以后的事了。

中东的经济合作与和平进程[①]

中东和谈从 1991 年 10 月马德里会议拉开序幕至今,3 年多了,阿以双方经过了反反复复的会谈,双边的、多边的、公开的、秘密的、由美国主持的或穿梭传递信息的,概括起来,已取得了三项突破性的进展:1993 年 9 月 13 日的巴以关于巴勒斯坦人自治原则宣言的签订,1994 年 10 月 26 日约以和平条约的问世和 1994 年 10 月 30 日卡萨布兰卡"中东北非高级经济首脑会议"的召开。人们普遍的印象是谈判尽管曲折艰难,但成果显著,中东尽管仍有流血冲突,但和平进程已经不可逆转。

放在冷战后的国际格局中来考察中东的发展趋势,作为世界主要能源产地和具有重要战略意义的地区,中东正面临着两种选择,一是听任社会、经济、民族、宗教等领域的激烈纷争发展下去,步波黑、索马里、卢旺达等国的后尘;二是倾力抓住经济,走亚太地区的发展之路。中东和平进程 3 年多来的轨迹,特别是卡萨布兰卡会议的规模和影响,清楚地表明,中东绝大多数国家已经把发展本国和地区经济放上了重要的议事日程。和平与发展的国际趋势,正在进入这块长期动荡不定的热点地区。

[①] 载于《国际观察》1995 年第 2 期。

如果说巴以协议是中东和平的晨鸡报晓的话,那么,约以和约就是中东从冲突转向经济合作的转折点。因为约旦在抛开阿拉伯国家的一揽子解决计划,毅然决然地快步与以色列媾和的决策过程中,经济因素起了决定性的作用。与 1979 年埃及与以色列建交以来两国几乎谈不上有什么实质性的经济合作情况相反,约以在签约前后,一直在密切磋商经济、贸易合作事宜,已经见诸报道的,如耗资 30 亿美元的约旦河谷开发计划,修筑从伊尔比德(约旦)至海法(以色列)、死海至红海的两条铁路,从以色列的埃拉特经约旦至埃及西奈半岛阿里什的公路,建立埃拉特与约旦亚喀巴的以巴自由贸易区等,投资都很巨大。这对 390 万人口、人均年收入约为 1200 美元的约旦来说,无疑是力争崛起的契机,非常具有吸引力。约旦近来的政策走向,与海湾战争前相比已有很大调整。1994 年 10 月伊拉克向伊科(威特)边境调动军队,约旦当局立即予以谴责,而不是强调取消对伊的制裁。即使是约以《华盛顿宣言》中明文规定的"约旦在耶路撒冷伊斯兰教圣地的特殊作用""历史作用",在巴勒斯坦方表示强烈不满后,约旦哈桑王储也表示可以做出让步。由此可见,发展经济已成为约旦当前压倒一切的首要任务。

约以之间的经济合作,实际上是不少人士构想的中东大市场中最重要的一个次区域经济合作中心,这一步迈实了,合作将扩展至巴勒斯坦自治区和埃及。用发展取代冲突,有利于缓和伊斯兰原教旨主义运动,有利于稳定中东地区的政局。因此,西方国家都表现出很大的热情。美愿意出资开发约旦河谷,扩大亚喀巴机场,欧洲银行表示将在 5 年中提供 70 亿美元的援助,并帮助开发利用约旦河水。在这样的国际条件配合下,约以之间再加上巴勒斯坦和埃及,逐步地实现劳力、资金、高科技等方面的优势互补,相信会对中东经济的发展产生明显的推动和促进作用。

事实上,在卡萨布兰卡会议召开之前,阿拉伯方面已有不少国家与以色列国有或明或暗的接触和来往了。阿拉伯海湾合作委员会的成员国、北非的突尼斯和摩洛哥先后宣布部分取消自1951年起对以色列实行的经济制裁,突、摩、卡塔尔、阿曼等国与以互设外交利益办事处。有了这些政治上的铺垫,加上美、欧、日等发达国家对中东地区发展经济的高度关注,作为中东和平进程的必然成果和重要保障的"中东北非高级经济首脑会议"才得以顺利举行。这次会议的规模很大,计有60多个国家近5000名代表参加,除各国政府首脑、官员外,还有不少商界、企业界的巨头。讨论的范围十分广泛,涉及金融、贸易、旅游、交通、文化、教育等各个领域。阿拉伯国家与往日不共戴天的敌人以色列坐在一起讨论经济合作,这在中东历史上还是第一次。阿以双方表现出的参与热情,也令人瞩目。埃及代表团由外长、工程部长和经济部长率领,向会议提出了约60个新项目,投资总额高达340亿美元,包括电力、工农业、信息系统、石油、自由贸易区、人力资源开发和文化等许多方面,既有埃及国内的改建国际机场、重建苏伊士运河大桥的计划,也有修筑连接阿拉伯世界东西方(马什里克和马格里布)交通网这样的跨国大工程。突尼斯总统本·阿里委派了外长和国际合作部长与会,亲自下指示表态,突尼斯将做出不懈的努力,赋予和平进程以发展的含义,要为中东地区奠定新的政治经济基石,使之成为稳定和发展的绿洲,以发挥积极的作用。正是在卡萨布兰卡会议进行的同时,突尼斯倡议召开了地中海国家会议,讨论人口增长对自然资源的巨大压力和地中海脆弱的环境体系,其目的是开展环地中海国家的长期合作,保障地中海两岸沿着均衡发展的道路进入21世纪。这次部长级会议,通过了《突尼斯宣言》,就北非而言,突尼斯谋求地中海南岸经济发展主角地位的意图,已隐约可见。至于以色列,则更是派出了以拉宾总理为首,有8名部长随同,总共300多人代表国内80多家公司的庞大阵营出席卡萨布兰卡会议。以色列在会议上提出的地区合作项目,多达200余个,并建议仿照总部设在伦敦的欧洲建设开发银行,组建中东发展银行。

卡萨布兰卡会议发表了《卡萨布兰卡宣言》,决定了一些经济合作的大框架和运营机制,如成立中东北非地区商会,由各国政府派代表组成指导委员会和执行秘书处,审议组建投资100亿美元的中东北非开发投资银行等。会议的成果,就当前而言,政治性和象征性要大于经济性和实质性,但毕竟掀开了中东北非——主要是阿拉伯国家和以色列之间的新篇章,在国际社会的参与下,阿以双方开始了经贸合作讨论,这无疑有利于逐步消除持续了近半个世纪的冲突和战争的阴霾。现在,北非的埃及、突尼斯、摩洛哥,地中海东侧的约旦和以色列,以及阿拉伯海湾合作委员会的六国,对发展中东经济都倾注了巨大的热情。摩洛哥的哈桑二世国王在卡萨布兰卡会上宣称,阿盟对以色列的制裁,事实上已经结束;约旦承诺将在1995年担任第二届高级经济首脑会议的东道国;巴林国在获悉要组建中东北非开发投资银行后,即希望将行址设在巴林。此外,据11月下旬以色列方面的报道,以副外长在美国会见阿拉伯实业家时,已第一次与沙特的外交官员进行了接触。种种迹象表明,随着卡萨布兰卡会议的召开,中东北非各国都在优先考虑本国利益的政策基础上,探索和着手开展区域经济合作,正在朝着形成一个或若干个经济增长点的方向前进。

当前的中东政局,虽然还有一系列不稳定的因素,如伊朗、利比亚等国仍反对阿以媾和,美国继续坚持对伊拉克、利比亚实行禁运和制裁,伊斯兰原教旨主义运动的激进势力依然对有的国家政权构成威胁等,但人们关注的目光,则主要集中在叙以、黎以谈判和巴勒斯坦自治区的前途问题上。

叙以、黎以谈判,3年多来应该说也取得了明显的进展。叙以谈判的焦点,一直是以色列从戈兰高地撤军的时间表。通过多轮公开的和秘密的交锋,双方的距离正在缩短,从5到8年撤军减少到3年甚至更短。叙利亚是一个至今仍高举阿拉伯民族主义大旗的强硬国家,它与伊朗、利比亚等国一直保持着良好的关系,海湾战争后,与埃及、阿拉伯海湾国家、美国和西方的关系也有改善。对于以色列一方面对黎南方的真主党进行炮击,另一方面又向黎政府抛出经济合作的构想,企图离间叙黎,实施各个击破的手法,叙始终十分警惕,注意加强对黎的控制。因此,在当前中东舞台上,叙利亚仍是一个举足轻重的角色。叙以谈判要想取得突破,戈兰高地固然是一个问题,更值得注意的是,叙对于以色列强调的两国关系正常化,是否已在内外舆论和政策调整上做好了准备。1994年美国克林顿总统与叙利亚阿萨德总统的两次会晤,提高了叙在地区和国际上的地位,但如果看不到足以振兴叙经济状况的实际利益,要叙25万执政党党员改变他们传统的思维定势,让叙政府迈出与世仇以色列建交、开放边界、互通贸易的一步,看来是有难度的。叙以谈判归根结底,取决于叙以高层对发展中东经济的决心和找到双方的国情都能接受的妥协点,也取决于美国继续调整它不顾阿拉伯民情、一味偏袒以色列的政策,用列入支持恐怖主义国家黑名单、否决联大要求以色列撤出戈兰高地的决议等做法,来刺激叙利亚,并试图迫其就范,实在无异于南辕北辙。不过,从发展的趋势看,叙以、黎以谈判应不会与中东和平与发展的总潮流相悖,而是在逐步朝着解决的方向前进。1995年可能将是充满成功可能性的一年。

第二次世界大战后的阿以冲突的核心是巴勒斯坦问题。中东和平进程首先取得突破的是巴以协议,但巴勒斯坦问题并未得到全面公正的妥善解决,它仍将是贯串整个和平进程的主旋律。自1994年希伯伦惨案以来,巴自治区内阿拉伯人与犹太人之间的流血冲突迭起,造成了局势的严重不稳。西方舆论普遍把责任归咎于以哈马斯运动和伊斯兰圣战运动为代表的伊斯兰原教旨主义者。这实际上并不全面。因为巴以协议签署的重要背景条件之一是1987年12月以来巴被占领土的人民起义。作为领导起义的代表,哈马斯运动一直有参政的要求,但却受到以色列政府和巴解自治当局的排斥。哈马斯运动在西岸和加沙拥有相当深厚的群众基础,是一支不可漠视的力量。巴以签约以来,美以奉行"以巴制巴"的方针,不断对阿拉法特为首的自治当局施加压力,造成了哈马斯运动不仅与以色列而且与巴自治当局的警察也发生冲突。客观地看,如果对哈马斯运动不加分析,把有原教旨主义观点的民众一概视作极端分子、恐怖分子,采用强硬的镇压手段,而不是主动地去团结巴勒斯坦各派力量,满足绝大多数巴勒斯坦民众正当合理的要求,那么,这只会激化当前的矛盾,无论对以色列还是对巴自治当局,恐怕都只会有害而无裨益可言。

更应当指出的是,巴以签约后,西岸和加沙的经济状况并未好转。1994 年 10 月,路透社从加沙报道说:"自治下的加沙,社会变得宽松了",列举了饭店开张营业,引进了阿拉伯歌手和乐队等内容。这显然是在粉饰太平。实际上,宾馆、娱乐业的出现,只是为了适应从突尼斯转来的大批巴解高级官员的需要,他们过惯了安逸的生活,对广大居民来说,失业率居高不下,物价昂贵,饭店 15 美元的一餐饭,等于一个平民一周的伙食费,岂是他们所能奢望的?从巴自治当局看,在 1993 年 9 月巴以协议签订前后,美国、西欧、日本、世界银行等组织曾许诺要提供的 24 亿美元(每年为 6.9 亿美元)捐赠,一年过去了,自治当局得到的连个零头都不到。巴解组织的一位官员说,在海湾战争前,他们每年有 10 亿美元的援助,现在却不到十分之一。这些钱首先要用在维持自治当局的行政开支和一支数千人的警察部队上。面对百废待兴的自治区,在贫困线苦苦度日的巴勒斯坦民众,一批又一批找不到工作的青年人,他们确实感受不到和平带来的成果。埃及总统穆巴拉克警告说,如果国际社会迟迟不向巴勒斯坦人提供援助,"巴勒斯坦将是一个新的、更加艰难困苦的阿富汗"。

饱受战争和被占领磨难的巴勒斯坦人民,是有理由指望得到国际社会已允诺的资助的。事实上,也只有在资金到位的前提下,巴自治区内才能开展经济建设,才能缓和民众愤懑的情绪,巴勒斯坦的自治计划也才能平稳地过渡。否则,那里隐伏着的危及整个中东和平进程的危险,仍有可能会爆发出来。

历时 3 天的卡萨布兰卡会议是一个标志,它表明,中东绝大多数国家有意愿发展经济,开始经济一体化的历程。这是令人鼓舞的新篇章。但是,中东地区的各种矛盾——政治的、经济的、领土的、民族的、宗教的和社会的争执纠纷,既复杂又尖锐,中东仍将是一个充满诸多不稳定因素的动荡地区。中东和平进程正在掀开的经济合作新篇章,要求中东各国能真正相互尊重、平等相待,实现和平共处,实现彼此在高科技、能源、资金、劳动力方面的互为补充,综合地利用和开发,以形成新的经济增长点,从而缓解地区内的各种矛盾,稳定中东政治、社会局势。这里,必须警惕超级大国在政治、经济上和军事上对中东地区的控制和横加干涉,排除霸权主义和强权政治的干扰和影响。中东地区需要内外各种条件的配合,需要有关国家的共同努力,才有可能逐步地向着和平、稳定、繁荣发展的方向转化。

正确理解伊斯兰　不同文明应对话[①]

全球有50多个伊斯兰国家,约10亿至12亿穆斯林。70年代以来,当代伊斯兰运动席卷了整个中东北非——伊朗伊斯兰革命的胜利,苏丹政教合一政权的出现,阿尔及利亚90年代初伊斯兰拯救阵线在全国大选中功败垂成后政局的剧烈动荡,绵延至今的波黑塞族与穆斯林间的战火,以及发生在世界各地大大小小带有伊斯兰色彩的事件等,无不说明这场运动已具有全球性的影响。伊斯兰作为国际格局中一股不可忽视的宗教、民族和政治力量,应当充分引起人们的重视,并正确地认识和把握当代伊斯兰运动的特点和走势。

冷战结束后,美国的塞缪尔·亨廷顿教授发表了《文明的冲突》一文,把西亚北非的伊斯兰教和东亚的儒家学说视作苏联解体后西方所面临的最大威胁。这种言论经过西方一些政治家和传媒多年来的大肆渲染,伊斯兰教被恶意丑化歪曲,当作了洪水猛兽。伊斯兰国家中出于反对外来干涉、追求社会公正而参加伊斯兰运动的广大穆斯林群众,被说成是原教旨主义者,进而又把他们与少数极端分子、恐怖分子混为一谈。这种情况

[①] 载于《解放日报》专家论坛,1995年7月26日。

引起了伊斯兰学术界的高度警觉和极大愤慨。这些年来,学者们一直致力于为伊斯兰教正名。

穆斯林学者感觉到的挑战可以概括为两个方面,一是西方文明的大举渗透,二是为适应时代发展而建设穆斯林新一代的迫切任务。约旦哈桑王储明确反对接受或传播"伊斯兰原教旨主义和原教旨主义"。他说,西方攻击伊斯兰社会的途径有两条,一是通过反反复复的宣传来诋毁、丑化伊斯兰文明和文化遗产,使伊斯兰民族的后代不了解伊斯兰在世界文明史和思想史上的地位;二是大力美化和推销西方社会一些低劣的文化典型而不是它的文化精品,使其他民族耳濡目染,逐步适应并接受下来。哈桑王储和不少学者都强调要为伊斯兰教正本清源,正面阐述伊斯兰教主张的宽容、和平、仁慈、中庸和公正等信条,开展文明对话,从各种文化中吸取符合本民族发展所需要的各种营养。哈桑王储还特别引证了《圣训》(穆罕默德言行录)中的话:"学问即使远在中国,亦当求之。"这些见解,都是立足本身,力求自强的声音,反映了在世纪交替之际,穆斯林学者中不乏有远见卓识之士,他们不固步自封,不满足于引经据典,正在着手设计和提出一份以正统的伊斯兰复兴思想为基础的当代的文明文化工程。这种努力显然是很可贵的,也符合中东伊斯兰民族的发展实际。

试论叙以谈判[①]

夏去秋至。屈指算来,中东和平进程从1991年马德里和会至今,已进入了第四个年头。其间,以色列已先后与巴解、约旦签订了协议,尽管还有与叙利亚、黎巴嫩的谈判有待突破,与黎南部有间歇性的炮击、轰炸,巴以境内的流血事件,也时有发生,但地区的主潮流是朝着和平与发展,人心思和,国家图富,大规模的战争毕竟打不起来,各国政府考虑得最多的是自身的发展。中东和平进程在取得已有进展的现在,面临的主要课题一是叙以谈判以何种条件成交,二是巴勒斯坦自治能否稳步实现《关于巴勒斯坦人自治原则宣言》上的预定目标。一般来说,一俟叙以、黎以签约,中东和谈就算幕落曲终了,但应当看到,巴勒斯坦问题乃是阿以几十年冲突的核心,也是贯穿中东和平进程始终的主旋律,会在各个乐章不断地再现。探讨叙以谈判,离不开对叙、以、美的分析,同时,也仍需留心考察巴自治区的进展和巴勒斯坦人占总人口60%的约旦王国的境况。

叙以谈判,按照中东和谈一开始就确定的"土地换和平"的原则,是以色列撤出它占领的戈兰高地,换取叙以两国正式签订和约,实现关系正常

[①] 载于《欧亚观察》1995年第5期。

化。以色列与巴、约签约媾和,曾给坚持"全面解决"——即阿拉伯有关各方同进退的叙利亚造成一定的压力,但叙利亚的根本目标在于确立和巩固它地区大国的地位和影响,长期坚持强硬路线的思维定势,规定它不可能在它认定的原则问题上轻率地作出让步,更不可能跟在巴解、约旦后面亦步亦趋。这四年中,阿萨德政权改善了与阿拉伯海湾国家和欧、美、日等西方国家的关系,国内也没有反对派的威胁,因而更显得巩固,在地区内具有举足轻重的影响。只是由于美国的再三推动和不断撮合,叙以谈判才由浅入深、由表及里逐步地接近。目前双方的分歧,似可做这样概括:

叙利亚:立即收回戈兰高地,逐步实现两国关系正常化;

以色列:立即实现两国关系正常化,分阶段撤出戈兰高地。

表面上,争执焦点在撤军和关系正常化孰先孰后,是个时间安排问题,实际上,牵涉到两国对自身安全、水资源分配、争取民族宗教支持、协调国内舆论、保持和扩大在地区的实力等一系列战略性的考虑,并不容易达成妥协。在叙以这样两个长期敌对、十分自信而又很不信任对方的地区大国的谈判中,美国的作用颇为重要。叙利亚报刊把美国称为"拉伊"可译为"主持者",也可译为"牧人"。在某种意义上,叙是看在美国面上才与以进行谈判的。而以色列的许多意见,也只有通过美国传递过去它才感到稳妥可靠。90年代的美国对外政策,不论是公开唱白,还是潜台词,都是围绕着建立它所谓的世界新秩序在运作的,而从布什到克林顿,又都把中东当作了树立美式秩序的试验田,投入了大量的时间和精力。不算布什政府,即以这届民主党政府而言,克林顿总统已两次会晤阿萨德总统,国务卿克里斯托弗做了13次中东之行,今年春天,副总统戈尔和国防部长佩里也相继访问中东。如此密集的外交攻势,目的是直接干预中东和平进程的走势,使之沿着美国设计的轨道发展,反映了美国经营中东的良苦用心。

从哈佛大学塞缪尔·亨廷顿教授出版《文明的冲突》一书,把西亚北非的伊斯兰文明和东亚的儒家学说视为美国和西方在后冷战时代的主要威胁以来,经过一些政治家和传媒的故意渲染,美国在对外政策中实际上已形成了假想敌手。这种承袭冷战思维方式的政策反映在中东,就是遏制两伊,反对所谓的伊斯兰原教旨主义。促进中东和平进程,其深层目的,也是想推广以色列的价值观念,形成更多的阿拉伯"温和"国家,以增强美国的盟友队伍,对付美国心目中的敌人——激进的伊斯兰民族、宗教势力。而这一届的民主党政府,外交上屡屡受挫,执政三年中只有在推动巴以、约以签约方面还能吹嘘一二。面临着 1996 年的全国大选,美国想促成叙以正式签约、取得中东和谈完胜的心情,是不言而喻的。

截至眼下,美国最近一次的外交努力是今年 7 月中旬派遣国务院中东和谈协调员罗斯在叙、以、巴解之间作穿梭访问。罗斯的任务是来回传递信息,竭力让叙以建立起一些信任感,在有关条件上相互有所接近。涉及的问题已比较具体,如以要求撤出戈兰高地后仍保留预警站,叙坚决不同意,经美国斡旋,叙以双方都同意使用卫星和美制无人驾驶飞机进行空中监督;戈兰高地上在以撤军以后,拟设置国际部队,是双方同意的,拉宾政府曾设想部署 1000 人组成的非战斗部队,而美国则计划部署一支拥有装甲设备、先进运兵车的战斗部队,人数在 2500~5000 之间。又如叙以从戈兰高地后撤的非武装区,叙要求距离对等,以色列反对,理由是以国土小,按等距离后撤,以不是要退到地中海里去了吗?现在的方案是 10∶6,即叙后撤 10 公里的话,以后撤 6 公里。对此,叙还未首肯。太巴列湖水关系到中东最匮乏的水资源,叙以边界究竟是按 1948 年的状况还是 1967 年的状况划分,亦即是让叙利亚拥有湖的东岸呢,还是全湖都归以色列所有,双方争执不下,尚难有定论。罗斯访问中东之时,有消息说,叙以在黎南部真主党武装的问题上达成了私下交易。这直接涉及叙与伊朗的关系，只能当作有待证实的传闻。总的看，当地对叙以谈判，透出了一些乐观的气氛，但是否能在年内顺利签约，恐怕还要从整个地区背景出发，做宏观上的把握。

以色列明年面临大选，工党政府要赢得连任，必须继续推进和平进程，达到与阿拉伯国家普遍建交，彻底改变它在地区内的孤立处境，逐步实现美以构想的中东大市场，这种前景的先决条件，是要突破叙以谈判这一环。不过，目前拉宾政府最感棘手的问题，还不是对外的与叙谈判，而在于内部的巴勒斯坦自治协议如何落实。

巴以协议虽然是巴解做出了巨大让步，但以色列内部，包括政府、议会、宗教界上层等，一直有反对声浪，认为撤出西岸违背犹太教律法，以军的基地决不能交给非犹太人，对巴自治政权、巴解警察也都持不信任态度。巴勒斯坦境内的哈马斯运动和圣战组织有参加大选、分享自治政权的愿望，却没有停止极端主义的行动，自杀性的恐怖事件屡有发生，自杀者在以色列看来是恐怖分子，在巴勒斯坦人心目中却是英雄、烈士。以总统魏茨曼今年春天曾公开主张中断与巴解的谈判，反映了以色列高层对巴解驾驭自治区能力的深度怀疑。拉宾政府在没收耶路撒冷的巴勒斯坦人土地、扩大犹太人定居点，不想从西岸全撤、只同意交出几个城镇，坚持由以军在西岸布防、不肯向巴解警察交权等一系列强硬表态，都是受到内部压力和牵制的结果，只是在遭到了巴勒斯坦和阿拉伯世界的同声谴责后才做出让步。从罗斯访问至今的近两个月时间里，拉宾政府的重点是在与巴自治当局的谈判上，以尽力营造境内的安全环境和气氛，而无暇也不敢大幅度地改变或调整它对叙谈判的基调。在这种情况下，美国政府必须顾及犹太人的普遍情绪，不能为促成叙以签约而对以施压过甚，过犹不及的后果，将是克林顿的民主党将在大选中失去至关紧要的犹太人选票(约 700 万人)和犹太财团提供的竞选经费(约占全部经费的 20％)。与其轻率犯险,不如巩固已有成果。因此,以色列与美国至少目前在主观上并不迫切地要求加快叙以谈判的进程。

至于叙利亚的态度,倒一直显得很从容,因为它自海湾战争以来,并没有什么失分,对比已经签约的巴解和约旦处境,叙坚持的解决中东问题的立场,在国内、阿拉伯国家的民众和广大穆斯林中,已愈来愈受到好评。巴自治区的劳工部长 7 月份宣称,西岸 17％、加沙 32％的巴勒斯坦人生活在贫困线之下,西岸的失业率为 38.5％,加沙则高达 55％,其中相当一部分是大学毕业生。两大民族的长期敌对和仇视,不可能凭一纸协议而消解,贫困的土地再加上屈辱,只会催生出铤而走险的极端种子。巴自治区的境况能否获得改善,为阿拉伯各国和穆斯林大众感情所系,更是被巴解抢拔了头筹的叙利亚申辩自己原则立场的事实根据。西方伪善的许诺和以色列锱铢必较的精明,不可能建构出巩固的和平,而只会使叙利亚更加小心翼翼地步步为营。约以签约也已一年,为落实约旦河谷的发展工程、扩建亚喀巴国际机场、修筑红海至死海的河渠等项目的资金与技术,侯赛因国王一直在欧洲和其他国家奔走,迄今尚无眉目。为促成约旦在《华盛顿宣言》上与以一起签字,美国曾应允免除约旦高额外债中的 7 亿美元,到今年却最多只能免去 4.8 亿美元。值得一提的是,约旦是个在夹缝中求生存的国家,历来以外交见长,自海湾战争爆发以来,却显得顾此失彼。它支持伊拉克入侵科威特,得罪了海湾阿拉伯国家,约 30 万技术人员和劳工被驱赶回国。巴以一签约,它即甩开叙、黎迅速地与以色列达成框架协议,这明显地得罪叙利亚。在耶路撒冷圣地的管理问题上,又置巴勒斯坦于一旁,直接与以签约,也得罪了巴解。今年 8 月上旬,伊拉克萨达姆的两个女婿外逃,约旦出于改善与美、科威特、沙特关系的利益驱动,很快就宣布给予这些逃亡者以政治庇护,又得罪了关系一向密切的伊拉克。约旦的这些举动,大大有悖于阿拉伯—伊斯兰的传统道德,被阿拉伯人和穆斯林称为"赫亚纳"(叛卖),为许多阿拉伯国家的领导人、政治家所不屑,客观上已招致了包括埃及在内的阿拉伯地区大国对约旦的不信任和冷落。约旦指望密切与美、以关系,在中东北非的经济合作中,把自己建设成一个西亚的新加坡或香港,凭它现在给阿拉伯兄弟国家的感觉,真是谈何容易。约旦这些外交策略及其在政治上、经济上产生的效果,更不可能令叙利亚这样一个以阿拉伯领袖自居的国家歆羡、效法,相反,叙只会引以为戒,在对以谈判中,更加审慎地行事。

相形之下,叙利亚的经济近年来倒很有起色。不久前世界粮食组织公布了它的预测报告,1995年全球的粮食产量将低于近年的平均水平,比去年要少1900万吨。叙利亚的年成却很不错,它今年将获得连续第三年的好收成,年产400万吨小麦足以自给,150万吨大麦除供畜用外还可出口。叙自90年代初颁布第十号投资法以来,在吸引外资方面已初见成效。法国、德国、日本、韩国等并不像美国那样"突出政治",都已经或正在与叙商谈大工程、大项目。叙的对外贸易,也日趋活跃。海湾战争后,海湾阿拉伯国家购买了成百亿美元的西方武器,叙利亚也没有放松购置和更换各类武器装备的步伐,它的军事实力明显增强,现在已有"飞毛腿"导弹,也有化学武器,可以射到以色列的任何目标。在这样的背景下,叙对以谈判除必须收回戈兰高地外,还有经济要求。埃以签订戴维营协议后,埃及每年从美国获得约21亿美元的援助,以色列是美国的盟友,受益更多,每年从美国获得的援助高达30亿美元,而且以色列已要求从戈兰高地撤出后,美国保证支付25亿美元的一揽子安全安排方面的补偿。叙利亚也理所当然地提出,签署叙以和约从美国处获得资助应不少于当年埃及的份额。对此,7月中旬的美国《基督教箴言报》载文说,美国已拿不出钱来作奖励了,但美国对国际信贷组织有影响,对控制着叙利亚最主要水源幼发拉底河的土耳其也可以做工作,此外,美国还将与俄罗斯一起保证叙以协议不受破坏,云云。这倒也是实情,冷战后美国出兵有之,出钱就难了。美国按照海湾战争模式:打仗它当头,付款让德国、日本和国际组织分担,战争红利的最大份额由它独占。为推动中东和平进程,要美国对有关国家免掉点债也还可通融,要它掏现钱,则几乎不能商量。这些说词和行为模式,对迫切需要发展经济的叙利亚来说,未免显得空洞,缺乏吸引力。叙利亚国内现在有一句很流行的口号,叫做"和平是我们的战略选择"。叙复兴党的宣传机器和对国民实施的教育,几十年来一直坚持反以、反美的强硬路线,这句口号表明,经过四年时间的工作,叙已对和谈签约完成了国内舆论的调整。叙虽然并不希望明年以色列大选后谈判对手由工党换成利库德集团,但它有自己的战略目标,决不肯在谈判中因为急于求成而迁就让步,从而影响它在阿拉伯世界的地位。

当前的中东和阿拉伯世界并不平静,阿富汗的内战还望不到头,穆巴拉克总统赴埃塞俄比亚开会遇刺,埃及与苏丹关系急剧交恶,非洲国家通过提名利比亚作为今年安理会改选时的非常任理事国,引起了美国的惊恐和强烈反对……应当指出,阿拉伯国家也并非看不到美国在海湾地区部署兵力以后,现在正设法挤进中东的西翼,继在西奈半岛驻扎一个营的轻型步兵部队之后,还想通过叙以谈判增加它在戈兰高地的军事存在,与此同时,它对西欧伙伴、日本、俄罗斯的凝聚力却趋于疲弱,对伊拉克、伊朗的制裁、遏制、响应的声音也越来越少。这种心雄力绌的霸主状况,已引起埃及、叙利亚等地区大国的警觉,它们对美国的态度是有距离的,也是功利主义的,如果一旦涉及阿拉伯民族、伊斯兰教或本国的根本利益,就肯定会怫然变色,变得不好商量。当前,中东国家正在经历一个政策调整期,阿阿关系在加强,各国都在设法扩大自己的活动空间,即使是以色列,国内也有舆论呼吁不要过于依赖美国,应考虑美援一旦断绝后的应对之策。由此看来，叙以谈判的进展，将主要取决于条件，特别是叙以两国各自权衡利弊得失后认可的条件。应该说，以色列在巴以、约以签约的两场较量中，都是赢家，现在的对手换了叙利亚，不会那么容易就范，也不可能是一家独揽胜场。罗斯访问中东以来，以色列一直被实施巴勒斯坦自治的阶段性目标所缠扰，与叙谈判力有不逮。在与阿拉法特反复会谈局势稍获缓解之后，拉宾政府将有可能再做尝试，那将是一个个具体条件的谈判，国家主权、民族尊严、经济利益、历史影响等，都必须顾及，会很艰难而且吃力，但却是十分重要和必不可少的，因为只有叙以签订了和约，黎以才能跟进，中东和平进程才有可能得到中东地区更普遍的认可，中东北非的经济合作也才能具有广泛的政治基础。

谋杀不能阻止和平[1]

11月4日,一生从未唱过歌曲的拉宾,在特拉维夫和平集会上与十几万人一起唱起了《和平之歌》,而后他倒下了。

极端分子射出的罪恶子弹反映了什么?今后中东和平进程会如何演变?佩雷斯执政后能驾驭国内和中东和谈全局吗?日前,记者带着这些读者感兴趣的问题,采访了中国中东学会副会长朱威烈教授。

记者:请谈谈对拉宾遇害的看法。

朱威烈:拉宾遇害,举世震惊。1981年10月6日,第一位与以色列媾和的埃及萨达特总统被伊斯兰极端分子暗杀。时隔14年,这一幕惨剧又在以色列重演。这是以色列建国以来最令人震惊的悲剧事件。这次事件再次说明,和平付出的代价何等沉重,这代价包括鲜血和生命。拉宾的一生,都献给了以色列。在以色列,拉宾享有崇高的威望。他为推进中东和平进程所做的不懈努力,赢得了世界大多数人的称道。拉宾的去世,是以色列国的损失,更是中东和平事业的损失。我国领导人和世界上许多国家都纷纷致电哀悼,正是反映了国际舆论的这种共识。

---

[1] 载于《文汇报》专访,1995年11月8日。

记者：今后中东和平进程会如何演变？

朱威烈：和平与发展是当今世界的主潮流。中东地区在90年代经历了一战（海湾战争）一和（中东和平进程），正在努力赶上潮流。迄今为止，以色列与阿拉伯方面的谈判进展应属顺利，1993年的巴以协议是一个突破，1994年约以签约，约旦成为继埃及之后第二个与以色列正式建交的阿拉伯国家。今年秋天，以与巴自治当局又就扩大巴在西岸的自治签订了塔巴协议。与此相配合的是，中东北非经济首脑会议已开过两届，各国都有努力结束仇杀、纷争，开展经济合作以图振兴的愿望。这种政治、经济双轨并进、相辅相成的态势，实际上反映了人心所向，已不可逆转。

拉宾遇刺是一个突发事件，为一直在为中东和谈牵线搭桥的美国和有关阿拉伯邻国所始料不及，而且从根本上说，它不符合美国、以色列和阿拉伯国家的利益。因为经历了四年多时间的中东和平进程，已经是这些国家的国策所系，就此停顿或者倒退，不仅关系到美、以明年的大选，而且会直接影响有关国家政权的稳定。以色列很快确定了佩雷斯任代总理，反映了现任政府将继承拉宾未竟之事业。而美国和阿拉伯有关国家也必然会积极想方设法，保持中东和平的势头，即使不可能在年内突破叙以、黎以谈判，也至少可以在巩固已有成果，开展若干阿以双边或多边经济合作项目方面有所作为。

记者：极端分子暗杀拉宾是否反映了以国内人民对现政策的不满？

朱威烈：从以色列与巴解、约旦的协议和以与叙、黎谈判的内容看，拉宾-佩雷斯政府是时时处处都在竭力维护以色列的利益。阿拉伯方面的反对势力不停地攻击巴解、约旦甚至埃及的一个重要内容，就是认为以色列人太精明，阿拉伯方面让步太多，吃亏太大。这次罪恶的暗杀，是决不可能在以色列人和犹太人中获得多少同情的。拉宾遇害的11月4日是星期六，也是犹太人的安息日，犹太教规定从周五日落至周六日落应停止劳作、专事敬拜上帝,这称为"守安息。"极端分子枪杀中东和平领导人的子弹,恰恰是对犹太教圣日的亵渎,是为犹太教所不容的。凶手不可能代表犹太人的绝大多数,谋杀不能阻止和平。拉宾去世的当夜,广大犹太人点起蜡烛为他守灵,这说明拉宾是得人心的,拉宾代表的和平政策是有群众基础的。

记者:佩雷斯执政后能驾驭国内和中东和谈全局吗?

朱威烈:佩雷斯是一位老政治家、外交家,曾担任过以色列的总理。中东和平进程的车轮之所以能起动和运转,佩雷斯的作用是极为重要的。去年的诺贝尔和平奖,不是分发给拉宾和阿拉法特两人,而是加上佩雷斯,共三人,这是国际社会对他的肯定。客观地看,拉宾对中东和平的贡献在于他的决策,佩雷斯的成绩则表现在他的构想、策划和实际操作上。佩雷斯尽管是一位较拉宾为温和的工党领袖,但在实际谈判中,却从不轻易让步。可以相信,他执掌以色列政权后,会继续推进中东和平进程,但也必然会在更加谨慎、更加顾及国内各派别动向的基础上,去追求实现他对中东和平的理想。

中东和平大势所趋　负面变数尚难消除[①]

刚刚顺利完成的巴勒斯坦委员会和巴勒斯坦民族权力机构(自治政府)主席的选举,是中东和平进程的最新突破。阿拉法特和许多推动、支持和平进程人士的当选,反映了西岸和加沙的巴勒斯坦人心之所向。当年与阿拉法特主席一起在白宫南草坪上同拉宾、佩雷斯签署巴以自治原则宣言的阿布·马赞,本已隐退多时,终于复出担任巴选举委员会主席。巴内部这种加强团结的迹象,十分令人鼓舞。

和平进程的另一面,也是关键的一环,是叙以、黎以谈判。去年11月,拉宾总理不幸遇害,叙利亚和以色列出于切身利益的考虑,在美国国务卿克里斯托弗的斡旋下,于去年12月恢复了中断半年的谈判。从目前传出的信息看,乐观与悲观论调交织,似乎难以把握。事实上,叙以现在的军事谈判在戈兰高地的安全安排上已达成了一些共识,但以国内还有一定阻力;阿萨德政府要考虑的方面更多,其中包括与以关系正常化对叙在阿拉伯世界的大国地位可能产生的影响,叙能从美国和西方获得多少经济利益等。此外,叙利亚和黎巴嫩保持着特殊关系,要叙出面解决迄今

[①] 载于《文汇报》专家论坛:'96 国际形势展望,1996 年 1 月 25 日。

炮火时起时伏的黎南部问题,牵涉到那里真主党武装背后的伊朗,叙伊一向交好,这样做也得调整政策。叙以现在的谈判,偏重于军事,接下来还有经济和水资源的谈判,均非一蹴而就的易事。然而,以面临今年10月底的大选,工党政府要想连任,必须大力推进叙以、黎以和谈。另一方面,中东北非经济首脑会议已经开过两届,阿以的经济合作实际已经启动。叙既顾虑谈判对手换成利库德集团,也怕搭乘不上地区经济合作的列车,因此对1996年的叙以谈判,已明显表现出积极的态度。美国面临大选,中东和平进程是克林顿政府最突出的外交成绩之一,年届古稀的克里斯托弗国务卿本人又是犹太人,美国急于促成叙以谈判的心理可谓不言而喻。总起来看,1996年的叙以谈判应该说很有希望,但具体谈判又将是充满困难,是一个反复较量的过程。

  从中东北非两届经济首脑会议的成果看,中东和谈实际上是沿双轨在行进:政治谈判与发展经济合作,相互制约又相互促进。巴自治区选举前,对巴勒斯坦经援国际会议向阿拉法特表示将向他提供超过13亿美元的资金援助,这对巴自治区的稳定和建设,不啻雪中送炭。约旦和以色列建交后的双边关系,被国际社会称为"热和平",即不同于埃及和以色列签署戴维营协议后的那种"冷和平",主要反映在约以近年签订了合建铁路、开发约旦河谷、修建化工厂、机场和开展双边贸易等一系列协议,约以去年的经济增长率都已明显提高。在去年10月的安曼会议上,约、以、巴、埃在包括旅游、电力和能源等方面的7个项目上达成了协议,成为整个中东北非地区经济合作的领头羊。随着卡塔尔通过美国达成了向以色列输送10亿美元液化天然气的协议,阿曼与以色列决定互建代表处等阿以关系新进展的出现,阿拉伯国家对以的抵制,实际上已不能维持,以色列同海湾和北非的一些阿拉伯国家建交,也只是时间问题。值得注意的是,美国在主导中东和平进程的经济轨道上,受到了西方国家的挑战,如美国力主建立并企图控股的中东开发银行,已遭到欧盟国家的抵制。观察今年中东形势,在看到地区经济合作逐渐启动的同时,有必要注意各大国与美国不一致的政策走向。

  中东地区的各种矛盾由来已久,深刻而又复杂,到世界进入后冷战时期的今天,中东和平进程虽在不断推进,地区经济合作也已崭露苗头,但仍潜伏着巨大的不稳定因素。伊斯兰激进势力对不少现政权构成威胁,去年,海湾国家曾相继发生反政府的骚乱;伊朗、利比亚等国至今仍反对阿以媾和;中东地区历来动荡不定,变数很多,流血冲突、突发事件恐属难免,但中东地区各国人民渴望赶上世界潮流,渴望和平与发展,却也是任何力量都阻挡不了的。

中东和平大势不变[①]

全面公正解决问题

在严打严堵哈马斯势力的同时,应当看到,阿拉伯、伊斯兰方面的反对派仍有力量和影响,他们并不等同于极端势力、恐怖分子。如果对阿拉伯方面坚持的解决中东问题必须全面、公正的要求置若罔闻,或出于某种目的和需要,单方面地把若干主权国家列为支持恐怖主义国家,动辄挥舞制裁、遏制的大棒,那只能是激化矛盾、加深裂痕,混淆大多数有不同见解的民众与少数恐怖主义分子的界限,造成国与国之间、民族与民族之间的对立,对真正孤立和打击恐怖主义活动并无帮助。

恐怖主义是一股流淌在世界不少地域的浊流。中东因各种矛盾错综复杂,且易激化,所以劫机、劫船、扣押人质,甚至突发性的流血事件层出不穷,被公认为是事故多发地区。在长达近半个世纪的阿以冲突中,巴勒斯坦问题一直处于核心地位,即使从1991年秋马德里和会拉开中东和平进程序幕至今,阿以有关双方克服重重障碍,在陆续取得阶段性突破的四年多时间里,巴勒斯坦问题也仍然是中东和平之歌的主旋律。可以这样

[①] 载于《解放日报》热点瞭望,1996年3月16日。

说,巴勒斯坦问题贯穿着整个中东和平进程的始终,它能否获得妥善的解决,将直接关系到和平进程的成败。

巴勒斯坦人民在几十年的斗争中,形成了不少派别,那是各种力量的组合,背后的国际背景并不相同。今年1月下旬,巴勒斯坦自治区举行大选,因邀请了庞大的国际监督团,国际舆论被"炒"得很热。在一片乐观气氛的导向下,许多评论认为今年5月的巴以最后阶段谈判,将讨论决定耶路撒冷的归属,甚至巴勒斯坦国都有望在一年后建立。但是,如果留意一下阿拉伯和巴勒斯坦反对派的报刊,就会发现,道路决不可能如此平坦。不少报道称,加沙部分选区有舞弊行为,阿拉法特的得票率不是88.1%,而是58%;即使承认选举有效,也只是反映了西岸和加沙125万巴勒斯坦人的意愿,而不包括境外约400万之众的巴勒斯坦难民在内。以色列总理佩雷斯要求阿拉法特主席修改巴勒斯坦国民宪章中有关消灭以色列的条款,美国国务卿克里斯托弗在今年他的第十七次中东之行中,也特别敦促阿拉法特恪守承诺。但巴解组织的二号人物,现住在突尼斯的政治部主任卡杜米当即表示反对,声称在以色列结束占领、巴勒斯坦收回耶路撒冷、正式立国之前,国民宪章不做任何修改。他宣布,如果巴国民大会在巴自治区召开,他不会去参加。结果,2月上旬的巴勒斯坦国民大会放在埃及西奈的阿里什召开,究竟何时修改有关条款,大会也没有明确。这反映了巴解各派在重大问题上尚未取得共识。

哈马斯是巴自治区内的主要反对力量,长期坚持反对以色列占领,在群众特别是社会下层和青年中很有影响。1993年9月巴以签订自治原则宣言后,巴解执委会主席阿拉法特率主流派进入自治区,立即就面临与哈马斯和伊斯兰圣战组织的协调问题。这些年来,双方矛盾时剧时缓,每当以色列欲借自治区当局之手来镇压哈马斯这股激进势力时,双方关系就十分紧张。哈马斯其实是有强烈参政愿望的,但在方针、路线等各方面又难以与阿拉法特的主流派并轨。巴自治区选举前夕,哈马斯眼看无力与法塔赫一争高低,遂宣布退出选举,它的个别成员参选,则是以独立人士的身份登记的。

哈马斯采取极端手段,往往由青年人来承担此类自杀爆炸任务。嗣后,在国际上愤怒谴责声浪出现的同时,反对和平进程的报刊上则会登出这些青年的简历和照片,把他们尊为"烈士""英雄"。这种与国际舆论相悖的反映,在中东国家和民众中,仍有一定的普遍性。它实际上是沙漠部落旧传统的陈陈相因。甲部落杀了乙部落一个人,乙部落必取以血还血的手段,要杀死甲部落的一个成员,至于这个抵命者是否凶手,则无关紧要。这种陋习沿袭至当代,常常殃及无辜。世人无论如何不能理解,被劫持的人质、被杀害的乘客,与特定的政治背景和事件何干?事实上,恐怖主义的行径如被姑息或竟然得逞,那就会成为国际社会的大公害。

中东和平来之不易,从去年中东有关国家的经济发展看,都已有不同程度的增长,埃及、以色列、约旦,包括尚未与以签约的叙利亚、黎巴嫩在内,都已把经济放在重要地位。个别、零星的突发性事件,不可能酿成战祸。

中东和平是在艰难曲折中取得进展的。哈马斯的暴力行动虽然为佩雷斯的竞选增添了一些障碍,但无论是以色列的工党、利库德集团,还是巴自治政府和尚未与以签约的叙、黎政府,相信都不会改弦易辙,回返到马德里和会前的态势上去。中东地区难免动荡,但总是在或快或慢地跟上世界和平发展的潮流,这种大势应说是不会有大变的。

拉选票压倒一切　佩雷斯外用铁血[①]

最近,以色列对黎巴嫩南部真主党游击队发起的"愤怒的葡萄"军事行动,造成了惨重的人员伤亡和物质损失,数十万人沦为难民,从而引起了国际社会的严重关注。以色列发起这次有一定规模的武装袭击,实际上有一种"项庄舞剑"的意味,更多的是反映了国内政治的需要。

今年2月下旬起,哈马斯运动的军事组织接连制造了四起自杀性爆炸惨案,以色列国内舆论反响强烈。在民意测验中,原来遥遥领先的佩雷斯总理,得分急剧下降,已与利库德集团的内塔尼亚胡相差无几。面对5月29日的大选,佩雷斯政府的内外政策明显趋于强硬。对内,宣布封锁加沙和西岸,停止了从希伯伦市(阿拉伯人称之为"哈利勒")撤军,又着手在耶路撒冷东城(阿拉伯人聚居区)郊区建造犹太人定居点……这些措施,进一步增加了巴勒斯坦人的失业率,使加沙本来就很困难的食品和药物更趋匮乏,以与巴自治机构的关系也更形紧张。在中东地区和国际社会的批评声中,以色列只是做了极有限的放松,如在严格的监视下,加沙的鲜花可以经以色列港口运往欧洲,允许建筑材料输入加沙等。有消息

---

① 载于《解放日报》专家论坛,1996年4月20日。

说,对巴自治区的封锁,看来要持续到以色列大选了。

对外,以色列虽已先后与7个阿拉伯国家建立了级别不等的外交关系,但最关键的对叙、对黎谈判却进展缓慢。叙利亚、黎巴嫩之间有特殊关系,对以谈判始终保持同进退的立场。为实现各个击破的策略,佩雷斯曾宣称,以色列可以考虑先从黎南部撤军,不必等叙以达成协议。但黎不为所动。此外,在当前中东的局势中,除了阿拉伯世界和以色列,同为地区大国的土耳其和伊朗也有一些新动向。4月初,土耳其与以色列签订了军事合作和训练协议,这引起了埃及、叙利亚等阿拉伯大国和伊朗的高度警惕,认为这是"向伊斯兰宣战","在中东"树立了一个危险的样板"。一直坚持反以、反和平进程的伊朗,最近与土耳其的关系已很紧张。从这样的背景出发,有着明显伊朗背景的真主党游击队,成为以色列强调安全高潮中的交手对象,似也并不难以理解。

值得注意的是,在这次国际斡旋中法国作用的凸显。希拉克总统4月份访问黎巴嫩和埃及,阿拉伯舆论普遍给予好评。在后冷战时期,欧盟与南地中海国家一直通过定期的部长会议在加强联系与合作。希拉克在访埃时,进一步提议召开这一区域的首脑会议,以加快区域合作的步伐。这次以黎冲突一发生,黎总理旋即访法,法也派出外长赴中东调停;在美国抛出解决方案的同时,法国也提出了迅速为黎巴嫩接受的建议。以法国为代表的欧盟力求在中东和平进程中发挥政治作用的这种迹象,已引起了国际观察家们的关注。

中东和平进程暂时受阻,但和平仍是中东国家追求的目标。面临大选,以利库德集团的竞选口号是"内塔尼亚胡:缔结有安全保障的和平";工党"新中东"设计师佩雷斯提出的是"有佩雷斯,以色列就有力量。"3月下旬工党内部改组,形成了在安全问题上持强硬态度的新班子,佩雷斯的竞选口号,颇有鹰派色彩,这也适应了工党内部政策调整的需要,但工党的主要政绩是和平进程,大选后继续保持政策的连续性,应是毋庸置疑的。

中东和平进程进入调整时期[1]

5月底举行的以色列直选总理的活动,已经尘埃落定,利库德集团的本雅明·内塔尼亚胡以不到一个百分点的微弱优势击败了执政的工党政府总理佩雷斯。这次选举引起了全世界的高度关注,因为它不只是一个国家政府的更迭,而是关系到自1991年10月30日马德里和会开始展开的中东和平进程能否继续这样一个直接影响地区的前途和命运的重大问题。

内氏上台令阿拉伯世界忧心

中东和平进程指的首先是阿以谈判。以方更换主政者,如政策不变,和平进程自不会生变。去年拉宾总理遇害后由佩雷斯继位,阿拉伯各国均处变不惊,从某种角度看,它们似更乐于同这位和平进程的设计师谈判。然而,这一次却是利库德集团的内塔尼亚胡执政,他为赢得竞选的胜利,一直高举"安全"大旗,发表了许多对阿态度强硬的言论,这就令阿拉伯的领导人疑窦丛生,忧心忡忡。

半年前佩雷斯执掌总理权柄时,他的民意测验得票率曾高达70%以

---

[1] 载于《文汇报》,1996年6月21日。

上,且在地区和国际政坛享有广泛声誉。他竞选落败,原因很多,其中最主要的应是发生在 2 月 25 日～3 月 4 日特拉维夫和耶路撒冷的 4 起自杀性爆炸事件和 4 月 11 日起的以黎(巴嫩)16 天军事冲突,这对以境内犹太人和阿拉伯人的投票心理是颇具影响的。内塔尼亚胡抓住了以色列立国以来一直占据国民意识首位的安全感,在不少人对与巴勒斯坦媾和是否恰当,巴自治机构是否有能力阻止恐怖活动等关系以色列眼前切身利益的敏感问题上开展竞选,终于捕捉到了胜率。

强调有安全保障的和平

目前,国际舆论正密切注视着利库德政府在中东和平进程中的走向。从内塔尼亚胡胜选后发表的他"将尊重(阿以)谈判取得的成果"、"不会使和平进程逆转"等意见看,应该是值得肯定的。客观地看,利库德集团与工党对于结束与阿拉伯各国的敌对状态,改善以色列在地区的处境,致力于经济建设等基本国策方面,并无分歧。70 年代末与埃及萨达特总统签署戴维营协议,达成埃以建交的以色列贝京总理,就是利库德集团的领袖。出席 1991 年马德里和会的以方代表,也是利库德政府的沙米尔总理。因此,决不能认为利库德集团不要和平,不愿与阿拉伯普遍建交。问题在于内塔尼亚胡竞选时的强硬言论,他甚至对工党政府与叙谈判和与巴方谈判的基调都提出了异议,这就使阿拉伯的主要国家深感紧张。

中东和平进程这些年之所以能克服重重困难,渐次取得阶段性成果,是因为它符合当今世界和平与发展的主潮流,各大国也都持积极支持的态度。内塔尼亚胡当政后不会舍弃工党政府 4 年中已取得的成就,也决不会丢掉中东和平这面旗帜。他只是在"和平"一词前面加上了"有安全保障的"这样的限制性定语。叙以谈判的要害是以军撤出叙的戈兰高地。内塔尼亚胡竞选时批评工党政府软弱,提出以军撤出的三个条件:叙大规模削减军备,叙军撤出黎南部和取缔在叙活动的反以组织。这实际上已涉及叙的内政和叙黎的特殊关系了。叙利亚为阿拉伯世界中实力居前的地区大国，它在对以谈判中有自己坚定的追求和打算，对工党开列的条件尚且不肯就范，对内塔尼亚胡的要价难道还会理会吗？

巴勒斯坦问题是第二次世界大战后阿以冲突的核心。1993年9月13日的巴以协议签署以来，屡经周折，巴以才于今年5月上旬进入关于巴勒斯坦最终地位的谈判。内塔尼亚胡对其中的要点，都发表过不留余地的意见：巴勒斯坦不能建国，耶路撒冷地位不容商讨，西岸、加沙的犹太定居点不予拆除等。如按此条件，巴以还有什么可谈的呢？以又将置处境艰难的巴自治机构于何地呢？这半年中，以不断长时间地关闭西岸、加沙的边界，造成巴失业人数增加，经济更加困难。巴自治政府苦苦期盼国际社会应允的24亿美元能及早到位，以解自治区的燃眉之急，从而能将人们的注意力转移到经济建设上去，逐步减少贫困，消灭滋生极端势力的温床。如以色列新政府真的毫不考虑巴勒斯坦人的正当要求，那么，未来的4年巴勒斯坦仍将是中东的核心问题。

各方政策都在调整之中

一般来说，政党言论特别是在竞选时为争夺选票而发表的大量鼓动性的过激言论，并不一定会成为政党执政后的政策，因为执政党必须从国家和人民长远的和根本性的利益出发来制定政策。目前，阿拉伯世界中已与以建交的埃及、约旦，准备与以建交的阿曼、卡塔尔，以及有影响的沙特、叙利亚等国，一面敦促利库德政府恪守工党政府与阿拉伯有关国家的协议，一面迅速行动起来，进行双边和多边磋商，并决定在6月21日～23日召开海湾危机爆发6年以来第一次阿拉伯国家首脑会议。其目的，一是协调各国应对以色列新政府的步调，二是借此契机努力加强后冷战阶段处于分化、分散的阿拉伯阵营的团结。对阿拉伯方的动作，以色列的魏茨曼总统和美国的克林顿总统、克里斯托弗国务卿都生怕阿拉伯国家擦枪走火，纷纷呼吁各国耐心等待。美国已经宣布，它将调整其中东政策，内塔尼亚胡还未做声明，但恐怕也得与其班子商量，审时度势，适当调整其竞选时的纲领。利库德集团虽然不会完全沿袭工党政府的做法，但也一定会看到输掉大选的工党仍具实力，在国民中拥有近一半的支持者，在议会的席位比利库德还多两席。然而，大选甫定，指望新政府在政策上出现急转变是不现实的。为了兑现竞选时在安全问题上的许诺，利库德政府可能会强化镇压伊斯兰极端势力的手段，向黎南部的真主党武装施威；而对叙、对巴的谈判，则很可能缓下来，既不关门，也不急于求成，仅保持愿意和谈的姿态。

总的看，以色列的利库德新政府会比工党政府更具强硬色彩，中东和平进程虽不致逆转，但阿以谈判将更加艰巨，巴勒斯坦自治政府处境将更趋困难。中东和平进程转入了一个各方政策的调整期。

和平发展还是动荡冲突[①]

重要的地位　骄傲的历史

在世界进入后冷战阶段,向多极化格局转化过程中,中东依然是一个备受各种力量关注并积极争取的重点地区。这是因为从战略和经济角度看,中东地区扼亚、非、欧三大洲要冲,占据着无可比拟的战略地位。它拥有的油气资源,约占全球蕴藏量的65%。美国、西欧、日本每年从中东进口的石油,分别达到它们进口总量的20%、50%和70%。在争夺市场、资金日趋激烈的90年代,中东地区3000亿美元的年贸易额,6000亿美元的对外投资,以及存放在西方大银行里不低于3000亿美元的石油财富,无疑是各大国、跨国公司乃至新兴工业国家竞相追逐的目标。

另一方面,中东地区又是人类重要的摇篮和文明发祥地之一。古代这片土地上出现的古埃及王国、古巴比伦王国、亚述帝国、新巴比伦王国、古波斯帝国和希伯来王国,都曾强盛达数百甚至几千年,是世界上的大国;波斯的萨珊朝、阿拉伯的倭马亚、阿拔斯、法蒂玛诸王朝和土耳其奥斯曼帝国,也均绵延几个世纪,当时雄踞一方。那些时代昌盛的经济和繁荣

---

① 载于《文汇报》,1996年7月19日。

的文化,是中东各民族至今仍深深缅怀的历史上的光荣,也形成了他们强烈的民族自尊和不甘屈辱、不断雄起的倾向。特别值得注意的是,中东地区除以色列信仰犹太教外,各国基本上都奉伊斯兰教为国教。这是它们民族文化最主要的核心。每当外来压迫和奴役加剧,统治政权腐败造成经济停滞或衰退,社会矛盾尖锐之时,伊斯兰教就是广大穆斯林最后的寄托和最有力的武器。从70年代开始,为发展经济实现现代化,全面公正地解决阿以争端,消除悬殊的贫富差距,抵御西方势力的渗透和扩张,以及平息经常出现的社会动荡和国与国之间的冲突、战争,要求净化信仰以解决世俗生活中各种矛盾的当代伊斯兰运动便再一次空前活跃,成为影响中东局势的一个极其重要因素。

和平与发展:双轨并进

处在外有激烈争夺,内有尖锐纷扰的中东,矛盾是如此错综复杂,以致自第二次世界大战结束以来,一直是举世瞩目的热点地区。进入90年代后,尽管仍是问题成林,如阿富汗旷日持久的内战、阿尔及利亚动荡不定的政局,埃及、苏丹的边界争执,以及发生在巴林、沙特的突发性爆炸事件等,但最突出的大事莫过于一战一和,即海湾战争和中东和平进程。特别是以色列与巴勒斯坦、约旦、叙利亚和黎巴嫩四方的谈判,关系到能否妥善解决中东地区的主要矛盾——阿以冲突,也是抓住了中东发展的主要条件和前提。从1991年10月底的马德里和会到今年5月上旬巴以开始的最后阶段谈判,中东和平进程已克服重重障碍,取得了阶段性的成果,如以约建交,巴勒斯坦自治区的基本确定和民族权力机构的建立等。值得指出的是,从1994年起已连续召开了两届中东北非经济首脑会议,为开展区域经济合作奠定了一个基础。中东和平进程从政治谈判到辅以经济合作磋商,这种双轨并进的态势,使中东有希望逐步融入和赶上世界和平与发展的主潮流,以新的面貌去迎接新世纪的到来。

内氏上台是否会使和平逆转

　　以色列是中东主要矛盾的主要方面之一。今年 5 月底的以色列大选,利库德集团的内塔尼亚胡当选为总理。他从竞选到上台执政,接连发表了一系列鹰派言论,引起了阿拉伯各国的高度戒备和警惕,及至吸收沙龙入阁,访美时与克林顿会谈传出不和谐音,内塔尼亚胡的强硬色彩已达到了极致。他不同于工党前政府总理佩雷斯的形象已经形成,在地区和国际舞台上的地位也已获得了承认。应该说,他的基本目的已经达到。美国前国务卿基辛格在 7 月 1 日的一篇文章里说:"内氏做出的许诺主要是表达他的拥护者的心情,而不是能够实现的纲领。"事实上,内塔尼亚胡并未舍弃"和平"这面旗帜,也无意要中断与叙、黎、巴的谈判。宣传不等于谈判。假如他所谓的"有安全保障的和平"确有可操作性,并为阿方所接受,那么,他的政策才是务实的,是传达了他那部分选民的心声。至于否定"土地换和平"的原则,认定在迄今为止的和平进程中,以色列的让步大于阿拉伯方面的让步,则必须通过谈判听一听阿拉伯方面的意见:戈兰高地、约旦河西岸和耶路撒冷在 1967 年 6 月 5 日战争之前,本来就是阿拉伯的土地,以色列人应拥有在中东的生存权,叙利亚、黎巴嫩人应收回他们的领土主权,巴勒斯坦人应有自己的民族自决权,这些,都是各方天经地义的合理要求。巴勒斯坦人民已遭受了半个世纪的苦难。中东流传着一句话:"没有埃及,就没有战争;没有巴勒斯坦,就没有和平。"巴勒斯坦是阿以冲突的核心,是贯穿中东和平进程的主旋律。基辛格说:"以色列人与巴勒斯坦的阿拉伯人通过谈判实现共处是唯一的解决办法。"这是很有道理的。阿拉伯人和犹太人都是极富智慧的民族,他们有可能通过各种渠道——正式的、非正式的、公开的、秘密的——和各种方式去交换意见,在更广泛的基础上去寻找妥协点。从宏观的和历史的观点看,中东和平进程尽管荆棘丛生,但尚不致逆转或戛然而止。

急躁生后悔　谨慎保平安

中东国家不论其政体或信仰如何,都是发展中国家,大都面临着外抗强权内抓团结的任务。近年来,美国竭力在中东推行由它主导的新秩序,大肆倾销军火,宣扬西方文化和价值观念,拉一派,打一派,甚至颐指气使,搞单边制裁,不断激化地区的民族宗教情绪,客观上却助长了当地对美的不满和愤慨。在这种情况下,俄罗斯的重返中东,以法国为代表的欧盟国家积极倡导环地中海的经济合作,日、韩等国的跨国企业加强与中东国家的各种联系,显然受到当地政界和民众的欢迎,因为这种多元交往至少有利于中东趋于一种新的力量平衡。

中东地域辽阔,现实生活中的各种矛盾与其固有的历史、民族、宗教、文化等根底有着千丝万缕的牢固联系,又直接或间接地受到大国争夺那样的外来因素的强烈影响,因此,不能用孤立的静止的观点方法去看待或把握。这个热点地区的降温、走向缓和,将伴随着各个阶段不同的主要矛盾能否获得顺利解决而逐步推进。这里也许用得着当地的一句民谚:"急躁生后悔,谨慎保平安。"任何激进、极端、铤而走险的行动,或一味强硬,无限度的遏制、制裁的政策,都只能导致冲突、战乱再起,延续社会的动荡,并阻碍中东在新世纪的发展,而这无疑是违背中东人民长远和根本利益的。

继续和平进程　唯有务实谈判[①]

中东和平进程处在一个极为敏感的关键阶段。

利库德集团在今年5月的总理直选中,是以"要有安全保障的和平"口号赢得胜利的。新政府执政以来,由于继续坚持否认"土地换和平"的基本原则,造成它与巴勒斯坦、叙利亚、黎巴嫩三方的谈判基调发生变化,这首和平进行曲实际上已很难再演奏下去。

在短短的4个多月里,以色列政府拒不执行3月28日巴以双方达成的以色列从希伯伦市撤军的协议,反而在计划没收、征用巴勒斯坦人的土地,修建犹太移民点。据8月份的报道,以方准备出资500万美元,在希市扩建300套定居点住房;对耶路撒冷市则更激烈,欲分阶段成千套地在郊区建造定居点,以形成一条"犹太包围带"。为打击巴方在耶市的影响,以方阻挠美籍巴勒斯坦人进入耶市,不同意法国外长和欧洲代表团访问东方宫,还借口修葺和清洁圣城城墙,要拆掉十个地点的墙基石。此事在阿拉伯国家和伊斯兰世界引起轩然大波,被认为是对伊斯兰文化遗产的侵犯,是抹杀这座圣城伊斯兰特性的开始。9月上旬,内塔尼亚胡与阿拉

---

① 载于《文汇报》,1996年10月11日。

法特会谈,就对巴勒斯坦人开放边界、从希伯伦大部分地方撤军和加沙国际机场的安全等问题达成协议,但这都是从原有状况和工党前政府已做出的承诺上的倒退,还称不上是"进展"。

巴勒斯坦问题是中东错综复杂矛盾中的主要矛盾,巴以已经签订的协议不能付诸实施,以色列要想推动与叙、黎的谈判,并进而达到与阿拉伯的国家普遍建交的目的,显然只是一厢情愿。何况,企图在不归还戈兰高地的前提下与叙讨价还价、并无视叙、黎的特殊关系,撇开叙利亚去打"黎巴嫩首先"的牌,实际上都是不可能奏效的。截至 9 月下旬,由于以当局同意开放耶市阿克萨清真寺地下的隧道,巴以双方发生了流血冲突,局势陡显紧张。对以色列来说,这或许是出于考古、旅游的目的,但从巴勒斯坦、阿拉伯国家和伊斯兰世界看来,却是一件捍卫伊斯兰第三圣寺的大事。10 月初,美国克林顿总统邀请内塔尼亚胡总理、阿拉法特主席和侯赛因国王赴华盛顿磋商。但是,处在大选前夕的克林顿总统,必须考虑举足轻重的美籍犹太人选票,不可能对以色列施加多大压力。华盛顿中东峰会的作用,仅仅在于将巴以双方都拉回到谈判桌上来。

事实上,随着中东和平进程的停滞,巴以双方的内部都存在激进势力抬头之势:哈马斯组织已经扬言要组织示威、搞武装起义,如是,巴以间的冲突势必蔓延扩大;利库德集团的右翼和宗教保守势力也不断向内塔尼亚胡施压。近阶段的阿拉伯的舆论一直怀疑"大以色列计划"的喧嚷声在抬头。双方的猜疑和对立情绪都在加深。这一次,埃及穆巴拉克总统拒绝出席华盛顿会议,突出地反映了绝大多数阿拉伯国家对以政府的和平诚意缺乏信任。

中东和平进程的当务之急,显然是在巴以双方领导人必须从巴以人民长远的和根本的利益出发,尽快控制住局势,避免各种激进势力的干扰,努力形成只有通过谈判才能解决分歧的共识。双方谈判指导委员会 6

日在埃雷兹的会谈,提供了一个契机,双方将就以军从希伯伦市的撤军、耶路撒冷的地下隧道等具体问题进行实质性的谈判。目前已有迹象表明双方的敌对气氛正在缓解,但愿谈判确实是务实的,而不是为了谋求宣传上的利益。那样,和平进程就不致发生逆转,因为中东地区只有奠定了和平,才能真正跟上时代的步伐,取得长足的发展。

希市协议待问世　和平进程迈小步[①]

在多方推动、几经周折之后,巴勒斯坦与以色列终于在年初达成了以军从希伯伦市撤军的书面协议。现在距离双方领导人签字,已只是一步之遥,尽管还可能再起波澜,纸上的协议也尚有待实践的检验,但毕竟是以色列新政府上台后的半年来好不容易才做出的一次政策调整,给长期踟蹰不前的和平进程涂上了一抹亮色。

以军从希伯伦市撤出,按照 1995 年 9 月 28 日巴以在华盛顿签订的西岸和加沙地带过渡协议安排的时间表,应放在签约 6 个月后,即 1996 年 3 月。希市不大,只有 12 万多阿拉伯人,400 多名犹太人。城里的伊卜拉欣清真寺,曾发生过震惊世界的流血惨案。阿拉伯人、穆斯林奉为先知的伊卜拉欣,与犹太教经典中的亚伯拉罕,实际上是同一个人。这位闪族始祖的墓地就在希市内。因此,希市虽小,却是一座极为敏感的宗教名城。去年秋,我曾问过一位来访的以色列教授,为什么以军没有在 3 月份撤出。他告诉我,当时佩雷斯总理是应允了阿拉法特主席的要求,因为巴自治当局还来不及做好接收的准备,以方生怕控制不住城内的伊斯兰激

[①] 载于《文汇报》,1997 年 1 月 13 日。

进势力。内塔尼亚胡总理执政以来，对阿以和谈的基本原则"土地换和平"，对前工党政府与巴方达成的有关书面和口头协议，都提出了异议，致使巴以、叙以、黎以的双边谈判都陷于停顿。阿以关系在半年内骤趋紧张。黎南部的真主党民兵与以时有交火，去年9月起叙以又相互指责对方调动军队，欲启战端，双方的敌对气氛已明显加剧。在11月中旬开罗举办的第三届中东北非高级经济首脑会议上，几乎没有一家阿拉伯企业公司与以签订经贸协议。以色列政府强调"有安全保障的和平"，换言之是先安全，后和平，把安全与和平的关系对立起来。但是，就在以新政府当政的这半年内，耶路撒冷城内隧道冲突、枪杀平民、爆炸事件仍接二连三地发生，至今不止。事实证明，停止中东和平进程的车轮，并不能彻底消弭危及人民安全的暴力事件。另一方面，以政府目前强硬的政策导向，也对以国内和巴自治区的经济造成了巨大障碍。由于以当局不断关闭加沙和西岸边界，巴勒斯坦人的就业得不到保障，收入只相当于犹太人十分之一的巴勒斯坦人，处境更为困苦，这又进一步刺激了民族、宗教情绪，阿犹两个民族、两种宗教信仰之间也更加难以沟通。正是在这样的现实背景和条件下，加上国际的压力，如美国大选后，已有余力腾出手来派员斡旋，推动和谈；欧盟特别是法国对中东和谈持积极介入姿态，并不断发表批评以色列的言论，以政府才审时度势，采取了一些举措，如有限制地开放边界，恢复与巴自治区的谈判，内氏与阿拉法特开始正面接触，也放出舆论，表示愿意与叙谈判。不过，稍微深入一点看，以政府并没有改变其施政纲领的基调，仍然不同意巴勒斯坦建国，耶路撒冷地位不容谈判，不停止扩建犹太定居点，不从戈兰高地撤军。以色列在诸项棘手的谈判中，选择谈判希伯伦撤军，充其量只是一种策略性的姿态。

应该说，阿拉法特主席在这轮谈判中，态度是既积极又强硬的。巴方数十年来争取的是重返家园、恢复自己的民族自决权。从眼下的实际出发,谈判是唯一合理的选择,但能够做出的任何让步,都不能超越其目标的底线。阿拉法特主席一方面要积极深入地推动对以谈判,另一方面,他在谈判希伯伦问题时,更多地着眼于实现以军从整个西岸撤出,建立巴勒斯坦国的前景,因此也不断做出拒绝以方建议的强硬姿态。

概而言之,希市的协议,如果对以方仅是一种策略性的让步,那么,对巴方就是关系到战略性谈判能否突破,取得系列性进展的一环了。双方的分歧显而易见。协议签字只是时间的早晚,但各方追求的目标和效果,却很不一样。中东和平进程的这点亮色,是否还会扩展,客观地说,将取决于有关各方特别是以色列政府调整政策的深度和力度了。

加强中阿学术交流
谱写中阿关系新篇章[①]

  我十分荣幸能有机会应阿拉伯驻华大使委员会、中国阿拉伯文学研究会、中国阿拉伯语教学研究会的邀请，出席第三届中阿文化研讨会和发言，并有机会会见这样一批人士，既有尊敬的中国教授同事，也有以约旦文化大臣艾哈迈德·卡达阁下、阿盟教科文组织总干事穆罕默德·米利先生为首的来自埃及、约旦、阿联酋、利比亚等国的杰出教授，他们都是第一次参与研讨会的工作。

  中国与阿拉伯国家间的友好交往史，源远流长。中国历史典籍上的"西域"，指的就是包括今天阿拉伯世界在内的西亚、中亚地区，它们是中国古代实行对外开放最主要的对象国家。当代中国的对外开放，则始于1978年，亦即在结束了"文化大革命"之后。在第二次世界大战以后世界主要国家进行技术更新换代、大力发展经济的重要阶段，中国损失了十多年极为宝贵的时间。

[①] 载于《阿拉伯世界》1997年第1期。这是1996年11月在北京举行的第三届中阿文化研讨会上阿语发言稿的译文。

幅员辽阔的阿拉伯世界,随着 60 年代蕴藏量丰富的油气资源被发现和开采,产油国的经济发展出现飞跃,而非产油国,则凭借它们的人力、智力、共同的民族、宗教和语言上的优势,通过积极参与产油国大量的基础设施建设和文化教育事业而分享了产油国的成就,此外,还有产油国设立的各种基金、金融组织定期或不定期地向这些兄弟国家提供的赠款或贷款。这种休戚与共的历史命运,使阿拉伯团结成为阿拉伯民族的理想和共同旗帜。然而,人们也清楚地看到,持续数十年的阿以冲突和战争,严重地阻碍了阿拉伯世界的发展,阿拉伯各国特别是巴勒斯坦和前线国家为此受到的损失和付出的牺牲是十分惨重的。也是在 70 年代末,埃及采取了和平主动行动,应该说这是拉开了中东和平进程的序幕。1991 年 10 月的马德里和会,进一步反映了阿以双方希望通过对话、谈判而不是对抗、战争来解决彼此间分歧的共识。事实上,阿拉伯各国都很珍惜当前的和平环境,在致力于本国的经济建设。因此,可以说,中国和阿拉伯世界之间有许多共同点,既有相似的历史遭遇,也面临着共同的发展任务。

当然,无论是中国还是阿拉伯世界,当前都还存在着内部的和外部的各种困难和麻烦,但从世纪之交的历史角度看,它们都正沿着和平、发展的道路前进,这是世界上任何力量都阻挡不了的大趋势。

所有长期从事阿拉伯语教学和研究的中国教授,对中阿关系的前景始终十分关切。我想,在展望新世纪的中阿关系未来时,这里阐明一下中阿关系的基本特性,是很必要的。从冷战结束后的当前国际争端的主要因素看,位于远东的中国和位于中东北非的阿拉伯世界,同属发展中国家,在主权、安全、人权和产权诸问题上,没有根本的利害冲突;在国际政治舞台上,在反对强权政治、霸权主义、维护自身民族独立和文化价值观念等领域,中阿一直相互支持、相互合作,通常是站在同一条战线上的友好伙伴。这种紧密而融洽的关系,是中阿进一步开拓和构筑新世纪交往史的前提和基础。

当经济因素越来越在国际交往中占据重要地位时,中阿经济间极为明显的互补性,无疑是除政治考虑外推动中阿关系持续向前发展的强大动力。中国自实行改革开放政策以来,已经成为全世界最庞大、也最具吸引力的市场。目前中国境内的中外合资和外国独资企业约有 10 万家。中国近年来吸引的外资,仅次于美国。据联合国世界投资报告,仅 1994 年、1995 年两年,外国对华的直接投资超过 300 亿美元。同时,中国的企业也十分重视对外投资,现在,中国在境外的企业,已达 5500 多家,1990~1994 年的年均投资额高达 24 亿美元。另一方面,中国专家也注意到,在世界向多极化格局演变的过程中,以阿拉伯国家为主要组成部分的中东,除了它重要的无可替代的战略地位外,还拥有世界三分之二的石油储量和约三分之一的天然气储量,6000 亿美元的对外投资和 3000 亿美元的年贸易额,是世界公认的巨大的商品、劳务市场。随着卡萨布兰卡和安曼两次中东北非经济首脑会议和巴塞罗那欧洲-地中海会议的召开,中东地区的形势的逐步趋向缓和,到本世纪末,中东或阿拉伯在世界经济领域的地位很有可能上升。由于中阿关系在历史上和第二次世界大战结束以来所具有的特点和双方拥有加强全面经济合作的条件和潜力,中阿关系当前正处在一个提高层次、扩大和深化相互合作,谱写新世纪新篇章的前夕。显然,加强中阿间的各种交流已成为当务之急,其中特别是学术交流。

拥有所有 22 个阿拉伯成员国的阿盟,于 1993 年在北京设立了代表处,这是证实中国这种意向的一个步骤。中阿之间的官员互访,一直受到双方领导人的高度重视。其中,我国江泽民主席于 1996 年 5 月访问了埃及和阿盟总部,他在留言簿上题词,祝愿中阿友谊长存,有力地表达了中阿领导人对加强中阿文化交往的愿望。阿盟教科文组织也积极地在促进我国的阿拉伯语言和文学教学。但愿理事长先生的这次访问将在这方面跨出新的步伐。最近，我们高兴地看到，中国与海湾合作委员会已建立起了定期会晤和磋商的机制。这种官方的交往渠道，是畅通的，并正在得到巩固。民间的交往也比过去活跃，有的出于经贸目的，也有的是为了学习语言或宗教。这种交往对促进双方人民间的了解和友谊，既必要也不无裨益。这里我想强调指出的是，中阿之间的交往相对中美、中日间的交往，当前似乎更需建立或加强学者间的交流，因为学者的看法往往受到有关方面和大企业公司的重视，他们的作用是不可替代的。我们在阿拉伯国家的报刊上读到的有关中国的情况报道，不少是从西方报刊转译过去的，观点和事实都有出入，因此，当我们看到，海卡尔、胡韦迪和最近约旦《宪章报》主编谢里夫等人实地访华后发表文章或书籍时，总是感到十分欣喜。尽管他们通常是从阿拉伯人或穆斯林的角度做出的叙述和分析，但毕竟都怀着一份对中国人民的友好情感，具有明显的客观性和真实性。

就中国的实际情况而言，各高校阿拉伯语专业毕业的学生，现在分布在政治、外交、经济、文化、教育等各个部门，他们大都曾去阿拉伯国家留学或工作，对阿拉伯世界有较深入的了解，在发展中阿交往的各项工作中，他们具有不可低估的影响和作用。然而，时代在发展、形势也在不断变化，要及时地掌握新的信息，提出合乎时宜的意见和建议，学者们经常性的交流就显得必不可少了。我虽在上海工作，但已经感到，中阿双方都已意识到加强学术交流的重要性，各位尊敬的大使已经并继续在做出他们卓有成效的贡献。在这一方面，我们有理由持乐观的态度。

近年来，我常常感到忧虑的是，随着中国的对外开放步伐的加快，各行各业对外语人才的需求量不断增加，唯有阿拉伯语专业的招生和就业遇到了困难。与五六十年代不同，近年来优秀的中学毕业生大都选英语、日语、德语甚至西班牙语、朝鲜语等专业，而不是拥有 22 个国家、列为联合国通用语言的阿拉伯语专业。这是与他们毕业后能否找到使用阿语的岗位紧紧联系在一起的。我对中国阿语教学事业的这种担心,曾向约旦大使萨·纳欧里阁下和沙特阿拉伯大使迈达尼阁下谈及,受到了他们的高度重视。今天,有这么多杰出的阿拉伯国家官员、学者和阿拉伯语对象国的大使在座,我想再次呼吁,希望借助他们的影响和威望,争取尽早在中国设立起鼓励学生和教师投身阿拉伯语教学和研究的基金和奖项,希望有当代的伊本·白图泰向阿拉伯兄弟介绍中国。至于学生的工作出路,当然应由中阿双方共同来做。中国需要阿拉伯的石油、天然气、化肥等产品,阿拉伯世界也需要中国的商品;中国需要阿拉伯的资金、技术,开展经济合作,阿拉伯国家也希望中国去办厂、投标。如果双方学者们能多做沟通,多向各自的人民和有关部门做介绍,促进中阿双方的经贸合作,那就将为中阿关系的发展前景奠定更为广泛和深厚的基础,进一步说,也为中国阿拉伯语人才的培养提供了强大的物质条件,中阿之间的文化交流也才能够迎来一个繁荣的新局面。

我们这一代阿拉伯语工作者正肩负着一项使命,那就是继续在中国教好阿拉伯语,准确地向人们介绍阿拉伯世界灿烂的文明和新的成就,并与各部门的中东问题研究人员一起,发挥学者应有的作用,因为在当今世界,学术交流渠道的重要意义,已经不亚于官方渠道和民间渠道了。

以叙以黎谈判　难迈出第一步[1]

内塔尼亚胡政府上台以来,它的强硬政策一直受到国际社会和周边阿拉伯国家的严厉批评和巨大压力,政治上处境困难,经济增长减慢,而且境内巴以间的冲突也不见缓转。实践证明,不通过推进和平进程去逐步消弭以色列与巴勒斯坦、阿拉伯国家间长期形成的积怨、敌视,片面强调安全而不去努力营造彼此间的谅解、宽容气氛,那是无助于自身和整个地区的建设和发展的。1月份签署的希伯伦市协议,表明内氏政府的政策转向务实,反映了"除和平外,别无选择"已成为以色列朝野的共识。

巴以双方将从3月起展开有关巴勒斯坦最终地位的谈判。那将是十分棘手的较量,如释放巴勒斯坦政治犯、解决西岸与加沙间的通道、开放加沙机场和港口、耶路撒冷的地位、巴勒斯坦的立国等,无一不需要经过激烈的讨价还价。

从以政府的角度看,希伯伦市协议签署后,重点已放在扩大和平进程方面,也就是要致力于恢复与叙利亚、黎巴嫩的谈判。以色列外长利维 1

---

[1] 载于《解放日报》专家论坛,1997年2月17日。

月 21 日在耶路撒冷回答 10 名阿拉伯国家驻以记者代表时说:"内塔尼亚胡总理并没有将戈兰高地排除在以叙谈判的日程之外。"他表示,谈判将以联合国安理会 242 号和 338 号两个决议为基础,并同意 1991 年马德里中东和会确定的"土地换和平"原则。利维说:"以政府准备履行前政府正式签署的书面协议。"对记者问及的拉宾、佩雷斯曾做出的撤出戈兰高地的口头许诺,利维反问:"协议在哪里?"显然,以政府表示愿意与叙谈判,是非常谨慎和警惕的,并不想先背上包袱。现在,叙方也明确表示愿意谈,但要以拉宾总理的口头许诺为基础。目前,以叙双方在通过美、欧交换信件,谈判何时启动,由谁来牵头,均尚有待观测。

事实上,以方真正想尽快求得突破的是对黎巴嫩谈判。以在黎南部派驻有约 5000 名军人,主要对付被以色列视作地区内头号敌人伊朗支持的黎真主党武装。以色列在北部边境与真主党时有交火。此外,叙在黎的 3.5 万人兵力,也是以的心头之患。内塔尼亚胡执政后,曾很快抛出"黎巴嫩首先"的方案,意在解开叙黎的特殊关系,与黎媾和以孤立叙利亚,并清除代表伊朗势力的真主党营盘。去年 12 月下旬,美在华盛顿召开了"黎巴嫩之友"会议,进一步对黎做工作,许诺在未来 3 年中向黎巴嫩的重建计划提供 32 亿美元的贷款和捐赠,美国对黎的援助为 2000 万美元,但是,这些经济援助是有政治条件的,那就是黎必须在政治上与叙划清界限,黎要改变目前对以色列的政治态度。令美、以感到失望的是黎总理立即向叙总统阿萨德、副总统哈达姆通报了情况,并在会见法国希拉克总统时,批评美国政府毫无道理地继续不允许美籍黎巴嫩人回国参与重建黎巴嫩。

看来,以色列对恢复与叙、黎谈判的难度是清楚的,扩大和平进程还须待以时日,需要国际和地区内各种因素的配合。阿拉伯舆论猜测,内塔尼亚胡有可能从访问其他阿拉伯国家如摩洛哥着手来改变阿拉伯国家对他的印象，进而改善以色列目前的处境。中东和平进程乃大势所趋，从希伯伦市协议的诞生，人们又听到车轮向前的声音，但道路毕竟坎坷，车速不会快，也是可以想见的。

阿以和谈难有起色
中东力量正在重组[①]

今年春夏,中东地区的四大力量——阿拉伯、以色列、伊朗、土耳其——出现了一些重要的变化。

中东和平进程在今年 1 月以色列政府与巴勒斯坦自治当局签订希伯伦撤军协议后,不仅再无进展,而且协议本身也屡遭破坏。其原因是内塔尼亚胡政府在此之后不久即决定在耶路撒冷市东区霍马山修建 6500 套犹太定居点住宅。这项政策主要出于政治考虑。签署希市协议后,内氏政府遭到内部强硬派的巨大压力,霍马山建房政策的出台,无疑是出于安抚强硬派的需要。半年来,以方扩大犹太定居点的举措已导致巴以冲突接连不断,内氏许诺的"有安全保障的和平"显然已无法兑现。虽然政府近期有可能与巴方再开谈判,但不解开犹太定居点的症结,不对整个和平进程的方针做出重大调整,阿以和谈仍将踟蹰不前。

以色列在与阿拉伯国家关系趋冷的同时,与土耳其的关系却在加强。这是土耳其政府更迭后出现的新动向。土耳其的前总理埃尔巴坎是一位

---

① 载于《解放日报》专家论坛,1997 年 7 月 19 日。

虔诚的穆斯林,在他执政的一年期间,土耳其与伊斯兰国家的政治、经济关系得以加强,这引起了国内世俗势力和军队的严重不满。冷战结束后,土耳其作为北约桥头堡的作用明显下降,但其国内基本舆论仍自认为是一个欧洲国家,在价值观念上与以色列有较多的共同点。耶尔马兹执掌总理位后,凭借去年初与以签订的军事合作和训练协议,大力更新它的作战飞机、坦克和防导弹体系,价值达 20 多亿美元。土、以军方高层来往密切,最近,土耳其的舰队还访问了以色列。阿拉伯舆论指出,土耳其在 1992 年 11 月、1995 年 3 月和今年 5 月三次对伊拉克北部的库尔德工人党区域采取军事行动,隐藏着分裂伊拉克的企图,并认为土耳其当局近年一直有建立"大突厥斯坦"的设想,那将是以伊斯坦布尔为中心的一个邦联,包括伊拉克的北部盛产石油的库尔德人聚居区、不拥有主权的土境内的库尔德自治区、塞浦路斯北部,还计划并入高加索和中亚地区,从政治上对马其顿、阿尔巴尼亚和波黑造成影响。据报道,土耳其总统德米雷尔曾在军队参谋长会议上声称:"未来的世纪将是突厥人的世纪。"

　　传媒披露的大量报道,引起了叙利亚、埃及、沙特等许多阿拉伯国家的警惕。因此,伊朗大选刚一结束,穆罕默德·哈塔米将在 8 月担任总统的消息明朗后,阿伊之间的关系立即得到了改善。

　　伊朗电视台在报道阿拉伯方面对哈塔米的祝贺时,将沙特国王的贺信放在第一位,并指出这封信具有巨大的政治意义。与伊朗一直存在海湾三岛争议的阿联酋,也发出了通过对话解决两国分歧的信息。至于叙利亚,本来就与伊朗关系密切,两年前阿萨德总统之子的葬礼,领祷的教长,就是伊朗今天的当选总统哈塔米。而且,伊朗已经实际上在出资帮助叙利亚购买俄罗斯武器。更令人注目的是,叙利亚决定开放三个口岸,与伊拉克恢复贸易,并派副总统访问伊拉克,伊朗紧接着也派要员访问巴格达,西方惊呼正在出现大马士革-巴格达-德黑兰轴心,这当然是一种虚夸,但阿拉伯、伊朗在加强双边关系,则已是明确无误的一种倾向。

埃及作为阿拉伯阵营的大国,在和平进程与解决地区争端中,都拥有举足轻重的地位和作用。但是,埃及近来不断遭到美国和以色列的攻击,被指责为站在阿拉法特一边,阻挠和平进程。美国国会议员和研究人员都发出威胁,要克扣每年对埃及的援助,而且就在最近,美国已从它的中东和平基金的援埃款中拿出 0.5 亿美元转拨给了约旦。埃及舆论愤怒地称美以在实施"廉价的讹诈政策"。埃及虽然不致放弃它与美国和以色列的交往和联系,但目前正与叙利亚和海湾六国协调,计划营建阿拉伯共同市场,并着手改善与伊朗关系。

中东地区已经出现的以-土、阿-伊二二组合的趋势,看来将持续发展。今年 11 月预定在卡塔尔召开第四届中东北非经济首脑会议能否开成,12 月在德黑兰举行的伊斯兰会议组织首脑会议将做出怎样的决议,无疑都将对变化中的中东格局产生显著的影响。

和平进程受挫　海湾波涛汹涌[①]

中东和平进程是冷战后时代中东具有历史意义的重大事件,近年来一直呈双轨进行:政治谈判和经济合作。今年,由于以色列的内塔尼亚胡政府坚持不停建犹太定居点,不从叙利亚、黎巴嫩的被占领土撤军,不同意巴勒斯坦建国,致使以巴冲突频仍,以叙、以黎的谈判中辍,以约(旦)间的经济合作也放慢了步子。除今年1月中旬以巴签订的希伯伦市协议外,和平进程充斥着相互指责和流血事件,实际上已跌入低谷。其根本原因,是以色列权力结构中的强硬派一意孤行。

内塔尼亚胡组建的是八党联合政府。现政府必须照顾、听从甚至迁就宗教强硬派的利益和意见。今年2月,内氏政府抛出了在耶路撒冷南面修建6500套犹太定居房屋的决定,激化了以巴间的民族、宗教对立情绪,巴方激进分子接二连三地组织自杀爆炸事件。接着,以当局又公开否定奥斯陆协议,否定阿以谈判确立的"土地换和平"的基本原则。以色列不时地关闭边界,造成了巴勒斯坦人工作的困难;对巴以1995年9月签订的《过渡协议》中规定的以军撤出西岸7座城市和450个村镇一节,内

---

① 载于《解放日报》专家论坛,1997年12月29日。

氏政府还在讨价还价，就连美国和西欧国家也都对此表示了不满。至于巴勒斯坦建国，以方仍坚持不同意。今年，以叙之间因为以色列不同意把撤出戈兰高地作为前提而根本坐不下来谈。

政治谈判的趑趄不前，造成了地区经济合作的空壳化。中东北非经济首脑会议从1994年第一届的卡萨布兰卡会议到今年11月17日的第四届多哈会议，可以说是每况愈下。除一向采取抵制态度的叙利亚、黎巴嫩、利比亚等国外，埃及、沙特、摩洛哥、巴林、阿联酋等一些被西方视为处事态度温和的国家也拒绝与会。从实际效果看，除了卡塔尔与美国签了一些协议，约旦与以色列达成了建立一个自由贸易区的意向外，别无其他。

今年中东地区错综复杂的局势，对美国冷战后奉行的"东遏两伊，西促和谈"的中东政策形成了挑战。美国外交今年虽侧重于北约东扩，构筑亚太安全体系和调整大国关系，但又决不甘心坐视俄、欧盟积极在中东扩大影响，削弱它的主导地位。克林顿政府虽被认为是"第二次世界大战后最亲以色列的白宫班子"，但在以色列现行政策越走越远，甚至可能脱离美以同盟关系自行其是的时候，已在不断加大对以色列的压力，竭力保持政治谈判和地区经济合作的运行轨道。目前传出的以色列可能提前大选或内氏可能与工党联手组建民族联合政府等消息，无不反映出美政府与美犹太社团对以色列现行政策的不满。遏制两伊，看来也得做适度的调整。美对伊朗的单边制裁，实际上已屡遭挫折。对伊拉克的萨达姆政权，美国并无良策，但已同意安南秘书长将伊出口石油的数额从20亿美元增加到30亿美元[1]，以改变阿拉伯各国对美国的看法。

---

[1] 后安理会决定提高到52亿美元。

今年的中东地区,出现了新的力量组合,以色列与土耳其借去年签订的两份军事协议不断地加强合作,而伊朗与阿拉伯国家则在迅速改善关系。明年的中东能否减少动荡,增加和平与发展的势头,看来关键还在于以色列和美国的政策走向。

制裁应有底　动武不足取[①]

从去年秋天到目前,海湾地区已两度出现美伊紧张对峙的局面。由于联合国负责销毁伊拉克大规模杀伤性武器的特委会主席一职夏天易人,澳大利亚籍的理查德·巴特勒上台后即宣称将严守中立,并说他已得到大国许诺,只要特委会同意,联合国即可解除对伊拉克的制裁。伊遂抓住时机于9月向联合国递交报告,说明伊已完全执行了联合国的决议。但特委会10月给安理会的报告认为,伊的结论"没有根据"。在美国的积极推动下,安理会又做出了限制阻挠检查组工作的伊官员出国旅行的决议。10月底,伊宣布要冻结与安理会的关系,后出于策略,改为驱逐检查组中6名美国人。11月,美国、英国相继向海湾调集航母,一时间战云密布。经过国际社会特别是俄罗斯的斡旋,局势得以缓解,检查组才恢复工作。今年1月中旬,伊发现检查组基本由美、英人员组成,其中还有非专业人员,当即勒令检查组停止工作。美英再一次调动兵力,扬言要单独动手,教训伊拉克,而伊则表示要动员、训练100万民众,用"圣战"来对付美英的军事入侵。

---

① 载于《解放日报》专家论坛,1998年1月26日。

围绕是否继续制裁展开的美伊对抗，美国的目的是维护它在海湾的军事存在和霸权地位，试图通过制裁迫使伊拉克出现政权更迭。伊遭到长达 7 年的制裁，经济濒临崩溃，粮食匮乏，缺医少药，全国约 2000 万人，死于贫病的妇婴病弱已逾百万，"石油换食品"计划实施以来，实际到位的物品不足计划数的 25%，它要求结束制裁完全是为了生存。

检查大规模杀伤性武器，主要有三类：核武器、生物武器和化学武器。关于核武器，国际原子能机构日前已有报告，基本已经解决。西方一直报道称伊拉克拥有研制生化武器的能力，却始终提不出确凿证据。去年 11 月 22 日检查组一恢复工作，便突击检查了不少目标，截至 12 月中旬，已总共检查了 370 个地点。目前的争执点是特委会坚持要检查伊拉克总统府，而伊方则认为事关国家尊严，安理会常任理事国可以派代表参观，检查组进去搜查则不行。

对于美国扬言要动用武力来教训伊拉克，海湾地区及阿拉伯各国都表示反对。沙特明确表示不同意美、英使用它的基地，刚与美国举行过联合军事演习的科威特也不主张动武，埃及舆论认为美国制造紧张局势，是为了让它的海湾盟国弥补它驻军的费用。事实上，冷战后对伊拉克、利比亚、苏丹等国的制裁，如果拿第二次世界大战后西方国家对德、日的态度相比，无疑已处于一种无限度、无尽头的状态，这不能不令世人深思。

当然，为了解除制裁，伊当局应积极配合特委会的工作，做出充分的努力和必要的让步，以全面执行联合国的有关决议。

世界呈多极化格局
美国已难独霸中东[①]

  临近 20 世纪尾声爆发的这场伊拉克武器核查危机,直观上,是伊为谋求生存急于结束制裁,直接向美挑战引起的;从深层看,则是美国的中东政策频频失分,世界多极化格局的趋势向中东发展,与美国独霸中东的战略图谋相抵牾的必然结果。

美中东政策屡屡受挫

  去年春天,由布热津斯基、理查德·墨菲和威廉·匡特等资深外交官和学者组成的小组曾向美国会递交一份报告,建议对"东遏两伊,西促和谈"的中东政策做适当调整,但未引起白宫的足够重视。美国当时主要关注的是北约东扩和构筑东亚安全体系,而近一年中东局势的发展证明,美国的中东政策屡屡碰壁,已严重受挫。

  两伊之一的伊朗去年大选,哈塔米总统 8 月上任后,迅速缓和了与西欧国家的关系,并强调通过对话方式来解决与周边国家遗留下来的问题,赢得国际社会的普遍好评。9 月,法、俄、马来西亚与伊朗签署了 20 亿美

---

① 载于《文汇报》,1998 年 2 月 25 日。

元的天然气协议,这进一步证明,美国国会用以遏制伊朗、利比亚的"达马托法"根本不被各国承认。12月9日~11日,伊朗作为东道主,成功举办了伊斯兰组织55国会议,更引起了广泛的反响,明显摆脱了原先相对孤立的处境。可以说,美国对伊朗实施了18年之久的单边遏制,实际上已经破产。

西面的中东和平进程,由于以色列政府坚持"不停建犹太定居点,不从阿拉伯被占领土上撤军,不同意巴勒斯坦建国"的"三不"政策而处于停滞状态。巴以谈判自去年初签署希伯伦协议后便无进展,而爆炸事件、流血冲突倒时有发生。叙以、黎以谈判完全停顿,以与黎南部真主党武装的相互军事袭击仍接连不断。近一段时期,以方频频传出要否定奥斯陆协议和马德里和谈确定的"土地换和平"原则。这种局面与美国试图推动阿以谈判,进而建立起一个将以色列的高科技与阿拉伯充足的资金、能源和劳动力结合起来,推行西方价值观念的中东大市场,用以对付地区大国崛起与伊斯兰激进势力的战略意图是相悖的。

克林顿政府自去年秋天起先后派出和谈协调员丹尼斯·罗斯和国务卿奥尔布赖特赴中东穿梭斡旋,但无成效;12月下旬,克林顿总统亲自出面在华盛顿先后接待内塔尼亚胡总理和阿拉法特主席,力图在以从西岸第二阶段撤军的问题上有所突破,但又复归于失败。阿拉伯方面对以色列的强硬态度和美国偏袒、迁就以的立场强烈表示不满。去年11月中旬召开的第四届中东北非经济会议,遭到绝大多数阿拉伯国家的抵制而徒具形式,毫无成果,也没有哪一国愿意承办第五届会议。这表明,美以倡导的这种区域经济合作模式,虽还不能说寿终正寝,但恐怕已是难以为继了。问题在于,尽管阿拉伯人忿忿不平,但美国由于与以的同盟关系和美国犹太人在国内政治生活中的影响,它对以、对阿实施双重标准的做法,却没有可能改弦易辙。

对伊动武旨在维护霸权

这样,美国中东政策就只剩下最弱的一环——伊拉克了。伊拉克遭受联合国制裁 7 年之久,经济十分糟糕,死于贫病的人数日趋增多。尽管如此,伊当局仍不泯解除制裁后重新谋当地区大国的雄心。它一方面正是在美英等西方大国的帮助下,引进生化武器的原料和设备;另一方面又得接受联合国武器核查人员的检查,销毁毁灭性武器。去年下半年,伊拉克开始改善与伊朗、叙利亚等地区大国的关系。10 月底,伊拉克与特委会矛盾公开化,伊借助阿拉伯各国对美以的严重不满,直接将矛头对准美国,试图一举解除制裁。当时,美国就立即伙同英国调兵遣将,准备"教训"伊拉克,只是由于国际社会的普遍反对,美国才算克制住了未曾动武。

冷战结束后,美国维持住了它在中东的主导地位,但也一直受到俄罗斯、欧盟的挑战。俄罗斯囿于经济实力,难以与美国抗衡,但在外交和军火贸易方面却渐趋活跃。去年,美伊危机期间,叶利钦总统与普里马科夫外长亲自出面调解,终于止住了海湾战火。此举引起了地区和国际社会的高度重视,认为俄罗斯终于回到了中东。美国在年末岁初分别同科威特和土耳其、以色列举行军事演习。叙利亚针锋相对,于 1 月初邀请俄罗斯、法国、伊朗于今夏举行联合军事演习,请埃及和伊拉克担任观察员。结果,法国婉拒,而俄罗斯却原则上同意参加。美国中央情报局认为,叙、伊正在俄罗斯的支持下,致力于组建反美同盟。欧盟从 1995 年起即与中东地中海沿岸国家开展环地中海国家经济合作,计划到 2010 年建成自由贸易区,以打破美国主宰中东经济的局面。此外,欧盟国家特别是法国对中东和平进程已多次直接插手,对遏制两伊也屡屡与美国唱反调。可以说,这一年来的中东,美国已很难再搞"一言堂"了,美国要在该地区维持单极世界的格局也已力有不逮。

战云不会转瞬消散

为了和平解决海湾危机,俄、法、中三大国和国际社会做出了态度坚定的巨大努力。考虑周密、办事稳健的安南秘书长,带给伊拉克的是一份美英也基本同意的方案。伊拉克面临残酷打击,再有难度的协议也只能照单全收。不过,应当看到,安南与伊达成协议不等于伊能迅速解除制裁,联合国的标准也不等于美国的标准。美国这次军事准备,绝非虚张声势,而是蓄谋已久。开打,是为了重振它在中东的主导地位;和平解决,也得符合它的战略利益,维护它对包括伊拉克在内的海湾地区的控制权。多极化格局已延伸进了几年来一直被美国视作禁脔的中东,但美国既不能容忍被萨达姆玩弄于股掌之上,也不甘心其他大国在中东与它分庭抗礼。因此,战云不会转瞬消散。在今后的对伊武器核查过程中,美只要抓住一两个把柄,仍将诉诸武力。海湾的紧张和动荡看来还得持续下去。

对抗必然动荡　和谈才有稳定[①]

回顾以色列利库德政府上台执政的两年多历程,除去年1月中旬巴以签订的希伯伦协议尚可称之为亮点外,以叙、以黎之间虽有接触,但形不成正式谈判;巴以之间则充满矛盾、争执,流血冲突时起时伏。舆论普遍认为,和平进程已严重受阻,甚至已"进入死胡同"。这种局面,公正地说,主要是由于以色列方面不严格履行1993年的奥斯陆协议造成的。

内塔尼亚胡政府迄今为止,仍然坚持不停建犹太定居点,不从阿拉伯被占领土撤军,不同意巴勒斯坦建国的"三不"政策,这就从根本上否定了联合国安理会242号和338号决议,否定了1991年10月马德里中东和会确定的"土地换和平"原则。大家知道,巴以谈判是分阶段进行的,希伯伦协议签订后,以军本应按规定进一步在西岸做重新部署,但以方只同意从9%的西岸土地上撤军。在美国进行斡旋和干预,提议撤出13.1%的面积,并说服阿拉法特接受下来之后,以政府又提出了再加上2%,作为最后撤出的比例的反建议。这种超越已商定的谈判阶段,用总共15%的比例来最终解决西岸问题的做法,当然不可能得到巴方的同意。双方谈判明

[①] 载于《解放日报》专家论坛,1998年7月21日。

显缺乏基础，就是领导人坐在一起，也只是徒具形式。

更严重的是以色列还不断在最敏感的耶路撒冷问题上做文章，强烈地刺激巴勒斯坦人、阿拉伯人和穆斯林的民族宗教感情。去年2月，以政府决定在耶市南面修建6500套犹太定居房，曾立即导致多起流血冲突。今年6月21日，以内阁又通过了一项耶路撒冷向西扩展的计划，并建造更多的犹太人住宅。这实际上是企图改变这座圣城的地理状况和居民结构。以色列政府把本应列为最后阶段谈判的，同时也是最棘手和最具爆炸性的耶市问题提前"引爆"，而且由以色列单方面做出决定，改变耶路撒冷的地位，并强加给巴勒斯坦人民和阿拉伯人民，这当然立即激起了巴方、阿拉伯国家的强烈抗议和反对。

近一个时期以来，巴以之间非常对立。7月初，以军与巴警察再一次因以军拒绝巴勒斯坦车辆通过加沙沿海公路而发生长达12小时的武装对峙，几乎酿成冲突。以方还故意拖延，不把巴方应得的海关关税转给巴方，这笔款项到6月中旬已高达3亿美元。很明显，政治谈判的停滞甚至倒退，正在引发一系列的军事、安全和经济矛盾。

自前外长利维为首的桥党退出内阁后，由利库德集团联合强硬的宗教小党组成的政权，在议会能控制的席位才刚过半数（61席）。内塔尼亚胡指责巴打击恐怖主义不力，强调安全至上，传递的大都是犹太强硬派的主张。殊不知，不推进和平进程，一味地激化宗教民族矛盾，恰恰是在提供滋生恐怖主义行为的温床。

和平进程犹如逆水行舟，已到了极为关键的时刻。不进则退，将引发固有的和新生的各种矛盾，巴勒斯坦这块苦难的土地又将处于动荡，对巴不利，对地区大环境不利，对以色列又何尝有利！目前，恐怕是以当局深思慎察，回到认真执行有关协议的道路上来的时候了。

中东地区动荡加剧
美国寄望巴以和谈[①]

目前,在美国的大力撮合下,阿拉法特和内塔尼亚胡终于来到华盛顿,就巴以签订第二阶段以军在西岸的重新部署等问题的协议,举行三方首脑会议。就眼下的态势看,只要任何一方不从严格执行已达成协议的立场出发,仍然横生枝节,那么,这份人们期待已久的和平协议依然有可能胎死腹中,倒过来进一步加剧中东的动荡局势。

关于这份协议的谈判,已经持续了很长一段时间。实际上,它的核心问题——以军从西岸撤出的比例,并不复杂,也不很难解决。去年1月巴以签订了希伯伦协议后,以军已从西岸总共撤出了27%,接下来的第二阶段再撤多少,双方一直争执不休。以方开始只同意9%。中东和平进程严重停滞不前的局面,导致了巴以间流血冲突时有发生。作为和平进程主持者的美国,由于坚持偏袒以色列,实行双重标准,又不让欧盟在和平进程中发挥作用,已使整个和平进程面临崩溃,它与阿拉伯国家的关系和在中东的战略利益都受到了损害。正是在这种情

[①] 载于《解放日报》专家论坛,1998年10月16日。

况下,美国倡议以军撤出西岸的 13.1%。入夏以来,巴以对此比例实际上都已同意,唯以方提出将其中的 3% 划为"自然保护区",双方联合控制,都不在里面搞建筑,巴方也已原则同意。不过,应指出,内氏政府实际上并没有放弃"三不"政策:不停建犹太定居点,不撤出阿拉伯被占领土,不同意巴勒斯坦建国。然而,这种强硬政策在中东和国际上都受到了越来越多的批评与指责。

巴方虽处于弱势,但面对以色列当局不断违背前工党政府承诺的行为,总是反复向地区和国际社会呼吁,通过外界施压迫使利库德政府回到履行奥斯陆协议的轨道上来。7 月上旬,联合国大会投票通过了将巴勒斯坦提升为联合国事实国家的决议,就是巴的一次胜利。阿拉法特近期又频频宣称,不管以政府是否改变立场,巴勒斯坦国都将在明年 5 月 4 日成立,而且都将得到不结盟运动国家的承认。应该说,阿拉法特的行动受到了国际社会的广泛同情与支持,也引起了美以的惊恐与不安。受到绯闻牵制的克林顿总统力求将国民视线转移到国际事务上去。上月,他既说服了阿拉法特不在联合国讲坛上宣布巴勒斯坦的立国打算,又疏通了与内氏的关系,约定由美牵头举行三方首脑会议。从深层次看,海湾战争后的中东并没有成为美国期望的世界新秩序样板,今年则更如同一个事故多发地区,一波未平,一波又起。美伊武器核查危机并未结束,伊至今未恢复与联合国特委会的合作;美国出于报复恐怖活动的目的,悍然轰炸了阿富汗与苏丹;伊朗在边境集结重兵,频频演习,同阿富汗塔利班武装相对峙,几呈战争边缘状态;10 月初土耳其领导指责叙利亚支持反政府的库尔德工人党,声称"土叙已处于未公开宣布的战争状态"。面对中东的动荡,美国当前力促巴以签约,无疑是欲挽回和平进程的颓势,重新确立它在中东的主导地位。巴以如能签约,当然有助于推进和平进程,但前面的道路仍然布满荆棘,而且至少在眼下还不可能对整个中东局势产生巨大的正面效应;如谈判中途生变,则又将是加剧地区冲突、激化民族、宗教、领土等固有矛盾的一个诱因。处在世纪之交的中东何去何从,人们正拭目以待。

试论中埃（及）关系[①]

冷战后埃及在亚洲地缘政治中的地位明显增强，它已成为名副其实的地区大国。中埃友谊源远流长，1956年建交以来两国关系色彩斑斓，特点鲜明。双方高层领导都有发展关系的真诚愿望，两国在重大国际问题上始终保持密切磋商和协调，双边政治交流、军事合作、经贸往来活跃。今后双方宜加强经贸改革领域的交流，扩大两国经济部门、企业、集团间的合作，落实具体项目，将中埃关系提升到一个新的水平。

对冷战后的世界新格局，资深的埃及国际问题专家大体有两种看法。一种认为，苏联崩溃和冷战结束导致了一个新金字塔的出现，踞于塔顶的是美国，它拥有世界上最强大也最完备的军事力量；第二层面是表现为既合作又竞争的新区域经济合作形式的经济力量，一共三家：欧盟，日本与东南亚，中国，美国则通过组建北美自由贸易区也置身于区域经济合作这一层面；金字塔基础层面为军事力量较弱，经济相对贫困的其他各国。另一种意见，是从政治、战略、经济、文化等方面，按对国际事务的影响程度

[①] 载于《国际问题论坛》1998年第3期。

来排列的,它们依次为美国、俄罗斯、欧盟、中国和日本。①

可见,不论依照哪一种看法,中国都是埃及政治家心目中的大国。进入 90 年代以来,埃及已迅速崛起,对地区的影响越来越大。在当前大国关系正在出现良性互动的阶段,只有同时也充分重视与地区大国的交往,尽可能细致地处理好与它们的政治、经济、文化等关系,才能迎接新世纪的挑战。本文试就中埃关系做一论述,请各位同行专家和广大读者不吝指正。

埃及的崛起

自第二次世界大战结束以色列国成立以后,中东地区几乎每十年就爆发一次流血战争。在这些对抗以色列的大规模的军事行动中,埃及一直担任着阿拉伯阵营的主角。70 年代末,埃及萨达特总统审时度势,毅然走上了与以色列媾和的道路。他于 1977 年访问耶路撒冷,1978 年在美国卡特总统的主持下与以色列签订了戴维营协约,1979 年正式与以建交,埃及成为第一个承认以色列存在的阿拉伯国家。当时,这条以"和平换土地"(埃及收回了整个西奈半岛)的道路,无法得到阿拉伯阵营的认同,绝大多数阿拉伯国家与埃及断交,埃及的阿盟成员国资格被冻结,阿盟总部从开罗迁至突尼斯。1981 年 10 月,萨达特总统被国内伊斯兰极端势力暗杀。埃及在地区内陷入空前孤立的处境。

穆巴拉克继任埃及总统后,坚持抓经济发展和社会稳定,奉行积极而稳健的外交政策,取得了明显的成效。80 年代的中东,依然战火纷飞,两伊战争、黎巴嫩内战、以色列入侵黎巴嫩、阿富汗内战等……均连绵不断,地区仍处在剧烈动荡之中。穆巴拉克总统一方面重视发展埃及与西方的关系,缓和对苏联的态度;另一方面特别注意维护阿拉伯国家的基本原则

---

① 引自 1996 年开罗大学出版的《国际新秩序中的埃及与世界大国》,艾哈迈德·法希迪博士撰写的前言和艾哈迈德·法赫尔少将的《政治与战略关系》一文。

立场,利用一切可能的条件,改善和修复与阿拉伯国家的关系。在对以色列的交往中,埃及坚持把恢复巴勒斯坦民族自决权利放在首位,从不越俎代庖,代替巴解组织表态。埃以之间虽无战事,但双边关系始终只是一种"冷和平",没有什么实质性的进展。

1990年8月海湾危机的爆发和1991年10月马德里中东和会的召开,为埃及彻底摆脱地区内的孤立处境提供了重要契机。埃及是海湾战争的积极参与者,它参加多国部队,出兵科威特,但不进入伊拉克境内。为构筑海湾安全防御体系,埃及是《大马士革宣言》签字国的核心成员。埃及坚决主张贯彻联合国安理会242号和338号决议,推动以"土地换和平"为原则的阿以和谈,它不是当事国,不介入具体双边谈判,但充分利用它被各方承认的优势,向阿、以、美等有关国家传话,进行斡旋,甚至出面召开区域会议和国际会议。埃及的影响不断增强,被公认为中东和平进程中的阿方调解人。

此外,在至今仍居中东主导者地位的美国的中东政策中,埃及的分量已经上升。埃以正式建交以来,美国给予埃及的各种援助年均约20亿美元,仅次于以色列,是接受美援国的第二名。冷战结束后,美国为构筑国际政治经济新秩序,一方面大力推进巴勒斯坦-以色列、阿拉伯-以色列的和谈,使中东地区转入区域合作发展阶段,美国既要保证以色列在地区内的优势地位,又欲利用地区不断增加的投资和贸易机会,帮助自己摆脱当时的经济困境和促进以后的发展,并继续确保美对中东石油的控制。1992年美国五角大楼的一份文件清楚地强调了中东和西南亚的重要性:"我们总的目的是继续充当该地区的外部控制力量,维护美国和西方连接该地区的石油通道。"①

---

① Atif A. Kubursi & Salim Mansur, "Oil and the Gulf War: An 'American Century' or a 'New World Order'?" *Arab States Quarterly*, Vol. 15, No. 4(1993), p. 14.

另一方面,中东出现了一系列威胁美国利益的挑战,其中最突出的是矛头直指美国的国际恐怖主义和以伊朗、伊拉克为代表的地区反美势力。在这种情势下,美国对地跨亚非两洲、人口近6000万、政策开放务实的温和国家埃及,自然倍加重视,视之为实现美国中东战略意图的重要伙伴之一。1994年9月,美国戈尔副总统访埃,与穆巴拉克总统签订了两国政治、经济、贸易合作协议,主要内容是促进埃及的社会稳定、经济改革,帮助埃及提高出口商品的质量,以打入国际市场。1996~1997年,美国在削减对外援助的情况下,对埃及的份额仍给予了保证。

由于埃及较好地把握了机遇,充分利用国际和地区内的有利条件,坚持实行经济改革政策,近三年来它的经济增长率约为5%~6%,今年有望达到7%,通胀率已降至5%以下,外汇储备增长到了200多亿美元,就业人数为1580万,失业率降至8.8%。[①] 可以说,从冷战结束至今,埃及凭借它在阿拉伯国家和伊斯兰世界中的民族宗教身份,在环地中海区域和非洲大陆地缘政治中的特殊地位,以及在不结盟国家和发展中国家的国际活动中长期积累起来的政治影响,它在中东地区的政治、军事、安全、经济等领域,都日趋活跃,作用明显增大,它已经成为西亚非洲地区一个名副其实的地区大国。

中埃关系的基础

中埃交往源远流长。两国都是最早的人类文明发祥地,都在历史发展的长河中做出过杰出的贡献。在中埃两国领导人的交往中,在双方出版的有关对方的介绍中,都蕴含着对这种文明价值共性的肯定。联合国前秘书长布特罗斯·加利早在担任埃及外交国务部长时就曾说:"中埃两

[①] 《埃及经济和经济改革必须顾及社会方面》,沙特阿拉伯《生活报》,1998年7月1日;《埃中合作前景美好》,《人民日报》,1998年7月23日。

国人民的对话和交往,长达千百年,历史上从未有过中断,中国从公元一世纪的汉朝起就注意到了埃及的文明和文化,同时,埃及的学者和思想家也一直关注着远东出现的文明。"①

在近代,中埃两国有着共同的遭遇。我国自1840年鸦片战争起,经历了近百年帝国主义的侵略和欺凌;近代埃及也屡遭殖民主义的占领,是纳赛尔领导的自由军官组织1952年7月23日推翻了法鲁克封建王朝,埃及才迎来了独立振兴的曙光。这种相似的历史遭遇,使中埃两国人民在感情上容易沟通,也容易对国际事务达成共识。

埃及是最早承认我国的阿拉伯和非洲国家。1956年6月两国正式建交,埃及政府断绝了与当时正担任开罗外交使团团长的台湾代表的关系,由此开创了其他阿拉伯国家和非洲国家纷纷与我国建交的先河;为恢复我国在联合国的合法席位,埃及与广大发展中国家一道不懈努力,坚持斗争,直到赢得胜利。我国在许多重大问题上,也一直站在埃及一边。1956年10月,中国政府发表声明支持埃及人民抵抗英、法、以三国侵略的苏伊士运河保卫战,并表示准备派出数千名志愿战士,与埃及人民并肩战斗;中国支持埃及在西亚北非地区发挥核心作用的一切阿拉伯正义事业。例如,我国在1958年12月承认阿尔及利亚临时政府,1965年3月承认巴勒斯坦解放组织,赋予巴解在京办事处以外交身份,强调以色列必须撤出1967年侵占的阿拉伯领土,恢复巴勒斯坦人民的合法民族权利……等等。在许多国际场合,中埃也总是相互支持,配合默契,从而为堪称典范的长期友好合作关系奠定了坚实的基础。对此,中埃两国领导人都给予了很高的评价。1994年4月,穆巴拉克总统在接见中国新闻代表团时说,中埃友好合作关系"具有不同于许多友好国家双边关系的特殊性"。江泽

---

① 《金字塔经济学家》周刊,1986年10月27日。

民主席在1997年4月会见埃及总理时指出:"中埃两国关系经历了国际上的风云变幻。我们对中埃自建交以来稳定的、坚实的、不断发展的合作关系表示满意","中埃两国没有利益冲突,只有发展友谊、加强合作的愿望,中国愿意与埃及一道为稳定、繁荣、和平的新世界而努力。"

中埃关系的特点

中埃建交以来的历史,不但色彩斑斓,而且特点鲜明。

特点一 双方高层领导都有发展双边关系的明确的政治意愿。在双边交往史上,中埃人士都公认的最重要事件,是周恩来总理60年代的两度访埃(1963年12月、1964年1月)。周总理以他非凡的精神风貌、能力和水平,给埃及人民留下了极为美好的深刻的印象,至今仍为埃及官方、学术界和民间所称道。从80年代至今,已先后有李先念(1986年3月)、杨尚昆(1989年12月)和江泽民(1996年5月)三位国家主席访问埃及,都取得了圆满成功。埃及的穆巴拉克总统一向重视中国,并怀有真挚友好的感情。他第一次访华(1976年4月)时是副总统,与我国签订了军事合作条约。当选总统后,他又四次访华:1983年4月、1990年5月、1992年10月和1994年4月,其中第三次因埃及发生地震而中辍,余均富有成效。除元首级互访外,两国的总理、部长间的往来也很频繁,双方或就地区和国际政坛的重大事件交换意见,或相互介绍改革开放、经济建设等方面的成就和经验。密切的政治往来,推动了经济、军事、文化等领域的交流。

特点二 中埃双方在国际重大问题上,始终保持密切磋商和协调。可以说,中埃关系发展史从一开始就是与全球重大问题相联系的。在1955年的万隆会议上,周恩来总理与纳赛尔总统为推动亚非民族解放运动,都发挥了巨大的作用。50~60年代,两国领导人在支持第三世界特别是非洲人民争取发展、进步,反对殖民主义、种族主义的斗争基础上,进一步巩固了友谊。对中东问题,双方都主张恢复巴勒斯坦人民的合法权利,尤其是民族自决权和建立独立的巴勒斯坦国。

在70~80年代,中埃关系随着形势的发展而深化。当两个超级大国呼吁建立国际经济新秩序时,中埃都提出要维护发展中国家的利益,强调它们有权开发自己的资源用于发展和技术进步,实现最大限度的自力更生;中埃均主张把与第三世界的交往放在首位,在协调南南关系的基础上积极开展南北对话,为建立各国间的均衡发展创造必要条件方面形成共识。

海湾战争前后,中埃在一系列国际和地区的重大问题上加强了国家元首和内阁级的磋商和协调。两国领导人通过互访或在联合国等国际场合交换意见,对国际格局变化的看法十分接近,认为世界正在发生深刻的变化,由两极格局向多极格局发展,国际新秩序应建立在相互尊重领土完整、互不侵犯、互不干涉内政的基础之上。关于中东问题,中国强调了以下诸点:

1. 解决中东问题只能通过谈判,应以联合国安理会242号和338号决议为基础,关键是以色列必须撤出所有的阿拉伯被占领土。

2. 中国与以色列建立外交关系,可以发挥积极作用,通过与以色列间的直接联系渠道,为和平进程的成功做出贡献。

3. 中国实际上已参与推动和平进程,例如1993年在北京召开多边谈判的水资源委员会会议就是一种模式。①

此外,双方还通过派遣特使、交换信件等方式进行磋商,以达到相互声援步调一致的目的。例如,中国支持穆巴拉克总统关于将中东建设为无大规模杀伤性武器特别是无核武器地区的倡议,支持布特罗斯·加利作为非洲人选担任联合国秘书长的要求;1991年中国支持埃及减免外债的要求,埃及宣布无条件支持中国进入世界贸易组织。又如,在洛克比问

---

① 中国驻开罗大使与中东通讯社谈话,1994年4月20日。

题上,中国不赞成对利比亚实行制裁,更不赞成加重或无限期地维持对利比亚的制裁,主张有关各方通过交换意见和协商来达成对应采取步骤的共识。埃及认为中国在此问题上发挥了重要的作用。

在重大问题上的及时协商、互相沟通,到 90 年代已逐步形成一种机制。1994 年 4 月穆巴拉克总统说,他希望"埃中两国领导人在今后几年定期会晤,交换意见、协调立场、深化合作并扩大其范围"①。近年,我国已经同包括埃及在内的 21 个中东国家建立了外交部间的政治磋商制度,从而为中埃关系的巩固和发展,提供了重要的保障机制。

特点三 90 年代中埃交往开始走向全面,涉及各个领域。中埃在冷战后时期所面临的任务和挑战,颇多相似之处,两国间有了更多的共同语言,相互间的交往已不限于政治领域,双边关系走向全面化,内容也更加深入。

埃及政治家认为,中国外交的重点一向放在东亚和东南亚地区,那是中国政治、经济、军事活跃的舞台。中国与中东国家的交往只限于特定的领域。② 至于埃及方面,冷战结束地区力量重组,埃及因面临政治和经济领域的严峻挑战,而一度在对外政策中出现了以地区为中心,主要加强与美国、西欧关系的倾向。随着亚太特别是中国经济的迅速发展,埃及已从 90 年代上半期起,开始强调要加强与亚太地区的关系。穆巴拉克总统说:"对亚太地区国家在世界生产和全球贸易中的经济和政治重要性,决不能掉以轻心,那预示着 21 世纪将确实是拥有巨大区域组织的亚洲的世纪。"③他在访华时又说:"我希望我们不要老看着西方。中国有着非常巨

---

① 穆巴拉克总统对海湾通讯社声明,1994 年 4 月 22 日。
② 阿卜杜·拉赫曼·哈瓦里:《埃中关系及其发展途径》,埃及《防务》杂志,1994 年 10 月 1 日。
③ 埃及《金字塔报》,1994 年 4 月 23 日。

大的潜力和能量,他们与我们之间的相似性拓宽了双边合作的领域",他表示希望要使这种合作更趋密切。① 对埃及来说,它正在"重新发现中国",力求在新的基础上将双边关系提高到一个新的水平。与此同时,中国也在深化与中东国家的交往,如与以色列建交,与伊朗签订能源领域的合作协议,与科威特达成军事合作协议(1995年3月),并开始全面发展与埃及的关系。

中埃在进入90年代之后开始了全方位的交往:

政党与议会交流　就非政府层面而言,中埃的执政党与议会开展互访,是一个令人瞩目的进展。1993年5月埃及的民族民主党代表团就曾访华,1997年10月埃民族民主党副书记卡·沙兹利访华;1994年我中央纪委书记尉健行访埃,1997年4月我中央联络部部长李淑铮访埃,均受到穆巴拉克总统的接见。我国的人大和政协同埃及国民议会和协商议会间的经常性往来就更多,如1991年4月埃及国民议长艾哈迈德·法特希·索罗尔博士率团访华,1992年3月协商议会代表团抵京,1993年1月我国政协副主席访问埃及,1993年7月埃及议会经济代表团访华,1993年10月我政协副主席和农业部长访埃,同年11月我人大常委会代表团抵达开罗,1994年10月埃及协商议会代表团访华……1995年11月我人大委员长乔石率团对埃及进行友好访问,1997年10月埃及两议会事务部长访问我国等。这些频繁的友好访问,有力地扩展和深化了中埃间的友好合作关系,及时沟通了双方对中东重大问题的看法,而且往往比较集中地就中国经济改革的经验交换意见,有的还对在埃及建立针灸医疗中心、交换中成药方面的信息,以及遗传工程方面进行合作等项目进行探讨。

军事合作　埃及认为这方面的交往水平尚不能与政治合作相提并

---

① 埃及《金字塔报》,1994年4月23日。

论。1973年10月战争后,萨达特总统宣布实行武器来源多元化政策。1976年4月时任副总统的穆巴拉克第一次访华,与我国签订了军事合作协议,具体内容为中国向埃及无偿提供价值1000万美元的米格飞机发动机零部件,帮助埃及弥补军事设备的损失,提高其作战性能,并向埃及提供潜艇、军舰和作战飞机等。从80年代末至90年代上半期,两国军事负责人间的会谈开始明显增多,中方赴埃的有空军司令(1988年4月、1994年6月)、国防部长(1990年6月)和总参谋长(1995年11月),埃及国防部长也曾访华(1994年7月)。双方通常就共同关心的问题交换看法,如中国明确支持穆巴拉克总统关于将中东地区建设为无核武器地区的倡议——这是鉴于埃及和各阿拉伯国家都对以色列已拥有200枚核弹头报道的极度担心和不满,更主要的内容是双方都表明了要加强军事合作的意愿。1991年7月30日《金字塔报》以《埃中两国军事合作的新领域》为题发表文章,引证了当年5月访埃的李鹏总理的话:"为加强这种合作,两国武装部队应扩大相互间的交往。"1994年8月埃及国防部长坦塔维元帅在访问中国和巴基斯坦回国后举行的记者招待会上,阐明了埃及军方对与我国开展军事合作的三点基本考虑:

1. 东亚和东南亚地区对中东地区有着直接或间接的影响,因此必须相互交流经验和看法。

2. 中国是关注埃及国家安全的有关方之一。

3. 埃及武装部队拥有的东方武器,是埃及武库的一个重要组成部分,在2005年之前这部分武器不可能被放弃。

正因为如此,中埃双方在交流如何使用人力等经验之外,最主要的是探讨改进埃及的东方武器,延长其使用年限,使之在性能上不逊于埃及已引进的西方武器等问题。埃及所谓的东方武器,包括米格21苏式战斗机、M8直升机、L29捷克训练机、F6、F7中国战斗机,萨姆6、萨姆7防空导弹,以及仍在服役的4艘中国潜艇等。①

埃及方面认为,90年代的中埃军事合作,层次已有提高,已从传统水平转向战略合作。埃及还考虑在军工生产方面与我国开展合作,但这一问题目前尚处于初步探讨阶段。

安全合作 1994年7月,埃及内政部长哈桑·艾列菲少将访华,与我国签订了埃中全面安全合作协议,内容包括交流经验,在各安全领域特别是反恐怖、反骚乱和反毒品领域使用现代技术开展合作,埃及希望用中国先进而价廉的技术改进它的安全设施等。埃及内政部称,选择中国签订第一份安全协议,是因为"中国是一个人口众多的世界大国,在反恐怖和反毒品领域有着丰富的经验,同时,两国都在执行全面经济改革政策,国情十分相似。"②中埃双方商定,为加强两国间的合作,将组织安全代表团的互访。

经贸合作 与两国良好的政治关系相比,中埃间的经济交往一直显得滞后,起伏不定。1973年中埃贸易额为6300万美元,1982年为3.15亿美元,1984年降为2.66亿美元,1985年又跌至1.02亿美元,以后缓缓上升,到1990年增至2.19亿美元,1992年约为2.55亿美元……去年升到4.14亿美元。在这些年份里,我国通常为顺差。增加中埃的经贸合作,吸引中国对埃及的投资,已列入埃及许多访华代表团的重要议事日程。穆巴拉克总统在1994年4月访华前宣称:"我们期望,我们之间的经济合作和贸易往来,将达到像政治关系那样的密切、友好的水平。"他与江泽民主席在结束会谈后,出席了中埃两国政府鼓励和相互保护投资协定和两国关于民事、商事和刑事司法协助协定的签字仪式。1997年10月,

---

① *World Defence Almanac*: *The Balance of Military Power*, 1992-1993, pp. 138-139.
② 《与中国的全面安全协议》,埃及《消息报》,1994年7月10日;《艾列菲访华归来:加强共同的安全合作》,埃及《金字塔报》,1994年7月8日。

中国与埃及在开罗签署了经济技术合作领域的意向书,内容包括鼓励和支持中埃实业人士开展共同项目的合作,对有意在埃投资的中国公司,中国政府将给予财政方面的支持。此外,埃及近年规划的苏伊士湾经济特区已经启动,埃方已邀请中国专业人士进行考察、提出建议,并要求中国公司参与建设和管理。我国在80年代曾大规模地在中东地区开展工程承包和劳务合作,由于缺乏经验,对当地法律、法规知之甚少,接受项目时带有一定的盲目性,成千上万名人员辛苦多年,不盈反亏。这种教训使不少中国公司至今仍对中东地区怀有疑虑。只是,现在全球经济一体化步伐正在加快,埃及、突尼斯、摩洛哥、科威特、卡塔尔和阿联酋等阿拉伯国家已加入了世贸组织,那里投资环境正在改善,法制逐步健全,当局又重视从法律角度保障对外资的优惠待遇。因此,在中埃两国政府的鼓励下,90年代双方的实业界开始进行接触,正在进行理性而务实的考察和了解,双边的经济合作和贸易往来,有望在世纪转换之际进入一个新的阶段。

至于中埃在文化、教育、新闻、科技、卫生、旅游、体育等领域的合作,本来就有一定的基础,执行情况也较令人满意,进入90年代以来,交流的范围在进一步扩大,内容也更加深入、丰富。总之,中埃关系的全方位、多层次的发展,为两国面向21世纪的长期稳定、全面合作的关系打下了更坚实的基础。

几点思考

站在21世纪的门槛上,前瞻中埃关系,深感既有信心又须谨慎。信心系来自牢固的政治基础,我国支持巴勒斯坦和阿拉伯正义事业的立场和态度,一向明朗坚定,受到埃及和阿拉伯各国的信任和好评,今后仍将一如既往。埃及在台湾问题上旗帜也很鲜明,从珍视中埃贸易关系出发,1993年3月,它拒绝了与台湾签订投资协议;近年来,当美国和部分西方国家一次又一次地在联合国人权会议上提出反华议案时,埃及始终坚持原则,站在我国一边。进入 90 年代以来,中埃关系在两国领导人的精心呵护和培育下,正朝着一种更为密切的伙伴关系方向发展。说要谨慎,是因为埃及正处于稳步崛起的过程中,对中国这样一个经济持续高速发展的大国、安理会常任理事国,所寄予的期望正在上升,处理具体问题稍有不慎,就有可能通过它相对开放的传媒引起不必要的波澜。鉴此,这里提出几点未必成熟的思考。

思考一 从埃及的报道看,1992 年在穆巴拉克进行(后来因开罗地震而中辍)的访华前后,7 月 21 日的《金字塔报》发表《中国开始与埃及谈判出售核反应堆》文章,10 月 10 日的《今日世界》载文称"穆巴拉克在北京谈判:中国向埃及提供一座核反应堆"。埃及方面报道说,为用于发电,埃及正与中国谈判购买一座能量为 300 兆瓦的核反应堆。事隔几年,《金字塔报》的记者穆罕默德·赛伊德·艾哈迈德著文称:"对这件在 1992 年 7 月广泛报道的事,官方没有证实究竟是否实现,谈判的结果也丝毫不曾披露。"今年,已见到报道,埃及与一个拉美国家签订了核合作协议。

1994 年 4 月,《金字塔报》配合穆巴拉克访华,接连发表文章,标题为:《总统明起访华:加强经济合作、研讨和平进程和扩大安理会成员国》《穆萨外长与中国外长谈判后称:安理会扩大成员国必须代表世界主要地区》……这清楚地表明,埃及与许多发展中国家一样,对联合国酝酿改革,个别西方国家仅建议增补德国、日本为安理会常任理事国而置广大发展中国家于不顾是不满的,埃及希望能作为世界主要地区的代表出任常任理事国。从报道看,埃及在争取中国的支持,因为埃及认为在现有的 5 个常任理事国中,只有中国才是南方国家的代表,像当年支持布特罗斯·加利竞选联合国秘书长一样,它的要求最有可能得到我国的理解和支持。

目前，对安理会的席位扩大问题，各国意见纷纭，尚无定论，因此，也还不到表态的时候。

此外，还有外层空间的合作问题。1994年10月16日，埃及《事实报》载文称"中国拒绝帮助埃及空间计划"。实际上，当时我国副总理正在访埃，埃方提出要求中国对埃及的外层空间计划提供技术帮助，超出了会谈限于具体落实中埃两国领袖已达成协议的事先安排。

埃及通过传媒表达出来的上述期望，都是所谓"具有战略影响"的合作。中东是一个十分复杂、敏感的地区，至今局部动荡仍彼伏此起。凡属此类重大举措，一般都需要与国际有关机构有所沟通，并建立在地区绝大多数国家形成共识的基础上。我国支持加利成功当选联合国秘书长在发展中国家受到普遍赞扬，就是基于阿拉伯国家、非洲国家的广泛认同。这条成功的经验，今天仍具有重要的借鉴意义。

思考二 去年10月，我曾有幸会见在沪访问的埃及《金字塔报》副主编萨拉马·艾哈迈德·萨拉马。他在谈话中强调，中埃关系是有特色的友好合作关系，当前最需要的是加强经贸合作，以改变目前贸易额小、埃及一直处于逆差的现状。他的话，与许多埃方人士的意见是一致的。埃及认为，冷战后的中埃关系，应当进入一个新的阶段，重点是扩大双方的经贸合作，因为两国都在贯彻以经济建设为中心的政策，为增强综合国力而奋斗。

那么，如何加强中埃经贸关系呢？从现实出发，似可分两个层面做些探讨。一是加强经济改革领域的交流。这些年来，埃及十分重视了解和吸收我国经济改革方面的经验，曾多次组团访华，就经济特区建设、吸引外资等方面进行座谈。事实上，埃及与我国的国情十分相似，埃及在实行国有企业改革方面，决心大，措施具体。1994～1996年，埃及通过出售国有企业获得15亿美元的收入，其中6.04亿美元用于偿还企业拖欠银行的债务，其余8.94美元存入埃及中央银行。① 埃及多次表示，希望学习中国吸引海外华人投资的经验，这是因为埃及也有许多侨胞在海外发展，侨汇一直是埃及三大外汇来源之一（另两项是苏伊士运河收入和旅游业收入），近年埃及的外国投资中60％都是海外侨资。埃及说向我国取经，实质是旨在总结经验，做进一步的政策调整，以改进侨务工作中的不足。在金融市场建设方面，埃及兴办股市市场时间虽不长，但却很注意跟上时代步伐，对之进行现代化改造。1997年9月，埃及开始建设计算机化的股票结算系统，以加快交易速度，杜绝经纪商的不正当活动。而且，还把国有企业改革与股票上市结合起来——国企在经过股份制改革后，股票有可能上市，但有的企业在出售时，国家要视其是否具有战略意义而决定控股比例，有的规定10％的股份出售给本企业职工并让他们参与企业管理。即使是再就业工程方面，埃及也从1991年开始，在国家和一些国际组织的帮助下，设立社会发展基金会，为下岗人员再就业提供财政支持和职业培训等手段。

凡此种种，可能对我国某些部门或单位也不无启迪作用，是否我方也可以到金字塔的国度去取取经，做些深入了解呢？

二是双方的经济部门、大公司要对扩大经贸合作进行研究，以落实具体项目。埃及方面认为，中国资金正在寻找埃及项目。过去我国一直进口埃及的长绒棉，已实现了自给，现在主要进口的是埃及的铁和铝锭。另外在探矿、寻找地下水、打井、矿山机械设备、水泥工业及其防污处理、玻璃业等方面有些合作。据目前看到的资料，埃及很希望我国能增加进口埃及的磷酸盐，比如达到每年700万吨。据阿拉伯人士称，1997年我国与

---

① 参见张文员：《埃及采用多种形式改革国有企业》，《1997～1998年中东非洲发展报告》，社会科学文献出版社1998年版。

阿拉伯国家的贸易额大约为 70 亿美元，占我国外贸总量的 2% 不到。埃及希望在我国工艺比较先进的领域开展合作，如遗传工程、农业耕种、电子、机械等方面，都还有广阔的天地。我国与绝大多数阿拉伯国家都签有经贸合作协议，近年又成立了中阿商会，双方在商品、服务、资金上的加快流通和合作，是一种南南合作的模式，对双方都有利。

我国政府对加强与埃及合作，一贯持积极态度。80 年代，我国在开罗建造了国际会议大厦，作为礼物赠送给了埃及。以后，又参与修建穆巴拉克世界科研城。李鹏总理在会见埃及国民议会议长索罗尔博士时，还同意支持埃及重建亚历山大图书馆的项目。可见，现在主要应让两国的大公司、企业家加强交流，加深了解，行动起来，才能跟上政府的步骤，将经贸合作提升到一个新的水平。

思考三　本文开头引述了埃及一部分学者把冷战后的国际格局描绘成金字塔形的说法，这恐怕值得商榷，因为世界正在向多极化方向发展，已被越来越多的政治家和学者所认可。被列为"塔基"的发展中国家，数量众多，情况复杂，已经或正在形成的地区大国或次大国，与最贫穷国家或还在进行部落仇杀的国家相比，国力和影响大相径庭，实在无法等量齐观。联合国一酝酿改革，就已出现了一张要求代表亚、非、拉美等洲出任常任理事国的竞选名单。由此可以认为，地区大国的作用和地位正在也必然会进一步凸显和提升。重视并加强与地区大国或次大国的关系，是包括我国在内的世界各大国已经在积极开展的工作。学术界面临的任务是尽快形成一支深谙对象国国情的专家队伍，与对方建立起正常的经常交流渠道，从而能及时沟通，提出可行性的建议和对策。

此外，我国用阿拉伯文出版的图书品种、数量都很少。埃及和阿拉伯国家藉以了解和研究我国情况的依据，大都通过西方传媒的报道和出版的图书。尽管中埃双方已经有意识地在加强报刊、电视台间的往来，但缺乏确凿的文字材料无疑会造成研究工作的巨大困难。开罗大学经济政治学院教授奈芬·阿卜杜·哈利克博士一篇专论中埃文化关系的文章,其中对亚洲理念、儒家思想等一些基本概念的论述,主要引自我驻埃及大使杨福昌 1995 年 10 月在开罗大学亚洲研究中心的演讲。我驻埃及和阿拉伯国家的使领馆,与当地各界都有频繁的友好交往,到使领馆来索讨中国书刊的学生、青年,为数也不少。在中国国际地位不断上升的现阶段,对外宣传工作的重要性,无疑已显得更加突出了。

埃及学者看美国的中东政策[①]

近日读到约旦安曼出版的《阿拉伯思想论坛》1998年7月总第154期,上面载有穆娜·穆克拉姆·奥贝德女士撰写的《埃及学者看美国的中东政策》,觉得是一篇很有代表性的综述。这里将其译出,供我国中东问题学者参考。

穆娜女士是埃及国民议会前议员,开罗美国大学政治学教授。文中所提到的穆罕默德·赛伊德·艾哈迈德、萨拉马·艾哈迈德·萨拉马、乌萨马·加扎利·哈尔卜等人,大都为埃及报刊的专栏作家或编辑。

冷战结束,特别是在苏联崩溃和第二次海湾战争摧毁伊拉克的军事实力之后,埃及的政界、思想界对后冷战秩序中美国的主导作用,进而对埃及作为这秩序中的一个小国所面对的活动范围,实际已形成一种共识。穆巴拉克总统曾在1993年1月对此做过清楚的表述:"我们面对的是新的国际无序状态,而不是世界新秩序。在美国和苏联之间摇摆的政策结束了,今天世界上只有一个超级大国,我们应当在不伤害我们尊严和独立的情况下与它打交道。"

[①] 载于《阿拉伯世界》1998年第4期。

美国提出世界新秩序,用来诠释这种新秩序中它在中东地区的新地位:是它领导了始于 1991 年 10 月马德里会议的中东和平进程,它主持和平进程,排除联合国的任何作用,矮化欧洲的作用——欧洲仅扮演向以色列和巴勒斯坦协议提供资助的角色,而且,美国还不顾它的实际作用,一心充当和平进程所有成就的主导者,比如它于 1993 年 9 月在白宫主持了奥斯陆协议的签字仪式,尽管这份协议是巴以通过挪威秘密谈判达成的。美国当局用威逼利诱的手段在和平进程中取得了一些成绩,特别是 1994 年签订的(约以)和约,虽然这使叙以谈判遭受挫折。

美国在中东的和平努力,是与美以通过和平进程使具有阿以冲突特性的中东,过渡到带有阿以区域合作色彩的新中东的共同奋斗相协调的。这就是要建立一个由以色列担纲的中东市场。尽管如此,美国在和平进程中的作用却遭到了阿拉伯国家尤其是思想界和民间的广泛批评,因为它明显偏袒以色列,无论是执行巴以已经达成的协议,还是根据"土地换和平"的原则推动以色列做出让步,美国都没有努力向以色列施加压力,反而在许多情况下和不少问题上,认可以色列的观点,例如 1993 年初驱逐巴勒斯坦人的危机、耶路撒冷问题、卡纳惨案和以色列加入核武器条约。在所有这些问题上,美国当局都拒绝批评以色列的所作所为,拒绝向以色列施压。1996 年夏天,美国国会盛情接待第一次访问华盛顿的内塔尼亚胡,他强调了"三不":不从阿拉伯被占领土撤出,不分割耶路撒冷,不同意巴勒斯坦立国。从那时起,美国在和平进程中的作用便停滞和瘫痪了,从而使得埃及的所有政治派别都反对美国的中东政策,尤其是美国坚持不让欧盟在和平进程中发挥作用,理由是沃伦·克里斯托弗所说的"厨师多了烧不好饭"。美国担心这会鼓励阿拉伯各方对美国态度趋于强硬。这样,和平进程自然就停滞不前,美国主持者也无力发挥作用,美国在竭力重绘地区互动地图时,因许多主要阿拉伯国家的政治领导受到民间的压力而使它的中东政策面临挑战,也制止了阿拉伯领导层在地区内与美国的压力或政策保持同步。在最近的美伊(伊拉克)危机中,(阿拉伯)民间态度清楚地表明反对美国对伊拉克的任何打击。此前,阿拉伯民间和思想界对1996年4月希拉克总统访问阿拉伯地区的欢迎,准确地直接反映了阿拉伯舆论对美国中东政策的不满,特别是美国在对以色列的行径置若罔闻的同时,对待伊拉克却越来越强硬。

埃及的学者虽然政治倾向和归属并不相同,但都反映了阿拉伯对美国中东政策的普遍感情。穆罕默德·赛伊德·艾哈迈德先生批评美国奥尔布赖特国务卿不仿效她的前任,不把中东问题列入她优先考虑的政治议事日程,尽管和平进程停滞不前,阿拉伯参与各方深感失望,她却在上任后过了将近一年才出访中东。穆罕默德·赛伊德·艾哈迈德把和平进程受挫的责任归咎于美国的政策,因为美国是进程的唯一主持者,它竭力排斥其他行为者特别是欧洲的作用,而企图在第二次海湾战争后独揽中东事务。美国明显偏袒以色列,特别是在联合国中利用否决权拒绝谴责以色列,如1997年4月安理会上,它不同意谴责以色列在艾布古奈姆山(霍马山)建造犹太定居点。这证明美国当局事实上无力承担和平解决中东问题的主持者角色。(美国的)这种做法鼓励了内塔尼亚胡背离和平进程的基本准则,因为美使用否决权是对以色列行为的一种保护。华盛顿宣布自己错了,却又不肯做必要的工作,消除它使用否决权造成的消极影响,这就使整个和平进程面临着全面崩溃,特别是因为缺乏一个真正积极的欧洲替代者,将和平进程从无能为力的美国主持者手中拯救出来。欧洲强调,它的作用只是对美国作用的补充,而非取而代之。穆罕默德·赛伊德·艾哈迈德在分析美伊危机时说,美国打击伊拉克的任何决定,都将是引发阿拉伯广阔土地上反美情绪的火星,如同1967年6月战争后一样,到时候将是一场美以反对全体阿拉伯人而不只是反对伊拉克的战争,何况伊拉克政权又并不强硬或保守。因此,穆罕默德·赛伊德·艾哈迈德呼吁阿拉伯各方审视一下他们相信的那位具有摆脱危机独特作用的美国朋友,回顾一下他理应解决的地区的僵滞危机,这种困境将殃及全体,包括美国本身在内。穆罕默德·赛伊德·艾哈迈德在这里指出,阿拉伯方面与国际上其他各方有着密切的联系,它们握有对美讨价还价的牌,因而也不必只听命于美国当局。和平作为阿拉伯各国认可的战略选择,只有置于多极化世界格局之内才有可能确立,否则它就将是一句没有内容的口号,成为美以单方面予取予求、攫取其成果的进程的遮盖。

在美国主持者对和平进程无能为力方面,卢特菲·扈利先生的分析与上面的分析并无多大分歧,但他分析美国中东政策,是从竭力保持国际秩序领导权的美国同努力加强自己在这秩序中地位的其他各方争夺国际秩序领导权的视角出发的。他认为伊拉克危机只是象征性名字,美国角逐的有形新战场,是继续保持它在国际格局中的单极地位,以对付俄罗斯、欧洲、中国和日本争取它们多极地位的图谋。因此,美国对待伊拉克态度强硬,以军事打击相恫吓,甚至都不需要安理会再做决定,这是企图强调它的存在和它肩负的使命,矛头是指向那些想要分享它国际秩序领导权的各方的。

至于萨拉马·艾哈迈德·萨拉马先生,则提醒人们注意以色列右翼与美国国会右翼的结盟,这种结盟竭力破坏美国的中东政策,创造一种怀疑的气氛,它预示华盛顿将丧失在和平进程中充当清白调解员角色的能力。有助于证明这一点的是以美国当局为一面、国会为另一面所玩的双重把戏,它成了美国中东政策的特色。萨拉马在这里指出,中东和平进程面临的真正问题,在于华盛顿的政策制订者,从奥尔布赖特、和平进程协调员丹尼斯·罗斯到美国驻以色列大使,都用两张嘴讲话,怀有两种忠诚，这样，当和平进程停滞或接近停滞，华盛顿使它复生的努力受挫，1997年9月奥尔布赖特的中东之行失败，那么，美国的中东政策就理所当然地进入前所未有的破产和崩溃阶段。奥卿无视和平进程的关键性问题，却把精力集中在以色列政府关注的安全、反恐怖问题上，而且她的访问好像是为了从这复杂的问题中脱身出来。同时，多哈的经济会议不等开幕就已崩溃。美国当局开始同萨达姆·侯赛因展开了一场毫无意义的对抗，它成功地调动了从大西洋到海湾所有的阿拉伯人来反对美国的中东政策和它在中东的军事存在。此外，美国不但未能根据导致内塔尼亚胡政府胜利的变数，成功地制定一项均衡的中东政策，而且美国对待阿拉伯世界的调门多变，从伙伴或盟友角色转到生杀予夺的角色，这也是奥卿竭力对中东国家显示的形象。因此，美伊危机充其量不过是美国确保自己对伊拉克和海湾的势力和霸权的斗争，是试图掩饰它在和平进程中的明显后退和拯救和平进程的崩溃。

乌萨马·加扎利·哈尔卜博士认为，美国对以色列的纵容，鼓励了以色列领导人不热心于讨价还价或接受折衷的解决办法，特别是美以对待和平进程取向的实质，系基于在以色列对阿拉伯国家拥有包括地区核力量垄断在内的绝对军事优势条件下有可能实现和平的幻想。乌萨马博士指出，这种取向只会严重破坏地区的力量均势，威胁阿拉伯国家的安全。然而，他分析美国中东政策的引人注目之处，是他对奥尔布赖特国务卿中东政策的看法，他认为奥卿没有违背历史上美国处理阿以冲突时的一般特点，即美国向以色列施压总是姗姗来迟，在以色列的所作所为已达到极致，这个犹太国家已经在有关冲突的问题上攫取了可能攫取的最大利益之后才会到来。

贾马勒·巴达维先生分析美国的中东政策，着眼于美国在政治、经济和军事上竭力保持以色列的优势。他指出，克林顿班子的美国政策与以色列的政策交织混淆在一起,以致很难清楚地将两者区分开来。(美国)这种政策在落入科恩、沙龙、内塔尼亚胡、奥尔布赖特以及他们以后的世界犹太复国主义领袖们的陷阱之后,闭着眼睛追随犹太复国主义的利益,却对美国本身的利益造成了伤害。因此,美国的中东政策只是执行旧犹太复国主义者建立从尼罗河到幼发拉底河的大以色列计划的工具。立足于此,才能理解美国为什么要反对伊拉克、利比亚和拒绝出席多哈会议的埃及。美国打击伊拉克的目的,是在军事上、意志上摧毁伊拉克之后将其封存起来,在阿以发生对抗时,将伊拉克这一支从阿拉伯人中剥夺掉。

法赫米·胡韦迪和阿迪勒·侯赛因两位先生的看法与前面贾马勒·巴达维先生的见解,没有多大不同。法赫米认为,美国对伊拉克的政策,受铲除伊拉克残存军力、确保以色列军事优势的隐秘动机的驱动,特别是华盛顿在中东站稳脚跟以后已不再需要萨达姆·侯赛因这一角色了。他强调,华盛顿执意打击伊拉克,是企图掩盖它在和平进程中的无能为力。他们两位先生都断定,美国反伊政策的升级,其真正的目的是想恢复它在中东地区的尊严,因为在此之前,多哈经济会议因埃及、沙特等一些主要阿拉伯国家的抵制而遭到失败,德黑兰的伊斯兰首脑会议却获得了成功——这被认为是对美国地区政策的一次打击。此外,许多阿拉伯国家其中包括一些海湾国家拒绝利用它们的土地攻击伊拉克。华盛顿想要告诉大家的是,它仍然是应当服从的主子,违背它的意愿,大家就得付出巨大代价。阿迪勒·侯赛因在学者中的独特见解是他呼吁组建阿拉伯-伊朗同盟以对付美犹联盟,按他的说法,这是为了挫败美犹建立大以色列、摧毁阿拉伯-伊斯兰力量的计划。

综上所述,埃及政界虽然倾向不一,但对美国的中东政策却有一个共识,那就是说到底,美国当局现在比过去任何时候都更需要修正它对中东地区的政策走向,使之符合各方在安全与和平方面的合法利益,从而恢复一些它在阿拉伯舆论界和政界已经失掉的信任,也要使之符合它在国际秩序中的作用和地位,符合它在中东地区的利益。船一旦沉没,全体都将遭难,不会厚此薄彼,包括美国本身的利益在内。

阿拉伯世界的杰出政治家[①]
——谈已故侯赛因国王

约旦哈希姆王国是个非常独特的国家,国名中的"哈希姆"一词是伊斯兰教先知穆罕默德曾祖父的名字。一千多年来,在广大穆斯林和阿拉伯人的心目中,哈希姆族一直被视为圣人穆罕默德的后裔,拥有极其尊贵的地位。侯赛因是约旦哈希姆王国的奠基者之孙,被国民称为"圣裔",在国内享有极高的威望。

获悉约旦国王侯赛因去世的消息后,记者立即采访了上海外国语大学社会科学研究院院长朱威烈教授。朱威烈教授是约旦皇家研究院在中国唯一的一名通讯院士,曾多次访问约旦。1997年朱威烈访问约旦时,受到了侯赛因国王的接见。以下是记者对朱教授的专访。

记者: 朱教授,根据您的接触和研究,您眼中的侯赛因国王有什么特点?

朱威烈: 80年代初侯赛因国王访问上海时,我曾担任他的翻译。在我的印象中,侯赛因国王能说一口流利的英语和阿拉伯语。尤其在阿拉

[①] 载于《解放日报》专访,1999年2月8日。

伯语上有很深的造诣。他言谈高雅、知识面广阔。同时，侯赛因国王有着高超的外交技巧，在中东乃至世界政坛都是非常杰出的。

记者：通常都认为，侯赛因国王以他的个人影响力扮演了阿拉伯世界和西方世界的"联系人"的角色，那么他的去世对阿拉伯世界和西方世界的政治交流有何影响？

朱威烈：侯赛因能够扮演这个"联系人"的角色，有多方面的原因。首先是因为约旦在中东处于特殊的地理位置，沙特阿拉伯的国防部长就曾经公开说过，约旦是"阿拉伯民族眼中的瞳仁，我们要像保护自己的瞳仁一样保护约旦"。

其次取决于侯赛因国王高超的外交技巧。侯赛因国王小时候就受过完整的伊斯兰传统教育，上中学后，又开始接受系统的英式教育，这使他具备了能够和西方世界进行交流的文化背景。在长期的外交活动中，侯赛因国王高超的外交技巧不断显露出来。作为一个君主制政体的领导人，他坚持"多元化"的方针。他在国际交往中左右逢源，无论是同海湾地区国家还是同西方国家，无论是同君主制政体还是同共和制政体，他都保持着良好的关系。

但是也应该看到，侯赛因国王并不是阿拉伯世界和西方世界唯一的"联系人"。他的去世对这种交流无疑是一大损失。但是，两个世界交流的大门并不会就此关闭。

记者：眼下正是中东各种矛盾交错、和平进程处于非常关键的时候。侯赛因国王的去世会给这一本来就矛盾冲突不断的地区带来什么样的变数？

朱威烈：从一开始，侯赛因就作为中东和平进程的"推动者"和"调解员"，发挥着非常重要的作用。他一贯秉承"以和平和发展为重"的理念，几乎已成了中东和平进程中的一种象征、一种精神力量。侯赛因的逝世对和平进程中的巴以双方都是很大的损失。尤其是以色列，此次在侯赛因坐飞机回国的途中，以色列在自己的领空内派出两架军机在其座机后方护送以示尊重，就很能说明侯赛因在以方心目中的地位。

但是，在巴以和平进程中，作为调解员的侯赛因并不是矛盾的主要方面，巴以双方作为矛盾的主要方面，它们的动作决定着巴以进程的发展。而以色列方面目前的注意点显然还放在国内，估计以方在大选前是不会有什么大动作的。

记者：侯赛因在临终前改变了王储的人选，他的大儿子阿卜杜拉取代他的弟弟哈桑，现在已成为约旦的新国王，这一动作有何特殊的背景？

朱威烈：哈桑原先作为约旦的王储和副国王，在国内经济问题上措施不力，而且行事专断，在侯赛因不在国内的情况下，并未征求王室委员会的意见就撤掉了军队的参谋长，这令侯赛因颇为不满。而且哈桑在中东地区影响力不大，与海湾国家关系疏远，这都是侯赛因变更王储的内在原因。

侯赛因立阿卜杜拉为王储，在外交上也是很高明的一步棋，及时地调整了约旦与中东地区国家的关系。因此阿卜杜拉成为王储的消息传出，在国际上引起了很大的反响。中东地区国家纷纷表示祝贺，美国等西方国家更是不论从政治上还是军事上都给予了大力的支持。

阿卜杜拉虽然缺少乃父在外交活动中的资历和丰富经验，但他也有很多优势。首先，侯赛因在位数十年为约旦营造了良好的国际关系和地区关系，这是侯赛因留给阿卜杜拉的一笔重要遗产。其次，阿卜杜拉在国内很为各方所接受。他出身军队，妻子是巴勒斯坦人，而约旦国内约有100万巴勒斯坦人。由于这些关系，阿卜杜拉和军方、各部落关系良好。阿卜杜拉是中东地区最年轻的国家领导人之一，面临着很好的机遇。侯赛因曾经对他说过，"我是完全信任你的。"阿卜杜拉将如何稳定政权，发展国内经济，在国际舞台上又将有何作为，各方正拭目以待。

盛大葬礼　外交舞台[①]

昨天,约旦前国王侯赛因的葬礼隆重举行,中东地区国家和世界上许多国家领导人都前往吊唁。本报记者就此问题再次采访了上海外国语大学社会科学研究院院长朱威烈教授。

记者: 朱教授,在侯赛因的葬礼上,我们看到了许多西方国家的领导人及众多阿拉伯国家的领导人。他们想在这个国际外交的舞台上显示怎样的姿态,从而达到什么样的目的?

朱威烈: 世界各国领导人纷纷赶往安曼,当然不仅仅是对侯赛因国王的缅怀,他们首先是着眼于未来的两国关系,是出于对约旦新国王阿卜杜拉施加影响的考虑。而具体国家又有所不同。

侯赛因被称为"圣裔",在伊斯兰世界有着尊贵的地位和广泛的影响,伊斯兰国家自然会对他的葬礼倍加重视,他们前往吊唁是很好理解的。众所周知,侯赛因国王在中东和平进程中具有很大的影响力。侯赛因先后和美国的九任总统打过交道,克林顿和三位前总统一同出现在安曼,显示了美国对中东和平进程的关注程度。美国向来由于对以色列和阿拉伯

[①] 载于《解放日报》专访,1999年2月9日。

国家采取"双重标准"而为人所诟病,这次美国以极高的规格前往吊唁,不可否认是为了减少阿拉伯国家对它的不满。俄罗斯总统叶利钦拖着病体赶往吊唁,欧盟的英、法、德等国家的最高领导人也都出席了侯赛因国王的葬礼,主要也是为了对中东和平进程显示关注,同时也需要巩固和扩大自己在中东地区的政治影响。利比亚领导人卡扎菲派儿子、伊拉克总统萨达姆派副手参加了葬礼,则反映出阿拉伯世界反美国家也在争取约旦放弃亲美政策。

记者:在侯赛因的葬礼上,极少出国的叙利亚总统阿萨德非常引人注目。叙约关系此前由于种种原因一直非常冷淡,阿萨德的出现,是否象征着什么?这对整个中东和平进程又会有什么意义?

朱威烈:中东地区国与国之间的关系错综复杂,就整个中东和平进程而言,主要可以分为四个方面,即巴以关系、约以关系、叙以关系和黎以关系。其中约以关系和平妥善的解决,是中东和平进程的亮点。巴以关系是中东和平进程的核心问题,目前怀伊协议的执行业已搁浅。剩下的就是以色列和叙利亚、以色列和黎巴嫩的关系了。

叙利亚、沙特和埃及被认为是中东地区的"三驾马车",在中东地区有着重要的影响力。而叙利亚此前作为阿拉伯国家中的强硬派代表,一直拒绝同以色列和解。同时,叙利亚和黎巴嫩之间有一个"特殊关系条约",黎巴嫩在中东和平进程中一直唯叙利亚马首是瞻。这次叙利亚和以色列的最高领导人同时出现在侯赛因的葬礼上,象征着两国都希望以此为契机同中东和世界各国进行广泛的接触,以顺应中东和平发展的潮流。

至于叙利亚这次对约旦表现出异乎寻常的和解态度,大概还想对约旦新国王阿卜杜拉施加影响,使其不要过分地接近西方。也可能是为了摆出一种姿态,即希望和约旦的双边关系翻开新的一页,希望与美国等西方国家有所接触,表示出并未放弃加入中东和平进程的意愿。

　　总之,不论是对中东和平进程而言,还是对西方与阿拉伯世界的交流而言,侯赛因的葬礼都为之提供了一个自然而然的契机。

世纪之交迎旧雨　中埃关系奠新基[①]

和煦的春风中,中国人民迎来了尼罗河畔的老朋友——埃及总统穆巴拉克。埃及是最早承认我国的阿拉伯和非洲国家。自 1956 年 5 月两国建交以来,中埃领导人往来频繁,对许多重大的地区和国际问题拥有共识,在各种国际场合相互支持,配合默契,保持着堪称典范的长期友好合作关系。穆巴拉克于 1981 年当选总统以来,已四度访华,均富有成效。在中埃两国人民的心目中,他是一位与我国三代领导人都有过交往、对中国怀有真挚友好感情的阿拉伯国家领导人。

穆巴拉克担任总统以来,始终奉行积极稳健的外交政策,坚持抓经济发展和社会稳定。它坚持主张以"土地换和平"为原则推动中东和平进程,凭借其在地缘政治中的特殊地位,在阿、以、美等国间进行斡旋,并多次出面召开区域和国际会议,被公认为是和平进程中的阿方调解员。埃及重视把握机遇,利用良好的周边关系和国际环境实行经济改革政策。近年来,它的经济年增长率保持在 5%～6%,通胀降至 5% 以下,外汇储备达 200 多亿美元。为了解决人口增长过快、粮食相对短缺的问题,埃及

[①] 载于《解放日报》专家论坛,1999 年 4 月 6 日。

在贯彻计划生育的同时，响应穆巴拉克总统提出的兴建"第二个尼罗河三角洲"的号召，在 1997 年正式实施"图什凯工程"，通过修建水渠，引纳赛尔湖水灌溉西南地区 20 多万公顷的土地，变沙漠为良田。

中埃关系这些年来在两国领导人的精心呵护和培育下，取得了长足的发展。穆巴拉克总统曾指示埃方官员和传媒："我希望不要老看着西方，中国有着非常巨大的潜力和能量，他们与我国的相似性将拓宽双边合作的领域。"他认为，中埃关系"具有不同于许多友好国家双边关系的特殊性"，希望中埃之间的"经济合作和贸易往来，将达到像政治关系那样密切友好的水平"。对此，江泽民主席 1997 年在会见埃及詹祖理总理时曾做过一个全面的概括："中埃两国关系经历了国际上的风云变幻。我们对中埃建交以来稳定的、坚实的、不断发展的合作关系表示满意"，"中埃两国没有利益冲突，只有发展友谊，加强合作的愿望，中国愿意与埃及一道为稳定、繁荣、和平的新世界而努力"。穆巴拉克总统 1994 年访华时，曾与江泽民主席一起出席中埃两国政府鼓励和相互保护投资协定和两国关于民事、商事和刑事司法协助协定的签字仪式。1997 年 10 月中埃在开罗签署了经济技术合作的意向书，内容包括鼓励和支持中埃实业人士开展共同项目的合作，对有意在埃及投资的中国公司，中国政府将给予财政方面的支持。

埃及当前也是一个视经济建设为中心工作的发展中国家。这些年来，埃及十分重视了解和吸收我国在经济改革方面的经验，多次组团访华，就经济特区建设、吸引外资等方面进行座谈。随着埃及所规划的设在苏伊士湾西北部的经济特区正式启动，埃方已邀请我专业人士进行考察，提出建议。埃及驻华大使年初撰文说："中埃 1998 年的贸易额已增至 6 亿美元，其中埃及出口 4000 万美元，中国出口为 5.6 亿美元，这是因为中国商人较熟悉埃及市场，而埃及商人却不很了解中国市场。"他建议，埃方要多访问中国,商品要多样化,为改变贸易的不平衡,埃及可向中国输出石油。据悉,埃及不久将设立驻沪总领事馆,埃及国民银行也将在沪建立代表处,两国的经济合作和更深入的交往正处于方兴未艾时期。

穆巴拉克总统和夫人在世纪交替之际访问我国,将与江泽民主席一起奠定面向新世纪的战略伙伴关系,中埃在政治、经济、文化等各领域的双边关系将迎来一个更广阔、更美好的前景。

图书在版编目（CIP）数据

朱威烈著作集 / 朱威烈著 . —北京：商务印书馆，2019
（季愚文库）
ISBN 978-7-100-17935-5

Ⅰ.①朱… Ⅱ.①朱… Ⅲ.①朱威烈—文集 Ⅳ.①C53

中国版本图书馆CIP数据核字（2019）第251113号

权利保留，侵权必究。

季愚文库
朱威烈著作集
朱威烈　著

商　务　印　书　馆　出　版
（北京王府井大街36号　邮政编码100710）
商　务　印　书　馆　发　行
上海雅昌艺术印刷有限公司印刷
ISBN 978-7-100-17935-5

2019年12月第1版	开本 880×1240 1/32
2019年12月第1次印刷	印张 22½

定价：112.00元